서울대학교 텝스관리위원회 제공

텝스 기출 어휘

서울대학교 텝스관리위원회 제공

텝스기출어휘

초판 4쇄 2010년 3월 25일

지은이 위아북스 텝스개발팀
펴낸곳 (주)위아북스
펴낸이 전수용·조상현

등록번호 제300-2007-164호
주소 서울특별시 마포구 합정동 359-1 정촌빌딩 1층
전화 02-725-9988 ● **팩스** 02-725-9863
홈페이지 www.wearebooks.co.kr

ISBN 978-89-93258-50-9 18740

서울대학교 텝스관리위원회 제공

텝스 기출어휘

We're
위아북스

머리말

어휘 선행학습을 통한 성적 향상을 기대하며

서울대학교 텝스관리위원회에 따르면(TEPS Newsletter 제16호), TEPS 누적 응시자 수가 10년 만에 200만 명에 이르는 괄목할 성장을 이루었다고 합니다. 이는 TEPS가 우수한 연구진과 그에 따른 정확한 평가, 탁월한 변별력을 가진 국내 대표 영어능력 평가시험으로 자리매김했음을 알 수 있게 해줍니다.

그동안 TEPS는 실제 영어 구사능력을 검증하기 위해 실생활에서 사용하는 살아 있는 현대영어를 중심으로 다룸으로써 다른 시험과는 차별화되고 있습니다. 그러한 배경 때문에 TEPS 응시자 여러분은 다소 생소한 어휘 및 표현 때문에 시험에서 당황했던 경험이 있을 것입니다. 이 책은 바로 그러한 어려움을 덜어주기 위해 기획되었습니다.

지난 10년간의 출제 문항분석을 통해 텝스관리위원회가 제공한 단어로 TEPS 기출 어휘집을 발간한 것은 TEPS 응시자 여러분이 더욱 쉽게 생활영어와 출제경향에 익숙해지기를 바라는 의도에서입니다. 시중에는 각종 캐치프레이즈를 내건 다양한 어휘교재가 있습니다만, TEPS의 경향에 꼭맞는 어휘교재는 이것이 처음이라고 자부합니다.

그렇기 때문에 어떤 미사여구를 내걸기보다는 정확한 분석으로 TEPS를 사랑하는 응시자 및 일반 영어 독자에게 다가서고자 합니다. 조급한 마음에 이런저런 교재를 손대면서 시작하는 맛만 보다가 시간적, 경제적 손실을 입지 말고, 단 한권의 교재라도 반복해서 깊이 있게 학습하고 연구함으로써 같은 시간과 노력을 들이고도 이전보다 훨씬 나은 성적을 거둘 수 있기를 기대합니다.

참고로 어휘 학습이 왜 중요한가를 알려주는 자료를 독자 여러분에게 소개합니다. TEPS Newsletter 제16호(2008년 11월 발행)의 〈TEPS 정기시험 100회 시행〉 특집기사에서 인용한 자료입니다.

영역별 평균성적 분석

(단위:점)

	청해	독해	문법	어휘	총점
2008년	246.5	233.2	59.0	55.9	594.6
1999년	241.1	231.2	54.8	49.8	577.0

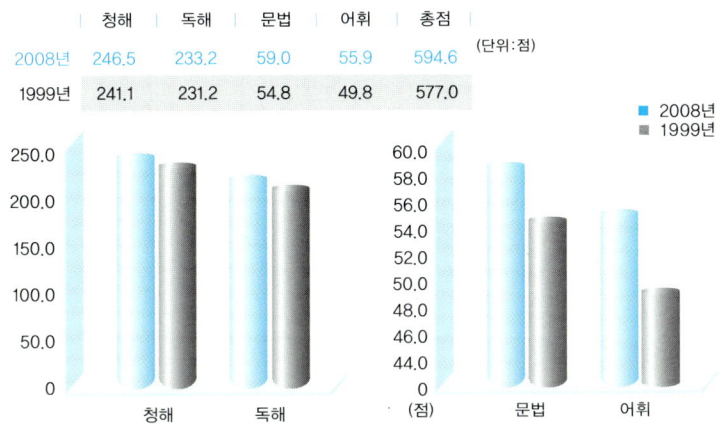

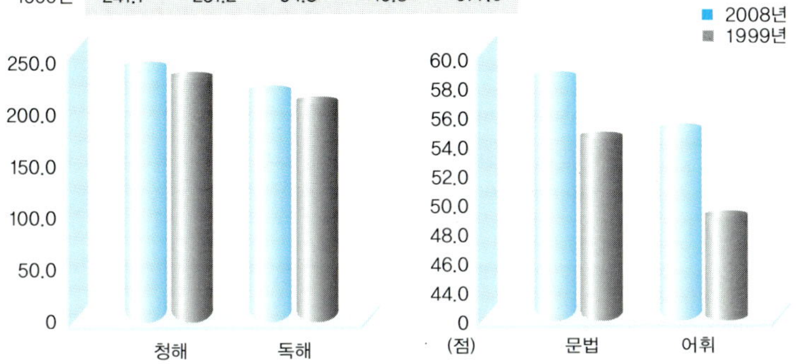

2008년의 영역별 평균점수가 1999년에 비해 모든 영역에 걸쳐 조금씩 상승했다. 청해 평균점수는 약 5점 상승했고, 독해는 2점, 문법은 4.2점, 어휘는 6점이나 상승하여 배점을 감안하면, 청해와 독해에 비해 문법과 어휘의 평균점수 상승폭이 크다. 이는 과거 암기식 학습 패턴에서 생활영어 중심의 TEPS 문법, 어휘학습 방법이 정착되고 있음을 보여주는 결과라 하겠다. (자료 : TEPS Newsletter 2008 제16호 인용)

위 자료의 결과를 되새겨 보면, 앞으로도 문법과 어휘의 평균점수 상승이 기대되는데, 특히 생활영어 기반의 TEPS 기출어휘를 열심히 공부한다면 그를 바탕으로 4개 영역 모두에서 상당한 진전을 볼 수 있다는 해석이 가능합니다. 즉 4개 영역 점수 획득의 기본에는 어휘가 있으므로 어휘 학습을 우선함으로써 더 나은 성적을 기대할 수 있다는 점을 알려주기 때문입니다.

독자 여러분 모두가 이 책을 열심히 공부함으로써 기대 이상의 훌륭한 성적을 올리기를 간절히 바라는 바입니다.

위아북스 컨텐츠 개발팀

눈덩이 굴리기(Snowballing) 학습법의 특징

이 책의 최대의 특징은 30일 과정 1500여개의 표제어를 학습하는 데 그치지 않고,

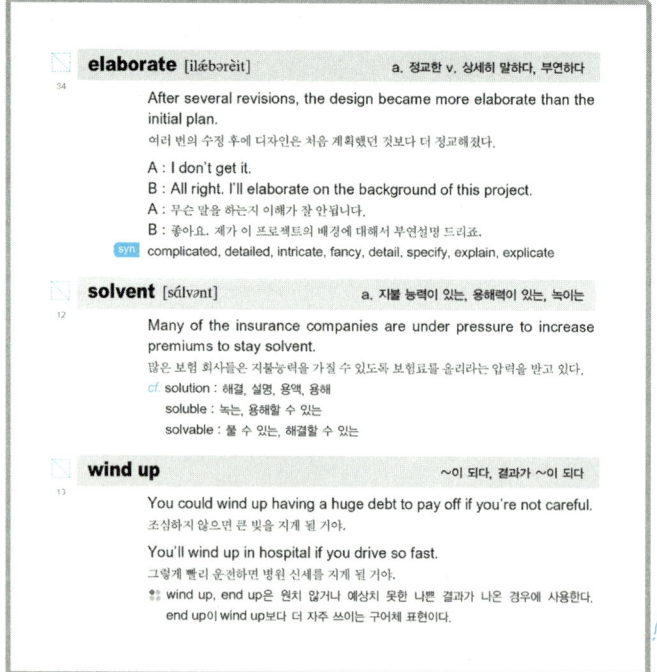

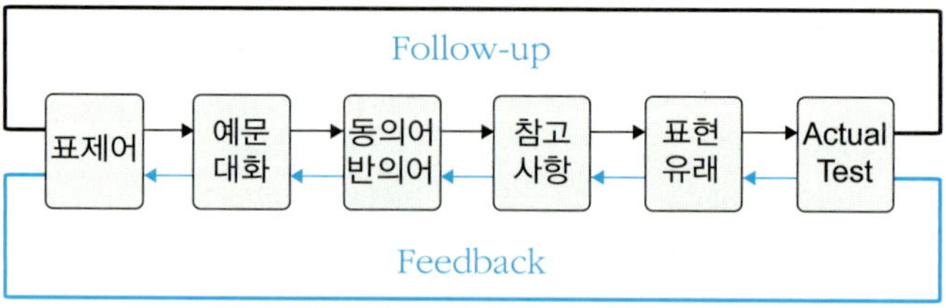

로 이어지는 일련의 과정 속에서 하나를 알면 하나를 더 알도록 Follow-up 기능이 유기적으로 저절로 이루어지도록 했으며, 또 하나를 잊었을 때는 진전하면서 앞의 것을 재고하도록 Feedback 기능이 동시에 이루어지도록 구성되었다.

elaborate [ilǽbərèit] a. 정교한 v. 상세히 말하다, 부연하다

34

After several revisions, the design became more elaborate than the initial plan.
여러 번의 수정 후에 디자인은 처음 계획했던 것보다 더 정교해졌다.

A : I don't get it.
B : All right. I'll elaborate on the background of this project.
A : 무슨 말을 하는지 이해가 잘 안됩니다.
B : 좋아요. 제가 이 프로젝트의 배경에 대해서 부연설명 드리죠.

syn complicated, detailed, intricate, fancy, detail, specify, explain, explicate

solvent [sálvənt] a. 지불 능력이 있는, 용해력이 있는, 녹이는

12

Many of the insurance companies are under pressure to increase premiums to stay solvent.
많은 보험 회사들은 지불능력을 가질 수 있도록 보험료를 올리라는 압력을 받고 있다.

cf. solution : 해결, 설명, 용액, 용해
soluble : 녹는, 용해할 수 있는
solvable : 풀 수 있는, 해결할 수 있는

wind up ~이 되다, 결과가 ~이 되다

13

You could wind up having a huge debt to pay off if you're not careful.
조심하지 않으면 큰 빚을 지게 될 거야.

You'll wind up in hospital if you drive so fast.
그렇게 빨리 운전하면 병원 신세를 지게 될 거야.

wind up, end up은 원치 않거나 예상치 못한 나쁜 결과가 나온 경우에 사용한다. end up이 wind up보다 더 자주 쓰이는 구어체 표현이다.

1. 표제어

1) 서울대에서 10년간 출제한 어휘영역 문항분석을 통한 3600여개 주요 단어 중에서 이미 잘 알고 있는 기초단어는 배제하고, 응시자가 반드시 알아야 할 단어, 착각하기 쉬운 단어, 기본 의미가 아닌 다른 의미로 쓰이는 단어를 중심으로 표제어 약 1500개를 추출했다. 이때 해석과 해설은 그 상황에 맞는 뜻만 제시한다.

2) 동시에 생활영어에 필수인 구동사와 이디엄을 집중적으로 소개함으로써 어휘영역뿐만 아니라 청해, 독해, 문법에서도 활용이 가능하도록 꾸몄다.

3) 기출 단어는 아니지만 앞으로 출제될 가능성이 높은 단어 및 구동사도 보너스로 소개함으로써 시험에서는 물론 실제 회화에도 도움이 되도록 했다.

2. ☐
45

1) 네모를 두 칸으로 나눠 처음 학습할 때 몰랐던 단어를 체크하고, 이어지는 복습을 통해 다시 한번 확인할 수 있도록 만들었다.

2) 제시된 숫자는 10년간 출제된 어휘영역 문항 속에 나온 단어의 빈도수를 실제 사용된 형태로—예를 들면, 원형, 과거형, 분사형은 물론 관용구 형태로—보정한 빈도수이다. 또 서울대에서 빈도수를 제시하지 않은 단어와 구동사는 각종 시험에서 사용된 횟수를 TEPS의 시행에 맞춰 보정한 수치이다.

3. 예문과 대화

표제어를 이용한 구어체 예문과 대화를 중점적으로 소개한다.

4. cf.

표제어 또는 예문과 대화에서 참고할 필요가 있는 표현을 해설한다.

5. syn
ant

표제어에 대한 이해를 높이기 위해서 영영사전 역할을 할 수 있도록 광범위한 범위에서의 유사 동의어와 반의어를 소개한다. 이를 통해서 비록 그 단어를 알지 못하더라도 그 뜻을 유추할 수 있는 능력을 기르도록 했다.

6. ●●

표제어 및 예문에 제시된 표현의 유래 및 사용상의 주의점을 설명함으로써 단어와 표현간의 관계를 이해하고 조어능력을 기르도록 했다.

7. Daily Test

1) Review Test는 매일 공부한 어휘 가운데 다시 한번 상기시킬 필요가 있는 단어를 중심으로 복습이 가능하도록 꾸몄다.

2) Build-up Test는 매일의 학습 분량을 전후하여 제시된 표제어는 물론 예문에 소개된 표현까지 다양한 형태로 테스트함으로써 자칫 지루해지기 쉬운 학습 패턴에 변화를 주고자 꾸몄다.

8. Actual Test

실제로 시험에 적응해 볼 수 있도록 실전과 똑같은 어휘영역 시험문제 2회분을 수록했다.

9. Index

이 책에 표제어로 등장하는 단어와 구동사 및 이디엄 등을 ABC순으로 수록하여 작지만 편리한 영어사전 역할을 하도록 꾸몄다.

차 Contents 례

TEPS VOCA

Snowballing

DAY 01 ~ DAY 10

DAY 01

V · O · C · A · B · U · L · A · R · Y

32 **vacant** [véikənt] a. 빈, 사람이 없는, 공석인

The position has remained vacant since Mr. Roy retired.

그 직위는 Roy씨가 퇴직한 이후로 공석으로 남아 있다.

syn empty, void, abandoned, uninhabited, unoccupied

6 **arouse** [əráuz] v. 깨우다, 자극하다

Not only the painting method but also the colors have aroused the interest of art critics.

회화 기법뿐 아니라 색채 역시 미술 비평가들의 관심을 자아냈다.

syn awaken, excite, stimulate, incite, provoke, spark

2 **bizarre** [bizάːr] a. 기괴한, 이상야릇한

Larry's bizarre ideas always get shot down by the teacher.

래리의 별난 생각들은 항상 선생님에게 거절당했다.

cf. shoot down : 거절하다, 거부하다

syn curious, fantastic, grotesque, outlandish, peculiar, weird

11 **carnivorous** [kɑːrnívərəs] a. (동물이) 육식성의, (식물이) 식충성의

Carnivorous plants are generally found in humid areas.

식충식물은 일반적으로 습지에서 발견된다.

ant herbivorous 초식성의, omnivorous 잡식성의

9 **chronological** [krɑ̀nəlɑ́dʒikəl] a. 연대순의

The most effective way to tell the story of the company would be to lay it out in chronological order.

syn 그 회사에 대한 이야기를 하는 가장 효과적인 방법은 연대기 순으로 말하는 것이다.

33 **constantly** [kɑ́nstəntli] ad. 끊임없이

My thoughts were constantly racing.

제 생각은 머리 속에서 끊임없이 맴돌았습니다.

syn fixed, undeviating, continual, steady, interminable

84 **critical** [krítikəl] a. 비평적인, 흠을 잘 잡는, 위기의, 위험한, 아슬아슬한

If you continue to be so critical, then you will have no friends around you.

네가 계속 그렇게 트집을 잡으면, 네 주위에 남아 있는 친구가 하나도 없을 거야.

We arrived at the critical moment.

우리는 아슬아슬하게 도착했다.

syn disparaging, faultfinding, finicky, discriminating, judging, crucial, serious, momentous

26 **demanding** [dimǽndiŋ, -mɑ́:nd-] a. 지나친 요구를 하는, 큰 노력을 요하는

By being so demanding, they certainly got me to learn a lot more.

그렇게 지나친 요구를 함으로써 부모님은 확실히 내가 더 많은 것을 배우게 하셨다.

My children are forever asking (if not demanding) that I take care of their children.

내 아이들은 (강요하는 게 아니라고 친다면) 끝없이 손자들을 봐 달라고 부탁한다.

syn importunate, insisting, beseeching, urging

16 17 18 19 20 21 22 23 24 25 26 27 28 29 30

eligible [élidʒəbəl] a. 적격의, 적임의, 바람직한

17

You have been selected from among our very best customers to be eligible for an incredible new low rate on all purchases.

귀하는 새로 책정된 엄청나게 저렴한 가격으로 모든 제품을 구입할 자격이 있는 최고 고객 중 한 분으로 선정되셨습니다.

syn acceptable, fit, qualified, suitable

excessive [iksésiv] a. 지나친, 과도한

24

Because excessive drying of the skin may occur, start with one application daily, then gradually increase to two or three times daily.

피부가 지나치게 건조해질 수 있으므로, 하루에 1회에서 시작하여 서서히 2~3회로 늘려 준다.

syn exorbitant, extravagant, extreme, immoderate, lavish, unreasonable

flammable [flǽməbəl] a. 가연성의, 타기 쉬운

2

Leaving chemical products near flammable items is very dangerous.

인화성 물질 가까이 화학 제품을 두는 것은 매우 위험하다.

syn combustible, incendiary, inflammable

ant nonflammable, fireproof

drape [dreip] v. 몸에 걸치다, 덮다, 싸다

5

She draped the silk scarf loosely around her bare shoulders.

그녀는 실크 스카프를 맨어깨에 느슨하게 걸쳤다.

The coffins were all draped in the national flag.

관들은 모두 국기로 싸여 있었다.

syn cloak, cover, shroud, veil, wrap, dress

108 **hot** [hɑt] a. 인기있는

Web-based companies are the hot ticket on Wall Street this year.
웹사이트에 기반을 둔 회사들은 올해 월가에서 인기있는 표이다.
syn approved, favored, popular, preferred, well-liked

2 **abortion** [əbɔ́ːrʃən] n. 유산, 낙태

The lecture was about abortion.
강의는 유산에 관한 것이었다.
syn miscarriage (임신 12주로부터 28주 내의 유산)

12 **ongoing** [ɑ́ngòuiŋ, ɔ́(ː)n-] a. 계속되는

The ongoing recession is mainly due to the unpredictability of government policies.
계속되는 경기 침체는 주로 정부 정책의 예측 불가능성에 기인한다.
syn constant, continuing, current, lasting
ant temporary

15 **inevitable** [inévitəbəl] a. 부득이한, 피할 수 없는, 면할 수 없는

The accident was the inevitable consequence of carelessness.
그 사고는 부주의의 당연한 결과이다.

We have no option but to accept the inevitable.
우리는 어쩔 수 없는 상황을 받아들일 수밖에 달리 방도가 없다.
syn certain, destined, fated, inescapable, predetermined, unavoidable

1 **jam-packed** a. 빽빽하게 넣은, 콩나물 시루처럼 꽉 찬

You could hardly move around in that jam-packed mall.
콩나물 시루처럼 꽉 찬 쇼핑몰에서는 돌아다닐 수가 없다.

legendary [lédʒəndèri] a. 전설상의, 믿기 어려운

11

By the end of the game, fans of both schools had been treated to yet another legendary competition.

게임이 막바지로 이르면서, 두 학교의 팬들은 게임에 더하여 또 하나의 격렬한 응원전을 펼쳤다.

cf. treat : 응수하다, 대접하다

syn fabled, mythical, historical, proverbial, traditional

nominate [nάmənèit] v. 지명하다, 임명하다

21

Most of the staff nominated him manager.

대부분의 직원들이 그를 과장으로 지명했다.

syn appoint, choose, designate, name, recommend, suggest

instill [instíl] v. 주입시키다, 스며들게 하다, 조금씩 가르치다

3

Someone at home instilled in this lad, at an early age, the importance of being respectful and kind to his elders.

집에 있는 누군가 어린 시절 이 소년에게 어른에 대한 공경과 친절한 마음씨의 중요성을 가르쳤을 겁니다.

syn impart, implant, inculcate, inspire, introduce, teach

pastime [pǽstàim, pάːs-] n. 기분전환, 오락, 놀이

11

Football, often called the national pastime of the U.S., deserves this designation.

종종 미국에서 국민적인 오락거리로 불리는 축구는 이 호칭을 얻을 자격이 있다.

Baseball has been considered America's favorite pastime.

야구는 미국인이 가장 좋아하는 운동경기로 생각돼 왔다.

syn amusement, avocation, distraction, diversion, hobby

14
pickpocket [píkpɑ̀kit]
n. 소매치기 v. 소매치기하다

My wallet was taken by a pickpocket this morning, so I need to get a new one.
아침에 지갑을 소매치기 당해서 새 지갑이 필요하다.

syn cutpurse, fingersmith, dip

8
reciprocal [risíprəkəl]
a. 상호간의

The Bank of Korea announced yesterday that it inked a temporary reciprocal currency swap contract with the U.S. Federal Reserve.
한국은행은 어제 미국 연방준비은행과 한시적 상호 통화스와프 계약을 체결했다고 발표했다.

syn complementary, mutual, requited, shared

117
reserve [rizə́:rv]
n. 예비량, 보유량, 적립금

The oil reserves of the United States is on the same level they are before ten years ago.
미국의 석유 예비량은 10년 전 수치와 같은 수준이다.

syn savings, stock, store, supply

11
roam [roum]
v. 걸어다니다, 배회하다

Of all the animals that roam the Earth, none can outrun the Cheetah.
지상에서 걸어다니는 모든 동물 가운데 치타보다 빨리 달릴 수 있는 동물은 없다.

syn meander, ramble, rove, stray, stroll

5
steamy [stí:mi]
a. 외설적인, 야한

M : Have you read that new Loretta Chase book?
W : Nope. It was too steamy for me.
M : 새로 나온 로레타 체이스의 책 읽어 봤어요?
W : 아뇨. 너무 외설적인 것 같아서요.

syn amorous, erotic, carnal, lustful, pornographic, seductive, sexual, titillating

16 17 18 19 20 21 22 23 24 25 26 27 28 29 30

15 **stuffy** [stʌ́fi] a. 숨막히는, 무더운, 통풍이 안 되는

This room is really stuffy. Would you mind not smoking?
이 방은 정말 숨이 콱콱 막히는군. 담배 좀 피우지 않을 수 없어요?

Those days are now replaced by exercises that involve staring into video monitors for hours on end in stuffy indoor areas.
그 시절은 현재 숨막히는 실내에서 몇 시간이고 계속 모니터를 뚫어지게 쳐다보는 것과 관련된 놀이들로 대체됐다.

syn heavy, oppressive, stifling, sultry

28 **tightly** [táitli] ad. 단단히, 팽팽하게

Please tie this package more tightly than the first one.
처음 것보다 이 상자를 더 단단하게 묶으세요.

syn firmly, securely, solidly, closely

2 **writhe** [raið] v. 몸부림치다, 몸부림치며 괴로워하다

While it is agonizing to watch someone writhe in pain, it is also hard to take on the responsibility to end that pain.
다른 사람이 고통으로 몸부림치는 모습을 보는 것은 괴로운 일이지만, 그 고통을 끝내려는 책임감을 떠맡는 것 역시 어려운 일이다.

syn contort, squirm, thrash, twist, agonize, anguish, suffer

60 **explore** [iksplɔ́ːr] v. 연구하다, 조사하다, 탐험하다

If we have time this summer, I'd like to explore some of the less well-known parts of the country.
이번 여름에 시간이 있으면, 우리나라에서 잘 알려지지 않은 곳을 탐험하고 싶어.

syn examine, inquire, investigate, search, prospect, scout, survey

138 **apply for** 지원하다

If you have more than three year's experience in the field, you may apply for the job.

syn 이 분야에 3년 이상의 경력이 있으면 지원 가능합니다.

1 2 3 4 5 6 7 8 9 10 11 12 13 14 15

bad off
66
생활이 쪼들리다

Lots of folks have been pretty bad off since the factory shut down.
공장이 문을 닫은 이후로 많은 사람들이 생활고에 시달리고 있다.

ant be well off

break down
27
고장나다

I'm sorry I'm late, but my car broke down on the way here, so I had to phone for a taxi.
늦어서 미안해, 여기 오는 길에 차가 고장이 나서 택시를 잡으려고 전화를 해야 했어.

W : How come you're so late?
M : The car broke down on the way here.
W : 왜 이렇게 늦었어요?
M : 오는 도중에 차가 고장났어요.

catch on
19
이해하다

He doesn't take hints very easily, but he'll catch on eventually.
힌트를 쉽게 받아들이지 못하지만, 결국 이해하게 될 거야.

come back
176
돌아오다

By the time you finish the report, Ms. Kelly will have come back from her vacation.
당신이 보고서를 마칠 즈음에 켈리 씨가 휴가에서 돌아와 있을 것입니다.

far from
165
~와는 거리가 먼, 전혀 ~아닌

The coal industry is far from profitable – as shown by a recent survey.
석탄 산업은 최근의 조사에서 밝혀진 바로는 수익성이 있는 산업은 결코 아니다.

get away — 떠나다, 벗어나다

327 I just need to get away for a few days.
단지 며칠 바람 좀 쐬고 싶을 뿐이야.

I'm sorry I'm late; I was in a meeting and couldn't get away.
늦어서 미안해. 회의가 있어서 빠져 나올 수가 없었어.

give in — 굴복하다, 양보하다, 제출하다

125 She was determined not to give in until she received compensation for the accident.
그녀는 사고 보상금을 받을 때까지 굴복하지 않겠다고 결심했다.

You'll never guess the answer – do you give in?
정답을 절대로 생각해 내지 못할걸 – 포기할래?

syn give up, yield

look over — ~을 대충 훑어보다

137 Having looked the place over, the group went away to make their plans.
장소를 대충 훑어보고, 무리는 계획을 세우기 위해 떠났다.

mess up — 망쳐 놓다

20 Her late arrival messed up our plans.
그녀가 늦게 와서 우리의 계획을 망쳐 놓았다.

You've really messed up this time.
이번엔 정말로 망쳐 놓았구나.

on second thoughts — 골똘히 생각한 뒤에, 다시 생각하여

3 You're not having second thoughts about getting married, are you?
결혼에 관해서 다른 생각은 갖고 있지 않은 거지?

I'd like a cup of coffee, please – on second thought, I'll have a beer.
커피로 주세요 – 다시 생각해 보니까, 맥주가 좋겠군요.

7
odd man/one out
외톨이, 별난 사람

I was always the odd man out in my class at school.
난 학교에서 항상 외톨이 신세였다.

Nina was always the odd one out at school – she didn't really mix with the other children.
니나는 학교에서 항상 외톨이였다 – 다른 아이들하고 어울리지 못했다.

- 군대에서 줄서기 할 때 홀수(odd number)로 혼자 남은 사람은 나가라고(out) 한데서 유래했다.

24
out of town
출장간, 출타중인

Barbara is out of town on business this week.
바바라는 이번 주에 업무차 출장을 갔다.

6
pop the question
청혼하다

When are you going to pop the question?
언제 청혼할 건대?

5
see right through sb/sth
꿰뚫어보다

You can't fool me; I can see right through you! I know you're only joking!
날 속이지 못해. 널 꿰뚫어 볼 수 있거든! 농담하는 거지!

She saw through his excuse at once.
그녀는 그의 변명을 단번에 꿰뚫어봤다.

44
take into account
~을 고려하다

The strengths and weaknesses of each employee must be taken into account when assigning special projects.
특별 업무를 부여할 때에는 각 직원의 장점과 단점을 고려해야 한다.

Mr. Johnson didn't take into account his company's financial situation when he hired two new employees.
존슨 씨는 종업원 두 명을 새로 고용했을 때, 자신의 회사 재정 상태를 고려하지 않았다.

13
the bottom line
핵심, 가장 중요한 점, 결과

The bottom line is that we need another ten thousand dollars to complete the project.
중요한 점은 우리가 이 프로젝트를 끝내기 위해선 1만 달러가 더 필요하다는 것이야.

If we make all the changes I am proposing, the bottom line is that the company will save $50,000.
내가 제시하는 모든 것을 바꾼다면, 결국 회사는 5만 달러를 절약할 수 있습니다.

13
a blessing in disguise
불행 중 다행스런 일

A : I heard that you couldn't sell your house.
B : It was really a blessing in disguise. In fact, none of us were ready to move.
A : 집을 팔지 못했다면서요.
B : 정말 다행스러운 일이죠. 사실 식구들 누구도 이사할 준비가 돼 있지 않았거든요.

87
under the influence
술 취한, ~의 영향에 있는

He was fined for driving under the influence.
그는 음주운전으로 벌금을 물었다.

The empress had fallen under the influence of evil advisers, and was becoming increasingly unpopular.
여왕은 간신의 꾐에 넘어가서 점점 더 인기가 떨어지고 있다.

syn drunk

14
wet behind the ears
미숙한, 풋내기의, 이마에 피도 마르지 않은

The boy thinks he has lots of experience, but he's still wet behind the ears.
그 애는 자신이 무척 경험이 많다고 생각하겠지만, 그는 아직 머리에 피도 안 마른 어린 애이다.

Daily Test

Review Test

빈칸에 적당한 단어를 보기에서 고르시오.

보기

explore   bright   influence   examine   gave   second
critical   come   steamy   instill   inevitable   town

1 그 영화의 몇 개 러브신은 외설적이다.
Some of the love scenes in the film are on the _________ side.

2 이 문제를 좀 더 자세히 조사합시다.
Let's _________ this question more fully.

3 상황은 그다지 위험하지 않으니까 문제가 해결될 때까지 침착을 유지해 주십시오.
Our situation is not yet _________ so please remain calm while we try to solve the problem.

4 샌디는 술을 마시면 터무니없는 말을 한다.
Sandy says some outrageous things when she's under the _________.

5 그 여자의 계속되는 요구에 두 손 들었다.
I _________ in to her repeated requests.

6 노턴 부인, 언제쯤 다시 사무실에 돌아오실 예정입니까?
Mrs. Norton, when do you plan to _________ back to the office?

7 곰곰히 생각해 봤는데, 데이트하는 데 고민하지 말자고.
On _________ thoughts, let's not bother going out.

8 이번 주말엔 집에 없을 거야.
I'll be out of _________ this weekend.

Answers

1. steamy 2. explore 3. critical 4. influence 5. gave 6. come 7. second 8. town

Build-up Test

괄호 안에 들어갈 적절한 단어를 고르시오.

1 I can't read Mark's handwriting at all; it's quite (illegible / eligible).

2 Only the most (imminent / eminent) scientists win the Nobel Prize.

3 The question of equality between the sexes is very (actual / topical) nowadays.

4 Many species are becoming (extinguished / extinct).

5 Who else was at the party (beside / besides) the people from the office?

6 He (told / said) me to go with him to the police station.

7 Their daily (pattern / routine) doesn't include enough exercise.

8 I prefer (classic / classical) music to jazz.

9 The engine was too badly (hurt / damaged) to be repaired.

10 The epidemic began to (spread / expand) rapidly.

Answers

1. illegible	난 마크의 글씨는 전혀 읽을 수 없다; 정말 알아보기 힘들다.
2. eminent	가장 뛰어난 과학자만이 노벨상을 받을 수 있다.
3. topical	남녀평등 문제는 요즘 아주 화제가 되고 있다.
4. extinct	많은 종들이 멸종하고 있다.
5. besides	사무실에서 온 사람 말고 누가 파티에 온 거죠?
6. told	그는 나에게 경찰서에 함께 가자고 말했다.
7. routine	그들의 일과는 충분한 운동을 포함하지 않고 있다.
8. classical	나는 재즈보다 고전음악을 좋아한다.
9. damaged	그 엔진은 수리하기에는 너무 심하게 손상을 입었다.
10. spread	전염병이 급속도로 번지기 시작했다.

DAY 02

V · O · C · A · B · U · L · A · R · Y

37 **prime** [praim] a. 주요한, 으뜸가는

One prime wonder of the California gold rush is that so many people survived it.

캘리포니아 골드러시의 가장 놀라운 점은 꽤 많은 사람들이 살아남았다는 것이다.

syn top, chief, leading, paramount, principal

8 **acute** [əkjú:t] a. (아픔 · 감정 등이) 심한

Immediately after lifting the desk, David felt an acute pain in his lower back.

책상을 들어올리자 데이비드는 바로 허리에 심한 통증을 느꼈다.

syn excruciating, fierce, intense, sharp, grave

3 **sequel** [sí:kwəl] n. 속편

According to the critics, the sequel to the movie was surprisingly better than its predecessor.

비평가들에 따르면, 놀랍게도 이 영화의 속편이 전편보다 낫다고 했다.

syn order, progression, succession

33 **aggressive** [əgrésiv] a. 공격적인, 적극적인, 활동적인

Mutual funds that invest in small companies seek aggressive growth.

소기업에 투자하는 뮤추얼 펀드는 공격적인 성장을 추구한다.

syn assertive, pushy, belligerent, hostile, truculent

harsh [hɑːrʃ] a. 거친, 까칠까칠한, 거센

19

Our carpet cleaner is also completely safe: it contains no harsh chemicals, bleaches or solvents.

우리의 카펫 세정제는 또한 완전히 안전합니다: 거센 화학물질이나 표백제, 용제 따위가 전혀 들어있지 않습니다.

cf. bleach : 표백제, 표백 solvent : 용제, 용매

syn blunt, stern, strict, severe, bleak, stark

impenetrable [impénətrəbəl] a. 꿰뚫을 수 없는, 헤아릴 수 없는

3

For the average person with little or no exposure to this fascinating experience, it may seem like a closed door that is impenetrable without extensive training.

이런 매혹적인 경험을 거의 혹은 전혀 접하지 못한 보통 사람들에게 그것은 광범위한 훈련을 받지 않고는 뚫고 들어갈 수 없는 폐쇄된 문처럼 보일지도 모른다.

syn impassable, impervious, inaccessible, inviolable, incomprehensible, inexplicable

engrave [engréiv] v. (금속 · 나무 · 돌 등에) 조각하다, 새기다

12

The shining, golden trophy was engraved with his father's name.

그 빛나는 황금빛 트로피에는 그의 아버지의 이름이 새겨져 있었다.

syn carve, sculpture

fatality [feitǽləti] n. 사망자수, 죽음

19

There were seventeen fatalities and hundreds of people injured in the train wreck.

기차 충돌로 17명의 사망자와 수백명의 부상자가 발생했다.

intrepid [intrépəd] a. 용맹한, 대담한, 두려움을 모르는

3 Skinflints and softies beware: this is a destination for the intrepid, well-heeled traveller.

구두쇠와 잘 속는 사람은 주의하라. 이곳은 대담무쌍하고 돈이 많은 사람들을 위한 여행 지역이다.

cf. skinflint : 지독한 구두쇠

softie : 잘 속는 사람, 멍청이

well-heeled : 부유한, 돈이 많은

syn bold, brave, dauntless, fearless, unafraid, valiant, doughty

mandatory [mǽndətɔ̀:ri] a. 강제의, 의무적인, 명령의

16 The question was undoubtedly part of the legal procedure and mandatory for the record.

그 질문은 분명히 법 절차의 한 부분이고, 기록상 필수적인 질문이었다.

Participating in the workshop is mandatory.

워크샵에 참석하는 것은 의무적이다.

syn compulsory, imperative, necessary, requisite, required

dimension [diménʃən, dai-] n. 차원, 규모, 범위

18 I'd say that my mother's happiness lies in her family's dimensions.

어머니의 행복은 우리 가족의 범주 안에 있다고 나는 말할 수 있다.

syn extent, magnitude, measure, measurements, proportions

overdue [òuvərdjú:] a. 지불 기한이 넘은, 늦은

22 To continue as a member of the health club, please send your overdue payment to our office no later than August 30th.

헬스 프로그램의 회원 자격을 유지하려면 연체된 회비를 8월 30일까지 우리 사무실에 보내주십시오.

syn delinquent, outstanding, past due, unsettled, behind, delayed, late, tardy

47 **relatively** [rélətivli] ad. 비교적

Although the nuclear family it is a relatively new family structure, it has been spreading rapidly.

핵가족은 비교적 새로운 형태의 가족 구조이긴 하지만, 급속하게 확산됐다.

cf. extended family : 대가족

syn comparably, appropriately, pertinently, relevantly

21 **scarce** [skɛərs] a. (생필품이) 부족한, 적은

After the war, food and clothing were scarce.

전쟁이 끝나고, 음식과 의복이 부족했다.

syn scant, sparse, rare, uncommon, unusual

12 **solvent** [sálvənt] a. 지불 능력이 있는, 용해력이 있는, 녹이는

Many of the insurance companies are under pressure to increase premiums to stay solvent.

많은 보험 회사들은 지불능력을 가질 수 있도록 보험료를 올리라는 압력을 받고 있다.

cf. solution : 해결, 설명, 용액, 용해

soluble : 녹는, 용해할 수 있는

solvable : 풀 수 있는, 해결할 수 있는

11 **superb** [supə́:rb] a. 최고[최상]의, 훌륭한

The cigars produced from Honduras are superb, with rich flavors and aromas and they're available in the U.S. at popular prices.

온두라스산 시가는 풍부한 맛과 향기가 나는 최상품으로 미국에서 저렴한 값에 구입할 수 있습니다.

syn excellent, exquisite, magnificent, marvelous, splendid, sumptuous

30 **trial** [tráiəl] n. 공판, 재판, 심리

The President made no mention of the trial during the breakfast.

대통령은 조찬 중 재판에 대해서는 언급하지 않았다.

syn hearing, lawsuit

1 2 3 4 5 6 7 8 9 10 11 12 13 14 15

vanish [vǽniʃ] v. 사라지다

27 Eight months into our engagement, my hopes for a loving family vanished.

약혼 8개월 만에 행복한 가정을 꾸리려던 제 꿈은 사라졌습니다.

syn dissipate, evaporate, fade, vanish, depart, leave, withdraw

womb [wu:m] n. 자궁, 태내

3 The fact that the brain matures in the world, rather than in the womb, means that young children are deeply affected by their early experiences.

태내 속에서보다는 세상 속에서 두뇌가 성숙한다는 사실은 어린아이들이 어렸을 적 경험으로부터 지대한 영향을 받는다는 것을 의미한다.

attitude [ǽtitjù:d] n. 태도

96 A considerable number of people object to the government's attitude to immigration.

상당수 사람들이 정부의 이민 정책에 대한 태도에 반대한다.

syn opinion, outlook, stance, viewpoint

debacle [deibɑ́:kl, -bǽkl, də-] n. 총체적 실패

2 A : How was the news conference yesterday?

B : It was a big debacle.

A : 어제 기자회견은 어땠나요?

B : 실패작이었습니다.

syn calamity, cataclysm, catastrophe, tragedy

gravity [grǽvəti] n. 중력, 인력

15 The astronauts feel they should be able to enjoy what they eat, but food just doesn't taste good in zero gravity.

우주비행사는 그들이 먹는 것을 즐길 수 있어야 한다고 생각하지만, 무중력 상태에서는 음식 맛이 제대로 느껴지지 않는다.

syn attraction, force, pull

possess [pəzés] v. 소유하다, 가지다

23

The bikes on display have been deemed to possess innovative design, technological innovations and social impact.

전시중인 오토바이들은 창조적인 디자인, 기술적 혁신과 사회적 영향력을 담고 있는 것처럼 보인다.

syn control, have, hold, maintain, own

commodity [kəmάdəti] n. 상품

9

Semiconductors and automobiles are Korea's most important export commodities.

반도체와 자동차는 한국의 가장 중요한 수출품이다.

syn goods, items, merchandise, products

cordially [kɔ́:rdʒəli] ad. 진심으로, 정성껏

7

Mr. and Mrs. Kevin Simpson cordially invite you to the wedding of their daughter, Melissa Jane Simpson, to Walter Francis Williams, son of Mr. and Mrs. Samuel Williams.

케빈 심슨 부부의 딸인 멜리사 제인 심슨과 사무엘 윌리엄스 부부의 아들인 월터 프란시스 윌리엄 군의 결혼식에 당신을 진심으로 초대합니다.

disperse [dispə́:rs] v. 흩어지다, 분산하다

17

After his death the manuscripts would have been auctioned off and dispersed.

그가 죽은 후에 필사본은 경매에 붙여져서 흩어졌다.

syn break up, scatter, dissipate, vanish, dispense, distribute

pungent [pʌ́ndʒənt] a. 혀 · 코를 찌르는, 얼얼한

2

Do you have any idea where this pungent spice comes from?

이렇게 코를 찌를 듯이 매운 향신료가 어디서 나왔는지 알고 있나요?

syn acrid, bitter, harsh, sharp, strong, piquant, sour, spicy, tangy, tart

1 2 3 4 5 6 7 8 9 10 11 12 13 14 15

secondhand [sékəndhǽnd] a. 중고의, 고물의

17

More than two-thirds of furniture in my room is secondhand.
내 방에 있는 가구의 2/3 이상이 중고품이다.

syn obsolete, old-fashioned, outmoded, out-of-date

inquire [inkwáiər] v. 묻다, 문의하다

26

When the authorities inquired into his background, they found he had a criminal record.
당국은 그의 배경을 조사하다가, 전과 기록이 있음을 발견했다.

syn ask, question, examine, explore, inspect, investigate, probe

attend [əténd] v. (학교에) 다니다, 참석하다

159

The high school graduate, if he is eighteen or nineteen, has these possibilities: attending college, getting a job, or joining the army.
18살이나 19살의 고등학교 졸업생은 세 가지 가능성을 갖게 되는데, 그것들은 대학에 진학하거나 직장에 다니거나 군대를 가는 것이다.

come across ~을 (뜻밖에) 만나다, 발견하다

68

They had never come across such a beautiful little farm before.
그들은 예전엔 그토록 아름다운 작은 농장을 본 적이 없었다.

come by 들르다

176

A : What time did Frank say he'd come by tonight?
B : Actually, he said he couldn't come today, and apologized for his late notice.
A : 프랭크가 오늘밤 몇 시에 들른다고 했니?
B : 실은 오늘밤 올 수 없다고 했어. 늦게 알려줬다고 사과도 했고.

get over 회복하다, 벗어나다, 미련을 버리다

327

He's just getting over an illness.
그는 방금 병에서 회복했다.

It took him years to get over the shock of his wife dying.
그가 부인이 죽은 충격에서 벗어나는데 몇 년이 걸렸다.

syn overcome, recover from

hurry up 서두르다

68

Hurry up! They've only got a few cars left.
서둘러! 차가 몇 대 남지 않았어.

The train will be leaving in ten minutes so you had better hurry up.
기차가 10분안에 떠나니까 서두르는 게 좋을 겁니다.

put aside (불화 · 증오 따위를) 잊다, 무시하다, 제쳐놓다, 치우다, 저축하다, 무시하다

26

A : Could you put aside your hurt feelings for a minute?
B : What hurt feelings?
A : 기분 나쁜 거 잠시 동안만 잊고 있을 수 있겠어?
B : 뭐가 감정을 상하게 했다는 거야?

A : Could you put aside what you are doing right now and help me?
B : I'm sorry, I'm very busy myself.
A : 지금 하는 일 잠시 멈추고 나 좀 도와줄 수 있겠니?
B : 미안해, 지금 너무 바쁘거든.

Many retired people have to live on the money they put aside when they were working.
은퇴한 많은 사람들은 그들이 일할 때 저축했던 돈으로 생활해야 한다.

sweep away 휩쓸다

10

A large wave swept away half the sandcastle.
큰 파도가 모래성의 절반을 허물어 버렸다.

The flooded river swept away dozens of houses.
범람한 강이 수십 채의 집을 휩쓸어 갔다.

put out (불을) 끄다, 괴롭히다, (남에게) 폐를 끼치다

226

Would it put you out if we came tomorrow instead of today?
우리가 오늘 말고 내일 오면 폐가 되겠습니까?

A : The airport requires you to put out your cigarette before stepping inside.
B : Can you help me to find an ashtray?
A : 공항에서는 실내로 들어가기 전에 담뱃불을 꺼야해.
B : 재떨이가 어디 있지?

take back 도로 찾다, 철회하다

157

A : Aren't you going to take back what you just said?
B : No way. You need to hear this since you were wrong.
A : 당신이 지금 한 말 취소할 생각 없어요?
B : 전혀 그럴 생각 없소. 당신이 잘못한 일이니 이런 말을 들어도 싸지.

The country should try to take back its lost territories down south.
그 나라는 남부 쪽에 잃어버린 영토를 되찾으려고 노력해야 한다.

take out 현금을 인출하다, 뽑다, 꺼내다, 데리고 가다

208

A : I need to take out some cash from the ATM.
B : Hurry up! We have no time to lose.
A : 현금 인출기에서 돈을 좀 찾아야해.
B : 서둘러! 지체할 시간 없어.

A : If the dentist took out your tooth, then do you have the money to pay the dentist?
B : Don't worry, I have insurance.
A : 의사가 이를 뽑으면, 치료비 낼 돈은 가지고 있니?
B : 걱정하지 마. 보험에 들었으니까.

Natalie wanted to have someone take her out for Valentine's Day.
나탈리는 누군가가 발렌타인데이에 자신을 데리고 가주기를 바랬다.

syn withdraw, extract

hereditary disease 유전병

24

A hereditary disease is a disease which can be passed down through generations of the same family.
유전병은 같은 가족의 자손에게 물려줄 수 있는 병이다.

cf. chronic disease : 만성 질환
acquired disease : 후천성 질환
congenital disease : 선천성 질환

have mixed feeling 온갖 생각에 마음이 착잡하다

18

We have mixed feelings about the move.
There will be new opportunities, but problems also.
이사가는 것에 대해 마음이 착잡해. 새로운 기회도 있겠지만 문제 역시 있거든.

He has mixed feelings about his daughter's marriage.
그는 딸아이 시집보내는 것으로 마음이 착잡하다.

hit the bottle 마구 마시다, 곤드레만드레 취하다

23

He hit the bottle when he lost his job.
그는 직장을 잃자 술을 마구 마셨다.

cf. Every Saturday night he came home blind drunk.
토요일 밤마다 그는 고주망태가 되어서 집에 돌아왔다.

keep one's fingers crossed 행운을 빌다

47

We're keeping our fingers crossed for a complete recovery.
우린 완쾌를 위해 행운을 빌고 있어.

Keep your fingers crossed while I take the test.
시험 볼 동안 행운을 빌어 줘.

make heads nor tails of
이해하다

9

Do this report again. I can't make head nor tail of it.
이 보고서 다시 해. 이해하지 못하겠어.

I can't make head nor tail of these instructions on the packet.
소포에 적힌 이 지시문들은 전혀 이해하지 못하겠어.

outside chance/possibility
혹시나, 가능성없이

7

There's still an outside chance that Scotland will get through into the World Cup.
스코틀랜드가 월드컵 본선에 진출할 가능성이 없다.

There's an outside chance that he'll win.
그가 이길 가능성은 없다.

safe and sound
무사히

16

After three days lost in the mountains, all the climbers arrived home safe and sound.
3일간 산 속을 헤맨 끝에, 등산객 전원은 집에 무사히 돌아왔다.

The fragile china survived the bumpy journey safe and sound.
깨지기 쉬운 자기가 덜컹거리는 여행을 무사히 견디었다.

's- and s-' 로 연결되는 alliteration(두운)을 관찰하자. undamaged로 써도 되지만 두운을 사용해서 리듬감있게 그 의미를 강조하고 있다.

speak the same language
서로 말이 잘 통하다, 의견이 잘 맞는다, 서로 이해를 잘한다

11

We both speak the same language. We have a sense of mutual understanding.
우리는 서로 잘 통하거든요. 우리는 서로를 잘 이해하는 편이죠.

count one's blessings 고맙게 생각하다, 다행으로 생각하다

7

We were very upset when someone broke into our house, but we counted our blessings that they didn't steal very much.

누군가 우리 집에 침입했을 때 우리는 아주 당황했지만, 많이 훔쳐가지 않은 것을 다행으로 생각했다.

After I visited my friend's mother in the hospital, I really counted my blessings.

입원한 친구의 어머니를 병문안 다녀온 후에, 난 정말로 내가 얼마나 운이 좋은지를 생각하게 되었다.

face the music 난국에 과감히 맞서다, 응보를 달게 받다

3

He'll have to face the music when his parents find out he's been missing school.

부모님이 학교에 빠진 걸 알게 되면 그는 응분의 벌을 받아야 될 거야.

The boy was caught cheating in an examination and had to face the music.

그 남자아이는 시험 시간에 커닝하다 들켜서 혼날 것을 감수해야 한다.

bent on sth 작정하다, 결심하다

9

He was bent on getting married as soon as possible.

그는 가능한 한 빨리 결혼하기로 작정했다.

She became bent on revenge after the rapist was found innocent in court.

그녀는 강간범이 법정에서 무죄 선고를 받자 복수하기로 결심했다.

Daily Test

Review Test

빈칸에 적당한 단어를 보기에서 고르시오.

보기

comparatively inquired mandatory by hit
attend relatively in over off out

1 채식주의자들은 비교적 심장병이 적다.
Vegetarians have a _________ low rate of heart disease.

2 로버트는 그의 아버지의 안부/건강을 물었다.
Robert _________ after his father.

3 전기로 움직이는 장난감들은 최대 표면온도를 필수적으로 지켜야 한다.
Electric toys must meet _________ requirements for maximum surface temperatures.

4 이사들 중 누구도 세미나에 참석하라는 것을 듣지 못했다.
Neither of the directors was told to _________ the seminar.

5 언제 지나는 길에 들르시겠어요. 항상 환영이에요.
Please come _________ and see us some time – you're always welcome.

6 우리 아버지는 아직도 어머니의 죽음을 잊지 못하고 있다.
My father still hasn't really got _________ the death of my mother.

7 담뱃불 좀 꺼 주시겠어요?
Please put your cigarettes _________.

8 부인이 죽자 그는 다시 술을 퍼 마시게 되었다.
When his wife died he _________ the bottle again.

Answers

1. relatively 2. inquired 3. mandatory 4. attend 5. by 6. over 7. out 8. hit

Build-up Test

괄호 안에 들어갈 적절한 단어를 고르시오.

1 More money is needed for the preservation of (historic / historical) buildings.

2 The new laws will become (efficient / effective) next month.

3 They don't want our (pity / pitiful). They need our help.

4 We would be very (pleasant / pleased) if you could attend.

5 We'd like to know your personal (vision / view) of the situation.

6 The doctor told me to take a deep (breathe / breath).

7 The driver of the bus was taken to hospital (unconscious / subconscious).

8 Our new neighbors are not very (social / sociable).

9 This decision will not affect the (relationship / relation) between China and Japan.

10 Don't be so (sensible / sensitive) – he was only joking.

Answers

1. historic	역사적인 건물을 보존하는 데는 더 많은 돈이 필요하다.
2. effective	새로운 법안은 다음달에 실행될 것이다.
3. pity	그들은 우리의 동정을 원하지 않는다. 그들은 우리의 도움이 필요하다.
4. pleased	당신이 참석해 주신다면 아주 기쁘겠습니다.
5. view	우린 그 상황에 대한 당신의 사견을 알고 싶습니다.
6. breath	의사는 나에게 숨을 깊이 마시라고 말했다.
7. unconscious	그 버스 운전사는 의식을 잃은 채로 병원에 실려 왔다.
8. sociable	새로 이사온 우리 이웃은 별로 사교적이지 못하다.
9. relationship	그 결정은 중국과 일본의 관계에 별다른 영향을 미치지 못할 것이다.
10. sensitive	그렇게 과민한 반응 보이지 마 – 그는 그냥 농담한 거였어.

DAY 03

V · O · C · A · B · U · L · A · R · Y

5 **ungainly** [ʌ̀ngéinli] a. 볼품없는, 어색한

Even though alligators look ungainly, they are capable of great speed and can even outrun a horse over a short distance!

악어의 모습이 영 볼품없다 할지라도, 상당히 빠른 속도를 낼 수 있으며 단거리에서는 말보다 빨리 달릴 수 있다는 것입니다.

syn awkward, clumsy, ungraceful, uncoordinated

85 **wasted** [wéistid] a. 잔뜩 취한, 지친

Sam drank four beers in half an hour – I bet he's wasted.

샘은 30분 동안에 맥주를 네 잔이나 마셨어 – 잔뜩 취했을 거야.

Man, I'm wasted! I've been on duty for 36 hours!

이런, 너무 지쳤어! 36시간이나 근무를 했어.

syn drunken, inebriated, intoxicated, tipsy, hit the bottle, drink like a fish

3 **briskly** [brískli] ad. 활발하게

A : I think this new product will be very popular.

B : You're right. I think it will sell briskly.

A : 이 제품은 아주 인기가 많을 것 같아.

B : 맞아. 날개 돋친 듯 팔릴 것 같아.

syn bracing, invigorating, sharp, active, energetic, lively, vigorous

2
baloney [bəlóuni] n. 허튼 소리

That's a load of baloney if you ask me.
내 생각을 묻는다면 그건 허튼 소리라고 생각해.

He says this car is only two years old but I think that's a lot of baloney.
그는 이 차가 2년밖에 안됐다고 하지만 난 말도 안 되는 소리라고 생각해.

syn absurdity, folly, foolishness, nonsense

57
frightened [fráitnd] a. 깜짝 놀란, 겁먹은, 무서워하는

Don't be frightened. It's only thunder.
겁먹지 마. 천둥일 뿐이야.

syn horrified, petrified, scared, shocked, terrified

9
mystify [místəfài] v. 어리둥절하게 하다, 미혹하다, 속이다

I'm completely mystified by your son's behavior.
당신 아들의 행동이 전혀 이해가 가지 않아요.

syn baffle, bewilder, confound, perplex, stupefy

12
sidestep [sáidstèp] v. 피하다, 회피하다

Boys are taught to sidestep emotions and instead to focus more on how to compete with each other.
남자아이들은 감정은 한켠에 접어놓고 그 대신에 서로 경쟁하는 방법을 중점적으로 배워 왔다.

syn avoid, evade, dodge, duck, turn aside, turn away

26
aptitude [ǽptitù:d] n. 소질, 적성

No one who has seen him work in the laboratory can deny that Anderson has an interest in and an aptitude for chemical experimentation.
앤더슨이 실험실에서 일하는 모습을 본 사람이라면 아무도 그가 화학 실험에 홍미가 있고 소질이 있음을 부정하지 못한다.

syn ability, potential, flair, knack, propensity, talent

1 2 3 4 5 6 7 8 9 10 11 12 13 14 15

hectic [héktik] a. 몹시 바쁜, 흥분한, 열광적인

7

Things have been really hectic here lately.
최근 이 곳은 정신없을 정도로 아주 바쁩니다.

Much of the country's spectacular physical beauty and more traditional charms are best displayed away from the hectic metropolis.
이 나라에서 구경할 만한 천연의 아름다움과 보다 고풍적인 매력의 대부분은 분주한 도심에서 조금 떨어진 곳에서 가장 잘 나타난다.

syn chaotic, confused, feverish, frantic, frenzied, unsettled

despondent [dispándənt] a. 우울한, 상심한

3

M : What's wrong with Mike? He seems so despondent.
W : Jane Smith came down to see him. She handed him his pink slip today.
M : 마이크에게 무슨 일이 있었나요? 아주 의기소침해 보여요.
W : 제인 스미스 씨가 그 사람에게 와서 해고 통지서를 주었어요.

syn dejected, depressed, discouraged, disheartened, downhearted, sorrowful

keen [kiːn] a. 예리한, 날카로운

18

Looking for a self-starter, ambitious, highly motivated, with a keen eye for details.
솔선해서 일을 하며, 패기만만하고, 의욕이 강하고 사소한 일에도 열심히 임하는 인재를 찾고 있습니다.

syn cutting, sharp, well-honed, acute, bright, intelligent, shrewd

predicament [pridíkəmənt] n. 상태, 곤경, 궁지

9

If I hadn't listen to him, I wouldn't have been in this predicament.
그의 말을 듣지 않았더라면 이런 지경까지 이르진 않았을 텐데.

syn crisis, difficulty, dilemma, plight, quandary, scrape

startle [stά:rtl] v. 깜짝 놀라게 하다, 놀라 ~하게 하다

55

You startled me! I didn't hear you come in.
깜짝 놀랐잖아! 네가 들어오는 소리를 듣지 못했어.

We were startled to hear they were getting divorced.
그들이 이혼한다는 소리를 듣고 우린 깜짝 놀랐다.

Dr. John told how startled he was early in his career, when a surgical patient was undraped.
전문의인 John은 처음 의사생활을 시작했을 때, 한 수술 환자의 옷이 벗겨졌을 때 얼마나 놀랐는지 말했다.

syn frighten, scare, shock, astonish, stagger, surprise, disturb, interrupt

stringent [stríndʒənt] a. (규칙이) 엄중한

9

Today's cosmetics must meet the stringent requirements of the Food and Drug Administration (FDA).
최근 화장품들은 미 식품의약국(FDA)의 엄중한 요구사항에 맞춰야 한다.

syn rigid, rigorous, harsh, severe, stern, strict

superficial [sù:pərfíʃəl] a. 표면상의, 외면의

10

Fortunately, he only suffered superficial cuts and bruises in the accident.
운이 좋아서, 그는 그 사고에서 단지 겉으로 자상과 타박상만 입었을 뿐이다.

syn cosmetic, cursory, facile, sketchy, surface

amiable [éimiəbəl] a. 상냥한, 온화한, 마음씨 고운

8

For the last three days of the tour we had a more amiable guide.
여행 마지막 3일간 우리는 더 상냥한 안내원을 만나게 되었다.

syn agreeable, congenial, friendly, pleasant

apprehend [æ̀prihénd] v. 체포하다, 붙잡다

13

Traffic light speed cameras present a cheaper and more efficient alternative to attempting to apprehend every individual violators.

과속 신호등 카메라들은 더 저렴하고 효과적으로 모든 개별 위반자들을 잡을 수 있는 대안을 제공한다.

syn arrest, capture, detain, seize, grasp, perceive, understand

ant release, misunderstand

culpability [kʌ̀lpəbíləti] n. 과실, 죄

2

Only recently have some companies admitted the culpability.

최근에 와서야 몇몇 회사가 그 과실을 인정했다.

syn criminality, guiltiness, blameworthiness, blamability

enchanting [entʃǽntiŋ, -tʃɑ́:nt-] a. 매혹적인

13

She wore a dress to the party that was far more enchanting than those of the other girls.

그녀는 다른 여자아이들의 것보다 훨씬 매혹적인 파티 드레스를 입었다.

syn charm, hypnotize, mesmerize, spellbind, captivate, enthrall, fascinate

evolutionary [èvəlú:ʃənèri] a. 진화적인

19

Evolutionary changes sometimes occur rapidly in responses to sudden changes in the environment.

진화론적인 변화는 때로 갑작스런 환경변화에 대한 반응으로 빠르게 진행되는 경우가 있다.

syn evolutional, developing, evolving, unfolding, maturing

hunch [hʌntʃ] n. 예감, 직감, 육감

7

A : I have a hunch that he was not being honest with me.

B : What makes you think so?

A : 어쩐지 그가 내게 정직하지 않다는 생각이 들어.

B : 왜 그렇게 생각하는데?

syn feeling, foreboding, intuition, premonition, suspicion

36 **implement** [ímpləmènt] v. (약속, 계획, 계약 등을) 실시하다, 실행하다

The biggest obstacle to implementing the new bill is the lack of available funds.

새로운 법안을 시행하는 데 가장 큰 걸림돌은 이용 가능한 자금의 부족이다.

syn execute, fulfill, activate, set in motion, start

6 **downturn** [dáuntə̀ːrn] n. 하락

Despite Volvo's reputation for building safe cars, it has been experiencing a downturn in sales.

볼보는 안전한 차를 만드는 것으로 유명함에도 불구하고 판매가 하락함을 겪었다.

syn decline, downswing, downtrend, drop, slump

3 **emancipate** [imǽnsəpèit] v. 해방하다, 석방하다

Many slaves were emancipated during the American Civil War.

많은 노예들은 미국의 남북전쟁 때 해방되었다.

syn free, liberate, release, unchain

4 **litigator** [lítigèitər] n. 소송자

We need an unusually gifted litigator to solve this sensitive problem without creating any bad feelings.

우리는 나쁜 감정을 만들지 않고 이 민감한 문제를 해결할 특별히 재능 있는 소송자가 필요하다.

72 **mental** [méntl] a. 정신의, 지능의

Scientists believe that at least six hours of sleep is necessary to maintain good mental and physical health.

과학자들은 정신과 신체의 건강을 위해서 적어도 6시간은 자야한다고 믿고 있다.

syn cerebral, cognitive, intellectual, psychological, rational

rescue [réskjuː] v. 구출하다, 구하다

24

A soldier who rescued two of his comrades from a burning tank was presented the medal of honor.

불타는 탱크에서 두 명의 전우를 구출한 병사에게 명예 훈장이 수여되었다.

syn deliver, free, recover, release, save

rigorous [rígərəs] a. 엄격한, 호된

10

Because of the rigorous training involved, not everyone can become a ballet dancer.

호된 훈련이 포함돼 있기 때문에 모든 이들이 발레리나[발레리노]가 될 수는 없다.

syn demanding, harsh, stern, strict, tough

decorum [dikɔ́ːrəm] n. 단정, 예의바름

2

Make sure you follow decorum by introducing yourself and speaking politely.

자신을 소개하고 공손하게 말해서 단정하다는 인상을 주어야 한다는 것을 명심해라.

syn breeding, etiquette, gentility, propriety, protocol

proficiency [prəfíʃənsi] n. 능숙, 능란

108

Proficiency in one or more East European languages as well as German is required.

독어뿐만 아니라 한 개 이상의 동유럽 언어에도 능숙해야 합니다.

syn adeptness, capability, competence, expertise, mastery

account for ~의 원인이 되다

221

Research has shown that smoking accounts for more than one of every five deaths in Canada.

조사에 따르면 캐나다에서 5명 중 1명 이상이 흡연으로 사망한다고 밝혀졌다.

act up 버릇없이 굴다, (기계 상태가) 나쁘다

15

The dog acted up as the postman came to the door.
우체부가 문 쪽으로 다가오자 개가 미친 듯이 짖어댔다.

My car always acts up in cold weather.
내 차는 추워지면 항상 말썽이야.

be supposed to ~하기로 되어 있다, 예정하다, 여겨지다

104

These batteries are supposed to last for a year.
이 건전지들은 1년은 쓸 수 있다.

The report was supposed to be finished by the 18th!
그 보고서는 18일까지 끝내야 합니다!

drown out 시끄러운 소리가 다른 소리를 들리지 않게 하다

15

When played by a beginner, a piccolo can drown out an entire orchestra.
초보자가 연주를 하면, 피콜로 하나가 오케스트라 전체의 소리가 들리지 않게 할 수도 있습니다.

eat up 열중하다, 아주 좋아하다, 남김없이 먹어치우다

30

He loves jazz music – he really eats it up.
그는 재즈 음악을 좋아해 – 정말로 열중해.

Albert eats up historical books.
앨버트는 역사책을 닥치는 대로 읽는다.

Let's eat up and leave so we won't be late for the movie.
영화 상영 시간에 늦지 않도록 빨리 먹고 떠나자고.

hold on (전화 등을) 끊지 않고 기다리다

167

Will you hold on while I see who's at the door?
문에 누가 왔나 볼 동안 기다려 줄래?

lay away
10
(돈을) 저축하다

The sooner you begin to plan and lay away funds for retirement, the bigger your nest egg will be.
퇴직에 대비한 자금을 계획하고 저축하는 시기가 빠르면 빠를수록, 자금의 규모가 훨씬 더 커질 것이다.
cf. nest egg : 비상금, 자금의 밑천

pass away
178
돌아가시다, 죽다

M : I'm sorry to hear about your grandfather.
W : Thank you. At least he passed away in his sleep.
M : 너의 할아버지 소식 가슴이 아파.
W : 고마워. 적어도 할아버지는 주무시다가 돌아가셨어.

pay off
45
결과가 나다, 성과를 올리다

She felt that years of praying for her son's health finally paid off when he finally walked out of the hospital.
그녀는 아들이 병원에서 퇴원했을 때 아들의 건강을 위한 여러 해에 걸친 그녀의 기도가 효과가 있었다고 생각했다.

sit still
24
가만히 앉아 있다

I'm so nervous about my interview, I can't sit still.
인터뷰 때문에 너무 초조해 가만히 앉아 있을 수가 없어.

If you sit still for a minute, I will be able to take a photograph.
잠시만 가만히 앉아 계시면, 제가 사진을 찍어 드리겠습니다.

sit tight
11
잠자코 있다

A : Can we go now? I'm really starving!
B : Just sit tight. I've got to call and make a reservation.
A : 지금 가면 안되나요? 배고파 죽겠어요.
B : 잠자코 좀 있으려무나. 전화해서 예약해야 하니까

sitting pretty 편하게 지내다, 유리한 입장에 있다

3

The new library is sitting pretty because a wealthy woman gave it $10,000 worth of reference books.

새로 개관한 도서관은 어느 유복한 부인이 1만 달러 상당의 참고 도서를 기증했기 때문에 운이 좋은 입장이다.

stone's throw away from 엎어지면 코 닿을 거리인

16

The cottage is just a stone's throw away from the sea.

별장은 바다에서 엎어지면 코 닿을 거리에 있다.

A : Is your house far from here?

B : No, it's only a stone's throw away.

A : 집이 여기서 먼가요?

B : 아니오, 엎어지면 코 닿을 데 있습니다.

stop at nothing to do sth 어떤 일도 서슴지 않다

13

He's so ambitious he'd stop at nothing to reach the top.

그는 너무나 야심적이라 정상에 오르기 위해서라면 어떤 일이든지 서슴지 않았다.

Bob is completely determined to get promoted. He'll stop at nothing.

밥은 승진하려고 굳게 마음먹었어. 어떤 일도 서슴지 않을 거야.

have the nerve to ~할 용기가 있다, 뻔뻔스럽게도 ~하다

26

I didn't have the nerve to tell him what I really thought of his suggestion.

난 그의 제안을 내가 어떻게 생각하는지 말할 용기가 없어.

She's late for work every day, but she still has the nerve to lecture me about punctuality.

그녀는 매일 지각하면서, 뻔뻔스럽게도 여전히 나한테 시간 엄수에 대해 설교를 해.

head and shoulders above 더 나은

2

She is head and shoulders above the rest of the class in singing.
그녀는 학급 누구보다도 노래를 잘한다.

She is head and shoulders above all the other actors in the film.
그녀는 이 영화에 나오는 다른 모든 배우들보다 훨씬 더 낫다.

syn by far, far better

keep sb/sth around ~를 곁에 두다, 보관하다

3

I can't decide whether I should get rid of these old magazines or keep them around.
이 오래된 잡지를 버려야 할지 갖고 있어야 할지 결정하지 못하겠어.

She wanted to sell the car but I told her to keep it around.
그녀는 자동차를 팔고 싶어했지만 난 갖고 있으라고 말했다.

keep up with (사람, 시류 등) 뒤떨어지지 않다, 따라잡다, 보조를 맞추다

37

Don't walk so fast. I can't keep up with you.
그렇게 빨리 걷지 마. 내가 따라갈 수 없잖아.

He had to work very hard to keep up with the others in the class.
그는 다른 학우들에게 뒤떨어지지 않으려면 열심히 공부해야 했다.

neck and neck 막상막하(경마에서 유래)

6

The two parties are neck and neck in the opinion polls.
두 정당은 여론조사에서 막상막하였다.

With only ten meters to go, Jackson and Harry are neck and neck.
겨우 10미터를 남겨 두고 잭슨과 해리는 막상막하였다.

nip in the bud 미연에 방지하다, 싹을 잘라 버리다

2

Many serious illnesses can be nipped in the bud if they are detected early enough.
많은 중병들은 초기에 발견하면 미연에 방지할 수 있다.

Daily Test

Review Test

빈칸에 적당한 단어를 보기에서 고르시오.

보기

pretty hectic shoulders hunch supposed for
amiable implemented frightened away briskly around

1 이 주제에 대해서 이 책이 다른 책들보다 훨씬 더 낫다.
This book is head and _________ above all the others on the subject.

2 의료보험 제도의 변경은 내년에 실시될 것이다.
The changes to the national health system will be _________ next year.

3 우리는 거리에서 나는 소음에 깜짝 놀랐다.
We were _________ by the noise in the street.

4 여기에 주차하면 안됩니다.
You're not _________ to park here.

5 모임의 분위기가 너무 따뜻해서 곧 결정에 도달했다.
So _________ was the mood of the meeting that a decision was soon reached.

6 삼촌이 돌아가시면서 남은 일생동안 편하게 지낼 만큼 충분한 돈을 나에게 남겨 주셨다.
My uncle died and left enough money for me to be sitting _________ for the rest of my life.

7 그녀는 지난주에 아버지가 돌아가셔서 정신을 못 차리고 있다.
She's terribly upset because her father passed _________ last week.

8 저 낡은 부츠를 등산할 경우를 생각해서 보관해 두어야겠어.
I think I'll keep those old boots _________ in case we go climbing.

Answers

1. shoulders 2. implemented 3. frightened 4. supposed 5. amiable 6. pretty
7. away 8. around

Build-up Test

다음 의미에 맞는 단어를 보기에서 고르시오.

보기

submerge release incline loiter relieve brew extinguish
excavate book ruin recruit hook engrave induce soar

1 to take strong hold of; captivate
2 to arrange for (tickets or lodgings, for example) in advance; reserve
3 to cut words or pictures on metal, wood, glass, etc.
4 to set free, as from confinement
5 to make a pain, problem, or unpleasant feeling less severe
6 to put out a fire, etc.
7 to make beer; to mix tea or coffee with hot water
8 to put something under water or another liquid
9 to bring about or stimulate the occurrence of; cause
10 to rise or fly high into the air
11 to dig carefully to find ancient objects, bones, etc.
12 to (cause to) slope at a particular angle
13 to stand idly about; to linger aimlessly
14 to enlist new members for an organization
15 to destroy completely

Answers

1. hook 사로잡다
2. book 예약하다
3. engrave 조각하다, 새기다
4. release 풀어주다, 석방하다
5. relieve 경감하다, 덜다
6. extinguish 불을 끄다
7. brew 양조하다, 차를 끓이다
8. submerge 물 속에 넣다, 가라앉히다
9. induce 야기하다, 유발하다
10. soar 높이 치솟다
11. excavate 발굴하다
12. incline 기울다
13. loiter 빈둥거리다
14. recruit 모집하다
15. ruin 파멸시키다, 못쓰게 만들다

DAY 04

V · O · C · A · B · U · L · A · R · Y

51 **sanity** [sǽnəti] n. 제 정신, 온전한 정신

He'd been behaving so strangely that they began to doubt his sanity.
그가 너무나 이상하게 행동을 해 왔기 때문에 그들은 그가 제 정신인지 의심하기 시작했다.

syn lucidity, reason, sense, wits

10 **transcend** [trænsénd] v. 초월하다, 능가하다

This is a universal gap that transcends even cultures.
이것은 심지어 문화까지도 초월하는 보편적인 차이이다.

syn best, exceed, excel, surmount, surpass

2 **haggle** [hǽgəl] v. 끈질기게 깎다, (값을 깎으려고) 옥신각신 입씨름하다

A : How about giving me a discount on this jacket?
B : I'm sorry, but store policy won't allow me to haggle.
A : 이 재킷 가격 좀 깎아주세요.
B : 죄송하지만 우리 가게 방침은 제가 물건값을 깎아드릴 권한이 없습니다.

syn bargain, barter, dispute, quarrel, quibble

11 **diagnosis** [dàiəgnóusis] n. 진단

Answers to the following questions will help the doctor make an accurate diagnosis.
다음 질문사항에 답해 주시면 의사가 정확한 진단을 하는 데 도움이 될 것입니다.

syn analysis, examination, investigation, scrutiny

dishonor [disɑ́nər] v. 창피를 주다, 명예를 손상시키다

42

A : How could you say such a thing?
B : What are you talking about? I said nothing that could dishonor you.
A : 어떻게 그런 말을 할 수 있어?
B : 무슨 말을 하는 거야? 난 널 망신주는 일은 한 게 없다구.

syn discredit, disgrace, humiliate, shame, debase

groom [gru(:)m] n. 신랑

14

The bride's name was Tuesday Hood and the groom was Robin Thursday.
신부의 이름은 Tuesday Hood이고 신랑은 Robin Thursday였습니다.

syn bridegroom, husband, spouse

headstrong [hédstrɔ̀ːŋ, -strɑ̀ŋ] a. 완고한, 고집센, 억지쓰는

2

The boy was so headstrong that no one could discipline him except the nun.
그 소년은 고집이 너무 세서 그 수녀님을 제외하고는 아무도 그 아이를 통제할 수 없었다.

syn obstinate, stubborn, unyielding, willful

loom [luːm] v. 갑자기[크게] 나타나다

3

When it seems to fade after a while, the question again looms overhead.
얼마 후 잊어버렸다 생각할 때쯤이면, 머리 속에 다시 질문이 떠오른다.

syn appear, emerge, materialize

membrane [mémbrein] n. 얇은 막, 막 조직

21

As the fruit of the tree ripens, it hardens and splits open at the top, showing a bright scarlet membrane.
이 나무의 열매는 익으면서 단단해지고 윗부분이 쪼개지면 밝은 주홍색의 엷은 막이 보입니다.

monopoly [mənɑ́pəli] n. 독점, 전매

7

The analysts say that the trade monopoly in itself is not the problem.

분석가들은 무역 독점 그 자체는 문제가 아니라고 말한다.

syn control, edge, bloc, cartel, merger, trust

rekindle [ri:kíndl] v. 다시 불붙이다, 재연시키다

3

Fortunately, 2004 was a spectacular year for baseball, and helped to rekindle excitement in Korea's favorite pastime.

다행스럽게도 2004년은 야구에 있어 눈부신 해로, 한국에서 가장 인기 있는 오락거리로 다시 흥미를 북돋우는 데 도움을 주었다.

syn burn, fire, ignite, light, illuminate, provoke, inspire, spark

resolution [rèzəlú:ʃən] n. 결의, 결심

36

The resolution that was passed was a wish list that nobody could deliver.

지나간 결심은 어느 누구도 돌려줄 수 없는 희망 사항이다.

syn determination, perseverance, conclusion, settlement, declaration, decree

summit [sʌ́mit] n. 정상 회담

29

The secretary suggested taking an airplane to the summit meeting in Europe.

그 비서는 유럽에서 열리는 정상 회담에 비행기를 타고 갈 것을 제안했다.

switch [switʃ] v. 바꾸다, 교환하다

48

You suggested that the boy switch to the piccolo.

당신은 그 남자아이에게 피콜로로 바꾸라고 제안했습니다.

syn change, convert, exchange, swap, trade

deter [ditə́ːr] v. (겁먹어) 그만두게 하다, 단념시키다

23

This will not necessarily deter war, but it might make it more humane, if such a thing is possible.

이것이 꼭 전쟁을 막아주지는 않지만, 그런 일들이 가능해진다면, 전쟁을 좀 더 인간적으로 만들어 줄 것이다.

syn prevent, prohibit, forbid, discourage

embody [embádi] v. 구체화하다, 구현하다

11

The motorcycle embodies the themes of this century – innovation, transportation, motion, love, sex, death, fear.

오토바이는 금세기의 주제들인 혁신, 수송, 운전, 사랑, 성, 죽음, 두려움을 구체적으로 표현한다

syn illustrate, incarnate, represent, symbolize

equate [ikwéit] v. 동등하다고 생각하다

9

Belly dancing has been equated to a slow seduction where the female dancer begins entirely covered in overlapping veils.

벨리 댄싱은 여자 댄서들이 여러 겹의 베일로 완전히 가리고 춤을 추기 시작한다는 점에서 은밀한 유혹과 동일시됐다.

syn compare, equal, liken

inception [insépʃən] n. 시작, 개시, 형성

7

The concept of duty-free shopping, or shopping without the addition of local and national taxes, has been successful with travelers since the idea's inception in 1947.

면세 쇼핑의 개념, 즉 지방세와 국세를 추가로 지불하지 않고 쇼핑을 하는 것은 1947년 그 개념이 처음 시작된 이래로 여행자들에게 매우 성공적이었다.

syn beginning, commencement, inauguration, onset, start

16 17 18 19 20 21 22 23 24 25 26 27 28 29 30

13

innocence [ínəsns] n. 무죄, 결백

I have absolutely no doubt about the innocence of the defendant.

나는 그 피고가 무죄라는 데 절대 의심하지 않는다.

syn credulity, guiltlessness, incorruption, forthrightness, frankness, trustfulness

15

oriented [ɔ́:riəntid, -èntid] a. ~경향의, ~지향의

George Orwell, whose real name was Eric Arthur Blair, wrote many politically oriented novels and essays.

본명이 에릭 아더 블레어인 조지 오웰은 정치 경향의 소설과 수필을 많이 썼다.

68

refund [rí:fʌnd] n. 환불, 상환 v. 환불하다

Consumers have the right to ask for a refund if the product is defective or of low quality.

소비자는 제품에 결함이 있거나 질이 낮은 경우 환불을 요구할 권리가 있다.

syn rebate, reimbursement, remittance, repayment

67

standardize [stǽndə*r*dàiz] v. 표준화하다

I've always wondered why automobile manufacturers don't standardize the position of gas fillers on their automobiles.

나는 자동차 제조업자들이 자동차에 휘발유 주입구를 다는 위치를 왜 표준화하지 않는지 항상 이상하게 생각했다.

syn normalize, regularize

36

studious [st*j*ú:diəs] a. 면학에 힘쓰는, 공부하기 좋아하는

A : Is Andy studious?

B : Yes, somewhat. But he's less studious than Jared.

A : 앤디는 공부에 힘씁니까?

B : 예, 어느 정도는요. 하지는 그는 제러드보다는 덜합니다.

syn academic, diligent, erudite, industrious, intellectual, scholarly

tumble [tʌ́mbəl] v. 추락하다, 넘어지다

10

Japan watched its global automobile sales tumble to a 12-year low amidst a strengthening recession.

일본은 자국의 세계적인 자동차 판매가 심각해진 불경기 와중에 12년 전 수준으로 하락했다는 사실을 주시했다.

syn descend, drop, fall, plunge, stumble, topple

uproar [ʌ́prɔ̀ːr] n. 소동, 소란, 야단법석

11

If you say that the uproar won't reach us in your beach community, then we won't worry.

만약 그 소동의 여파가 당신이 있는 해변가에 미치지 않는다고 말하면 우리는 걱정하지 않을 것입니다.

syn chaos, commotion, disorder, disturbance, fracas, ruckus, tumult

via [váiə, víːə] prep. ~을 통해, ~을 거쳐

25

Many banks allow you to transfer funds from one account to another via an ATM machine.

대부분의 은행들은 자동 입출금기를 통해 한 계좌에서 다른 계좌로의 자금 이체를 할 수 있다.

syn by, by means of, by way of, through

whine [*h*wain] v. 우는소리를 내다, 넋두리/푸념하다

9

Men do not have a God-given right to employment, and I am tired of their whining.

남자들이 신으로부터 직업을 가질 권리를 받은 것도 아닌데, 나는 이들의 넋두리에 질렸습니다.

syn cry, snivel, whimper, complain, gripe

deploy [diplɔ́i] v. 배치하다, 전개하다

13

As you might already know, you are now in the most forward deployed U.S military base in the world.

이미 알고 있다시피, 여러분은 세계에서 최전선에 배치된 미 육군기지에 와 있습니다.

syn camp, locate, place, station

primitive [prímətiv] a. 원시의, 초기의, 발달되지 않은

27

Despite their great size, alligators have quite primitive brains which function only in terms of food and survival.

거대한 몸집에도 불구하고, 악어는 단지 먹이와 생존에 필요한 기능만을 소화해낼 수 있는 아주 원시적인 뇌를 갖고 있습니다.

syn ancient, prehistoric, native, uncivilized, uncultivated, beginning, early

slim [slim] a. 늘씬한, 호리호리한, 얇은, 희박한

24

How do you keep so slim – is it all the exercise you do?

어떻게 그런 날씬한 몸을 유지하죠 – 운동하는게 다인가요?

They've only a slim chance of winning.

그들이 이길 가능성은 아주 희박하다.

syn lean, slender, thin, willowy

Laurence was a tall slender young man with a light brown mustache.

로렌스는 엷은 갈색 콧수염을 가진 호리호리한 젊은이다.

Do you notice how thin her wrists were?

그 여자 손목이 얼마나 가는지 봤니?

Like most long-distance runners she is very slight.

대부분 장거리 주자들처럼 그녀는 매우 야위었다.

slim, slender는 매력 있게 늘씬한 것을 말하고 thin은 몸이 여위었음을 나타낸다. slight는 여위어 연약해 보임을 나타낸다.

1 2 3 4 5 6 7 8 9 10 11 12 13 14 15

move away
물러가다, 떠나다, 이사하다

25

After her best friend got married and moved away, Jane's life became very lonely.
절친한 친구가 결혼해 멀리 이사간 후에 제인의 삶은 매우 쓸쓸해졌다.

move up
승진하다

16

Although he started in the mail room, he quickly moved up to a legal clerk.
시작은 우편실에서 했지만, 그는 서기로 빨리 승진했다.

I believe that you will move up to a manager within the first five years.
자네는 처음 5년안에 매니저로 승진할 수 있을 거야.

result in
귀착하다, 끝나다

41

The absence of appropriate activation results in the lack of development.
적절한 활성화가 이루어지지 않으면 발달 저하를 초래한다.

relevant to
~에 관련된

28

We couldn't start the meeting on time because the important documents relevant to the matter arrived late.
이 문제와 관련된 중요한 문서가 늦게 도착하는 바람에 회의를 제시간에 시작할 수 없었다.

stick around
머무르다, 떠나지 않고 기다리다

32

You go – I'll stick around here a bit longer and wait for Jane.
넌 가도록 해 – 난 여기 좀 더 남아서 제인을 기다리도록 할게.

If you stick around after the concert, I will try to get us backstage.
연주회가 끝나고 기다리고 있으면, 우리가 분장실로 갈 수 있도록 해볼게.

stick/poke one's nose in/into sth 참견하다, 간섭하다

13

I wish he'd stop poking his nose into my personal life!
그 사람이 제발 내 사생활에 간섭하지 않았으면 좋겠어!

stick to sth 고수하다, 끝까지 지키다

36

Do we have to stick rigidly to the rules?
규칙을 엄격히 고수해야만 합니까?

If you make a promise, you should stick to it.
약속을 했으면 반드시 지켜야 한다.

stick to one's guns 굽히지 않다, 신념을 잃지 않다, 고집하다

4

People laughed at Columbus when he said the world was round. He stuck to his guns and proved he was right.
사람들은 컬럼버스가 지구가 둥글다고 얘기했을 때 그를 비웃었다. 그는 신념을 굽히지 않고 자신이 옳다는 것을 증명했다.

stick with 바꾸지 않다, 끝까지 충실하다, 매달리다

18

I'd rather stick with a way of doing things that I know will work.
내가 확신하는 방법을 고수할거야.

Let's just make a decision, and then stick with it.
결정을 내리고 나서, 밀고 나갑시다.

stick up for ~의 편을 들다, 옹호하다

11

A : Why do you always stick up for Julie when you know that she is wrong?
B : She tries to do her best and besides, nobody's perfect.
A : 너는 줄리가 분명히 잘못한 것을 알면서도 항상 그녀 편을 드는 이유가 뭐니?
B : 그녀는 최선을 다 하잖아, 누구도 완벽할 순 없다고.

tag along
~의 뒤에 따라가다, 붙어 다니다, 휴대하다

7

I don't know her, she just tagged along with our group.
나도 그녀가 누군지 몰라, 단지 우리 뒤를 따라왔을 뿐이야.

It's hard to shop with two children tagging along.
아이 둘을 달고 쇼핑하는 것은 어렵다.

Carrie asked Janice to tag along the mosquito spray for the camping trip.
캐리는 제니스에게 캠핑 여행갈 때 모기약을 가지고 오라고 부탁했다.

take off
달아나다, 급히 떠나다, 이륙하다, 벗다, 제거하다

216

When he saw me, he took off in the other direction.
나를 보자 그는 다른 방향으로 달아났다.

A : How could you take off in such a hurry without telling me?
B : I'm sorry, but I had an emergency to attend to.
A : 나한테 말도 없이 어떻게 그렇게 급하게 갈 수 있었지?
B : 죄송합니다. 하지만 저도 꼭 참석해야 하는 긴급상황이었어요.

You'd better take off those wet clothes or you'll catch a cold.
젖은 옷을 벗는 게 좋겠다. 그렇지 않으면 감기에 걸릴 거야.

take the cake
(비꼬는 투로) 보통이 아니다, 상을 타다, 빼어나다

15

I've heard some pretty dumb ideas, but that takes the cake.
몇 가지 바보 같은 생각은 들어봤지만, 그건 상 받을 만하군.

That joke really takes the cake. I wish I'd told it.
그 농담은 정말 보통이 아니야. 내가 말하고 싶었는데.

tied/bound hand and foot
속수무책인

13

The robbers left us bound hand and foot.
강도들은 우리를 손발을 묶은 채 남겨 놓았다.

I'm afraid there's nothing I can do to help you. I'm bound hand and foot by the bank's rules.
자넬 도와줄 길이 없는 것 같네. 은행 규칙에는 나도 어쩔 수 없구먼.

13 tied to one's mother's/ wife's apron strings

엄마/마누라 치마폭에 매달려 지내다

Though he's nearly 40, he's still tied to his mother's apron strings, and has never married.
그는 나이가 40이 다 돼 가는데 아직도 엄마 치마폭에 매달려서 지내고 결혼도 안하고 있어.

Even after he grew up he was still tied to his mom's apron strings.
그는 다 컸지만 여전히 엄마 치마폭에 매달려 있다.

20 tie the knot

결혼하다, 식 올리다

So when are you two going to tie the knot?
그래 언제 식 올리는가?

I hear that you and John are going to tie the knot.
존하고 결혼한다면서?

37 tie up

일에 몰두하다, (주식 등에 투자하여) 돈을 유용하지 못하게 하다, 꼼짝 못하게 하다

I can't come out tonight – I'm a bit tied up at work.
오늘밤은 나갈 수가 없어 – 회사 일로 꼼짝 못하거든.

My money is tied up in a trust fund.
나의 돈은 신탁 기금에 묶여 있다.

Sorry I'm late – I was tied up by an accident on the way home.
늦어서 미안해 – 집에 오는 길에 사고가 나서 꼼짝없이 붙잡혀 있었어.

24 ask for trouble

화를 부르다, 사서 고생을 하다

Giving him such a powerful car when he's only just learned to drive is asking for trouble.
운전을 막 배운 그에게 그런 강력한 자동차를 주는 것은 화를 부르는 거야.

Letting the children play with those matches was just asking for trouble!
어린애들이 성냥을 갖고 놀게 내버려두는 것은 화를 부르는 것이다.

ask out 데이트 신청하다

57

I'd really like to ask Hamilton out, but I'm worried he'd say no.
해밀턴에게 데이트 신청을 할까 하는데 거절당할까 봐 걱정이 돼.

You should ask her out right now or she might go out with some other guy.
넌 그녀한테 당장 데이트 신청해야 해. 그렇지 않으면 그녀는 다른 남자랑 데이트할거야.

all in one breath 한결같이, 단숨에

11

It was difficult to understand the witness because she tried to tell the story all in one breath.
증인이 이야기를 단숨에 말하려 했기 때문에 무슨 말을 하는지 이해하기가 힘들었다.

Daily Test

Review Test

빈칸에 적당한 단어를 보기에서 고르시오.

보기

knife eyes nose tumble guns ask
sanity switch deter whining loom stick

1 대부분의 플루트 연주자들은 피콜로로 쉽게 전향할 수 있습니다.
Most flutists can _________ to the piccolo with ease.

2 에이즈에 관해 알고 있다고 해서 사람들이 위험이 큰 성행위를 그만두는 것 같지는 않다.
Knowledge about AIDS does not seem to _________ high-risk sexual behavior.

3 그는 그녀에게 데이트 신청을 하고 싶었지만 그럴 용기가 없었다.
He wanted to _________ her out, but he didn't have the courage to do it.

4 북적거리고 시끄러운 사무실에서 온전한 정신을 지키는 것은 어렵다.
It's hard to keep your _________ in this madhouse of an office.

5 제발 내 일에 참견하지 않았으면 좋겠어.
I wish you'd stop poking your _________ into my business.

6 제발 그녀한테 푸념 좀 그만두라고 해줘. 정말 날 짜증나게 만들어.
Would you please tell her to stop _________. It really is starting to get on my nerves.

7 누구도 내 제안이 좋은 생각이라고 생각하지 않는다는 걸 알아, 하지만 난 신념을 굽히지 않겠어.
I know no one else thinks my suggestion is a good idea, but I'm sticking to my _________.

8 지금 어려운 상황이지만, 끝까지 매달린다면 잘 될 겁니다.
Things are difficult at the moment, but if we _________ with it, they are bound to get better.

Answers

1. switch 2. deter 3. ask 4. sanity 5. nose 6. whining 7. guns 8. stick

Build-up Test

괄호 안에 들어갈 적절한 단어를 고르시오.

In the 1960s, Steve McQueen was the highest-paid movie star in the world, making such films as "The Great Escape", "The Sand Pebbles" and "Bullitt". His success continued in the 1970s, but he developed cancer as a (result / consequence) of exposure to asbestos and he made his last film in 1979. (Short / Shortly) after, in 1980, he died at the too-early age of 50.

Answers

result, Shortly

원인에 대한 직접적인 결과를 나타낼 때는 result를 사용하고, 어떤 사건과 관련하여 필연적으로 나타나는 결과는 consequence를 사용한다.

|해석| 스티브 맥퀸은 1960년대 "대탈출", "모래자갈", "불리트"와 같은 영화를 제작한 세계에서 가장 수입이 많은 영화계의 거장이었다. 그의 성공은 1970년대까지 이어졌으나 석면에 몸을 노출시킨 것이 원인이 되어 암이 발병했고, 1979년에 마지막 영화를 만들었다. 그 직후인 1980년에 그는 50세라는 너무 젊은 나이로 세상을 떠났다.

|어휘| as a result of ~의 결과로서　asbestos 석면, 아스베스토　shortly-after 그 직후에

DAY 05

V · O · C · A · B · U · L · A · R · Y

45 **disaster** [dizǽstər] n. 큰 불행, 골칫덩이, 구제불능

The evening was a complete disaster.
그날 밤은 완전히 실패작이었어.

As a teacher, he was a disaster.
그는 형편없는 선생님이다.

It would be a disaster for me if I lost my job.
직장을 잃었다면 나에겐 큰 불행이 되었을 것이다.

syn accident, calamity, cataclysm, catastrophe, tragedy

175 **broke** [brouk] a. 빈털터리인, 무일푼으로

I'm all out of money. I'm broke.
난 돈이 완전히 바닥났어. 빈털터리야.

568 **catch** [kætʃ] v. 알아채다, 감지하다

I'm sorry, I didn't quite catch what you said.
미안하지만, 뭐라고 했는지 잘 듣지 못했어요.

Don't lie around her, or she'll catch you – she's as sharp as a tack.
그 여자 옆에서는 거짓말하지 마, 그랬다간 그녀가 알아챌 거야 – 기억력이 아주 좋거든.

syn grab, grasp, apprehend, seize, reach, detect

about-face [əbáutfèis] n. 방향 전환, 노선 전환

2

The government has done a complete about-face in its policy on military spending.

정부는 군사비 지출에 관한 정책을 완전히 바꾸었다.

cf. 군대 용어인 '뒤로 돌아'에서 방향, 노선 전환의 의미로 쓰인다.

syn turnaround, turnabout

additive [ǽdətiv] n. 첨가제

6

Ethanol does not function as a primary fuel source, but is an increasingly-used additive to unleaded gasoline.

에탄올은 주 연료원은 아니지만, 무연 휘발유에 점점 더 많이 사용되고 있는 첨가제이다.

averse [əvə́ːrs] a. 싫어하여, 반대하여

7

Some Amish communities are averse to modern technology, seeing it as a violation of their doctrine of separation from the world.

일부 아미시 공동체는 현대 기술문명에 반감을 가지고 있으며, 그것은 속세로부터 분리를 가르치는 그들의 원칙을 위반하는 것으로 여긴다.

syn disinclined, loath, opposed, reluctant

behavior [bihéivjər] n. 행동, 행실

141

I love my daughter, but I am aware that she needs to change her behavior.

전 딸아이를 사랑하지만, 딸아이는 행동에 변화가 있어야 한다는 것을 알고 있습니다.

syn actions, conduct, performance

We hear so much about how badly behaved teenagers are today.

우리는 오늘날 10대 소년들의 버릇없는 행동에 관해 아주 많이 듣고 있죠.

33
frustrating [frʌ́streitiŋ] a. 좌절시키는, 실패감을 맛보는

Learning computer skills can be very frustrating at first.
컴퓨터를 다루는 기술을 배우는 것이 처음에는 아주 좌절감을 맛보게 할 수도 있다.
syn baffling, disappointing

12
gust [gʌst] v. (바람이) 갑자기 세게 불다

Winds at the center of the hurricane are gusting at speeds of 180 miles an hour.
허리케인의 중심부 풍속은 시속 180마일로 불고 있습니다.
syn blast, breeze, draft, puff

22
highlight [háilàit] n. 인기의 초점

Information on fishing conditions on the weekend will be one of the highlights of the program.
주말의 낚시 안내는 이 프로그램의 하이라이트 가운데 하나입니다.
syn climax, focal point, high point, peak

27
modesty [mádisti] n. 겸손, 수줍음, 정숙, 얌전함

She does a lot of work for charities, but modesty forbids her to talk about it.
그녀는 자선 사업을 많이 하지만 겸손해서 그걸 얘기하지 않는다.
cf. modest : 겸손한, 신중한, 정숙한, 기품있는, 적당한
syn humility, meekness, constraint, demureness, timidity, simplicity

9
naughty [nɔ́:ti, nɑ́:ti] a. 장난꾸러기의, 버릇없는, 음탕한, 외설의, 품행이 나쁜

Now that's naughty – you mustn't throw food on the floor!
이런 버릇없는 녀석 같으니, 음식을 바닥에 던져선 안돼!

With man's tendency to be naughty, nothing may stop this trend.
남자들은 외설적인 경향이 있기 때문에, 어떤 것도 이 추세를 멈추게 할 수는 없을 것이다.
syn disobedient, insubordinate, mischievous, bawdy, dirty, indecent, vulgar

1 2 3 4 5 6 7 8 9 10 11 12 13 14 15

11 **obsolete** [àbsəlíːt] a. 폐용이 된, 시대에 뒤떨어진

I bought my computer two years ago and it's already obsolete.
2년 전에 컴퓨터를 구입했는데, 벌써 시대에 뒤떨어진 모델이 됐지 뭐야.
syn antiquated, outdated, outmoded

33 **recession** [riséʃən] n. 불경기, 경기 후퇴

More people are dining in because the country is in recession.
많은 사람들이 불경기라서 집에서 식사를 하고 있다.
syn depression, downturn, slowdown, slump, stagnation

5 **reincarnation** [rìːinkɑːrnéiʃən] n. 재생, 환생, 화신

Mighty Joe Young is merely yet another reincarnation of King Kong by Hollywood movie makers.
Mighty Joe Young은 단순히 헐리우드 영화 제작자들이 만든 킹콩의 또 다른 환생에 불과하다.
syn reembodiment, transmigration, metempsychosis

206 **site** [sait] n. 현장, 대지, 부지

Anyone can find a screening site in their area by calling 1-800-824-8466.
1-800-824-8466으로 전화하면 여러분이 사는 지역의 테스트 장소를 찾을 수 있습니다.
syn locale, location, place, position, spot

4 **speculate** [spékjəlèit] v. (주식, 토지 등에) 투기하다

I would not advise you to speculate in the bond market unless you want to lose a lot of money.
거액을 잃고 싶지 않다면 채권시장에 투자하는 것은 권하지 않겠다.
syn chance, gamble, hazard, risk, venture

16 17 18 19 20 21 22 23 24 25 26 27 28 29 30

strenuous [strénjuəs] a. 격렬한, 분투를 요하는
7

Climbing hills is strenuous work.
언덕을 올라가는 것은 힘든 일이다.

syn arduous, difficult, exhausting, intense, taxing, vigorous

truant [trú:ənt] v. 무단 결석하다
5

A : Why is Mr. Baker so angry?
B : A number of students were truant today.
A : 베이커 선생님이 왜 그렇게 화가 난 거야?
B : 오늘 많은 학생들이 무단 결석했거든.

syn absent, skipping, derelict, indolent, negligent, slothful

unprecedented [ʌ̀nprésədèntid] a. 전례 없는
6

Scientists are witnessing unprecedented destruction of the ozone layer over the northern hemisphere.
과학자들은 북반구 상공에서 전례 없는 오존층의 파괴를 목격하고 있다.

syn exceptional, extraordinary, fabulous, marvelous, noteworthy, remarkable, unique

vast [væst, vɑ:st] a. 막대한, 거대한
87

A couple of people objected to the proposal, but the vast majority approved of it.
2명이 제안에 반대했지만, 대다수가 찬성했다.

syn broad, enormous, huge, immense, expansive, spacious, unlimited

whip [*h*wip] v. 세게 휘저어 거품이 일게 하다
23

A : That was a delicious meal! You certainly are a gourmet chef!
B : Oh, it was nothing. Just something I whipped together quickly.
A : 식사 맛있었어요. 확실히 당신은 음식 맛을 아는 요리사예요.
B : 별거 아니에요. 몇 가지 재료를 넣고 빨리 버무린 것밖엔 없는데요, 뭐.

syn foam, froth, cream

11 **assess** [əsés] v. 평가하다

Interviewers will assess your ability to communicate in English.
면접관들은 당신의 영어 의사소통 능력을 평가할 것이다.

syn estimate, measure, rate, evaluate, levy

314 **available** [əvéiləbəl] a. 이용할 수 있는, 쓸모 있는, 유효한

Every available officer will be assigned to the investigation.
가능한 모든 수사관이 그 조사에 투입될 것이다.

Is this dress available in a larger size?
이 드레스의 더 큰 치수가 있나요?

syn free, accessible, convenient, handy, obtainable, securable

2 **deodorize** [diːóudəràiz] v. 냄새를 없애다

It deodorizes as it cleans and leaves no sticky residue.
깨끗하게 빨아주면서 냄새를 없애고, 끈적거리는 찌꺼기도 전혀 남지 않습니다.

syn fumigate, ventilate, freshen the air

63 **discard** [diskáːrd] v. 버리다, 해고하다

When the total amount has been paid, the "sperm parents" may then reenter the life of the child they discarded.
전액을 지불한 후에, "친부모"는 자기들이 버린 아이의 양육권을 다시 갖게 되는 것입니다.

syn abandon, dispose of, eliminate, throw away, dismiss, reject, repudiate

26 **firsthand** [fə́ːrsthǽnd] ad. 직접, 바로, 직접 체험에 의해서

You will have a chance to speak with people who know firsthand the Russian political and economic climate.
러시아의 정치와 경제 사정을 직접적으로 아는 사람들과 이야기할 기회도 있습니다.

syn authentic, reliable

formidable [fɔ́:rmidəbəl] n. 무서운, 얕잡을 수 없는, 만만치 않은

13

The individual investor has become a formidable coefficient in the stock market equation of the late 1990's.

1990년대 후반의 주식 시장 방정식에서 개인 투자가들은 무시할 수 없는 계수가 됐다.

syn dreadful, forbidding, menacing, terrifying, threatening, difficult, overwhelming

disgust [disgʌ́st] v. 역겹다, 구역질나다, 정떨어지다, 싫어지다 n. 메스꺼움, 혐오, 질색

45

He was disgusted with his son for having done no work all day.

그는 하루종일 아무 일도 하지 않는 아들이 싫어졌다.

Aren't you disgusted by that awful smell?

그 이상한 냄새가 역겹지 않니?

syn nauseate, offend, repel, repulse, sicken, abhorrence, aversion, loathing, repugnance, repulsion, revulsion

plain [plein] a. 평범한

32

Abraham Lincoln didn't mind staying in a plain hotel.

아브라함 링컨은 평범한 호텔에 머무르는 것을 개의치 않았다.

syn average, homely, ordinary, clear, evident, manifest, obvious, simple

allow for 고려하다, 참작하다

200

We have to allow for the possibility that we might not finish on schedule.

우린 계획대로 끝내지 못할 수 있다는 것도 고려해야만 한다.

syn take into consideration

along with / together with ~와 더불어, 함께

26

Why don't you take him along with you when you go?

네가 갈 때 걔도 데려가는 게 어떠니?

come down on
~을 호되게 꾸짖다

16

All the blame came down on me when my father saw the broken porcelain
아버지는 깨진 도자기를 보자 나를 호되게 꾸짖었다.

come down with
병에 걸리다, (전염병을) 앓다

23

Before you come down with the measles, make sure you get a vaccination.
홍역을 앓기 전에 예방주사를 맞았는지 확인해라.

Last winter I came down with a flu that I can't forget.
지난 겨울에는 잊지 못할 독감에 걸렸다.

come on
상영되다, (TV 따위에서) 보이다

608

When that television show comes on at ten o'clock, most people are tuned in to watch it.
10시에 그 TV 쇼가 시작될 때 대부분의 사람들은 그 프로그램을 보려고 집으로 들어온다.

come through
요구에 응하다, 견디어 내다, 헤쳐 나가다

306

When the baseball team needed a hit, Willie came through with a double.
야구팀이 안타를 필요로 했을 때 윌리가 2루타를 치며 요구에 응했다.

It was a miracle that he came through that car accident.
그가 차사고로부터 죽지 않고 살아난 건 기적이다.

My visa still hasn't come through.
내 비자가 아직도 나오지 않고 있어.

get along with 사이좋게 지내다

287

She isn't getting along well with the new manager.
그녀는 신임 부장과 사이가 좋지 않다.

Do you get along with your aunt?
숙모님과 사이좋게 지내고 있니?

get off (차에서) 내리다, 폭발하다

606

Take the number 7 bus and get off at Maple Road.
7번 버스를 타고 메이플 로드에서 내리세요.

The bomb went off with a loud bang which could be heard all over the town.
폭탄은 시내 어디서라도 들을 수 있을 정도로 큰 소리를 내고 폭발했다.

syn explode

look down on 경멸하다, ~을 낮춰보다

186

A : Cathy said her boss is a real sexist.
B : That's terrible. I don't like men who look down on women.
A : 캐시가 그러는데 자기 사장은 정말로 성차별주의자래.
B : 그것 안됐군. 난 여자를 경멸하는 남자를 좋아하지 않는데.

look into 조사하다

132

We're looking into the possibility of merging the two department stores.
우리는 그 두 백화점을 합병하는 가능성에 대해 조사하고 있다.

less fortunate 가난한 사람

16

Mother Teresa was an inspiration to those that had any desire to help the less fortunate.
테레사 수녀는 불행한 사람들을 도와주고자 했던 사람들을 고무시키는 사람이었다.

cf. less fortunate는 poor people(가난한 사람)을 덜 직선적이고, 덜 기분 나쁜 말로 표현하는 완곡어법(Euphemism)이다.

1 2 3 4 5 6 7 8 9 10 11 12 13 14 15

9 **lose one's cool** 흥분하다, 울컥 치밀다

She lost her cool and started shouting at them.
그녀는 화가 치밀어서 그들에게 소리치기 시작했다.

He lost his cool when he broke the key in the lock.
그는 자물쇠에 꽂힌 열쇠가 부러지자 자제력을 잃었다.

3 **make a clean break** 새롭게 출발하다

You can make a clean break from your past.
당신은 완전히 새 출발할 수 있을 겁니다.

2 **make a federal case out of it** 야단법석을 떨다

Do you have to make a federal case out of everything?
넌 모든 일에 야단법석을 떨어야 하는 거니?

313 **make it** 제시간에 도착하다, 해내다, 성관계를 갖다

You'll have to leave early in the morning to make it on time.
시간에 맞게 도착하려면 아침 일찍 떠나야 할겁니다.

It's hard to make it to the top in show business.
연예계에서 정상에 오르는 일은 어렵다.

I'd sure like to make it with her – she looks just like Sharon Stone.
그 여자애랑 같이 자고 싶어 – 샤론 스톤을 빼 닮았거든.

16 **over the hump** 한고비 넘긴

It's been a lot of hard work but I think we're over the hump now.
아주 힘든 일이었지만 이제 한고비 넘긴 것 같다.

John was very sick after his accident, but he's over the hump.
존은 사고 후에 심하게 앓았지만, 한고비를 넘겼다.

pain in the neck　목에 가시

36

That child is a pain in the neck.
그 아이는 목에 가시 같은 녀석이야.

It's such a pain having to go shopping.
쇼핑을 하는 것은 정말 고통이야.

paint the town red　진탕 마시다, 야단법석을 떨다, 대소동을 일으키다

13

Let's all go out and paint the town red!
모두 나가서 진탕 마시자구!

I agreed and that's when we decided to paint the town red.
나는 동의했고 우리가 야단법석을 떨며 즐기기로 작정한 때가 바로 그 때다.

sick and tired of　신물이 나는, 진절머리가 나는

29

I'm sick and tired of you telling me what to do all the time.
난 네가 항상 이래라 저래라 하는 데 질렸어.

I'm sick and tired of doing the same job, day after day.
난 매일 똑같은 일을 하는 데 신물이 나.

sight for sore eyes　보기에도 즐거운 것, 볼만한 것

3

You're a sight for sore eyes!
만나서 정말 반갑구나!

1 2 3 4 5 6 7 8 9 10 11 12 13 14 15

Daily Test

Review Test

빈칸에 적당한 단어를 보기에서 고르시오.

보기

broke federal hot sore for cool
red in disgust about-face blue along

1 일부 사람들은 대통령의 사생활에 대해 처음 가졌던 관심이 이제 혐오감으로 변했다.
For some people, the original interest in the president's personal life has now turned to _________.

2 아, 끔찍해. 어제 밤에 진탕 마시고 정신을 잃었어.
Oh, I feel awful. I was out all last night paint the town _________.

3 너무 배가 고팠어. 이 식사는 너무 반가운데.
I'm so hungry. This meal is a sight for _________ eyes.

4 비행기가 지연되는 것도 참작해야만 한다.
You should allow _________ the plane being delayed.

5 겨우 우유를 엎었을 뿐인데 야단법석을 떨어야 되겠니?
I only spilled my milk. Why make a _________ case out of it?

6 이것은 그 문제에 대한 정부의 두 번째 정책 변환이다.
This is the government's second _________ on the issue.

7 난 흥분하기 일보 직전이었다.
I was on the brink of losing my _________.

8 사장하고 마음이 잘 맞곤 했지.
I used to get _________ really well with my boss.

Answers

1. disgust 2. red 3. sore 4. for 5. federal 6. about-face 7. cool 8. along

Build-up Test

괄호 안에 들어갈 적절한 단어를 고르시오.

1 Any products that are found to be (defect / defective) will be replaced.

2 The flight from Inchon to New York was very (tiring / tiresome).

3 Surprisingly, many of these young offenders come from (respectable / respectful) families.

4 Each country has the right to control its own (interior / internal) affairs.

5 It would be a (criminal / crime) to spend such a beautiful day inside.

6 Who is (responsible / responsibility) for this terrible mess?

7 The (basis / basic) problem is that they don't talk to each other enough.

8 I asked her what the time was, but she didn't (respond / response).

9 People always tend to look back on their childhood as a (careless / carefree) time.

10 I am (painfully / painful) aware that I have made mistakes.

Answers

1. defective	결함이 발견되는 제품은 교환될 것입니다.
2. tiring	인천에서 뉴욕까지의 비행은 무척 지루했다.
3. respectable	놀랍게도 많은 젊은 범죄자가 존경받는 가정에서 나왔다.
4. internal	모든 국가는 자신의 내부 문제를 통제할 권리를 갖고 있다.
5. crime	이렇게 좋은 날에 안에서 보내면 안될 일이다.
6. responsible	누가 이렇게 엉망으로 어질러 놓은 거야?
7. basic	근본적인 문제는 그들이 서로 충분히 얘기를 나누지 않는다는 것이다.
8. respond	난 그녀에게 몇 시냐고 물었지만, 그녀는 대답하지 않았다.
9. carefree	사람들은 항상 자신의 어린 시절을 태평스러운 시간으로 회상하곤 한다.
10. painfully	난 내가 실수를 했다는 것을 알게 되었다.

DAY 06

V · O · C · A · B · U · L · A · R · Y

3 **ghastly** [gǽstli, gɑ́ːst-] a. 소름끼치는, 무시무시한, 지독한, 기분 나쁜

There's no need to go into details of the ghastly massacre.
그 소름끼치는 학살사건을 자세히 설명할 필요는 없다.

syn appalling, dreadful, grisly, hideous, deathlike, haggard, pale

56 **harass** [hǽrəs, hərǽs] v. 괴롭히다, 귀찮게 굴다, 애먹이다

Stop harassing the child with so many difficult question.
아이에게 그렇게 어려운 문제를 많이 질문해서 괴롭히지 마.

I feel rather harassed by all the pressures at the office.
난 업무에 대한 압박으로 상당히 애를 먹고 있다.

syn annoy, bother, molest, persecute, tease, torment

357 **house** [haus] v. 묵다, 살다

Prisons are dangerous places because dangerous people are housed there.
감옥은 위험한 사람이 수용되어 있어서 위험한 장소이다.

syn accommodate, lodge, protect, safeguard, shelter

17 **impetuous** [impétʃuəs] a. 성급한, 충동적인

This was not an impetuous decision. We gave it a great deal of consideration.
이것은 성급한 결정이 아니었습니다. 심사숙고하고 내린 것입니다.

syn hasty, impulsive, rash, spontaneous, fiery, hotheaded, impatient

congestion [kəndʒéstʃən] n. 밀집, 정체, 혼잡

25

Being stuck in traffic congestion in the morning, I was late for work.
아침에 교통 혼잡에 발이 묶여서, 회사에 늦었다.
syn bottleneck, crowding, jam

authentic [ɔːθéntik] a. 믿을만한, 출처가 분명한, 근거 있는

67

The professor insisted that everything about his teaching should be authentic.
교수는 자신이 가르치는 모든 것이 사실적이어야 한다고 주장했다.
syn genuine, legitimate, real, accurate, factual, verified

elaborate [ilǽbərèit] a. 정교한 v. 상세히 말하다, 부연하다

34

After several revisions, the design became more elaborate than the initial plan.
여러 번의 수정 후에 디자인은 처음 계획했던 것보다 더 정교해졌다.

A : I don't get it.
B : All right. I'll elaborate on the background of this project.
A : 무슨 말을 하는지 이해가 잘 안됩니다.
B : 좋아요. 제가 이 프로젝트의 배경에 대해서 부연설명 드리죠.
syn complicated, detailed, intricate, fancy, detail, specify, explain, explicate

endlessly [éndlisli] ad. 끊임없이

68

Mom gave endlessly to family, friends and neighbors.
어머니는 가족, 친구들과 이웃들에게 끊임없이 주셨습니다.
syn continually, incessantly, interminably, perpetually, constantly

landfill [lǽndfil] n. 매립지

35

The latest statistics from landfills and other waste-disposal facilities is creating quite a stink.
최근에 쓰레기 매립지와 기타 폐기물 처리 시설에서 산출된 통계치가 화제가 되고 있다.
cf. create a stink : 말썽을 빚다, 소동을 일으키다

1 2 3 4 5 6 7 8 9 10 11 12 13 14 15

67
loud [laud] a. 화려한, 유난히 눈에 띄는

One occasion might call for bright colors and loud designs while perhaps, another occasion would require a far more subdued look.
어떤 경우엔 화려한 디자인의 밝은 색 옷이 요구되고, 어떤 경우에는 이보다 훨씬 더 차분한 차림새가 요구될 때도 있다.
syn blaring, noisy, flashy, gaudy, ostentatious, showy

21
prematurely [prìːmətjúərli] a. 조숙한, 시기상조의

The baby was born prematurely, only seven months after conception.
아기는 임신 7개월 만에 조숙아로 태어났다.
cf. conception : 임신, 수태, 태아
syn too soon, oversoon, untimely, hastily, overhastily

150
promote [prəmóut] v. 촉진시키다, 후원하다

We prepared an extensive advertising campaign to promote our new product.
우리는 신제품 판촉을 위해서 대대적인 광고 행사를 준비했다.
syn boost, elevate, upgrade, encourage, foster, advertise, circulate, publicize

17
sternly [stə́ːrnli] ad. 엄하게

I sternly warned him against smoking in the computer room.
난 그에게 전산실에서 담배를 피지 말라고 엄중하게 경고했다.
syn firmly, strictly, austerely, harshly, reproachfully, reprovingly

26
subordinate [səbɔ́ːrdənit] n. 하급자, 부하

If everyone agrees to the revised regulation, it should be signed and then all subordinates notified.
모두가 개정된 규정에 동의를 한다면, 서명을 한 후 부하 직원들에게 통지해야 한다.
syn assistant, employee, junior, underling

22 **unveil** [ʌnvéil] v. 밝혀내다

In a series of pictures, the tabloid press unveiled the new-look Judy.

일련의 사진을 통해 타블로이드 신문은 전혀 새로운 모습의 주디를 소개하였다.

syn display, reveal, uncover, announce, disclose

11 **vestigial** [vestídʒiəl] a. 퇴화한, 흔적의

This slowdown suggests a vestigial diving response that would allow humans to remain submerged longer.

이런 감퇴는 인간에게 오랫동안 잠수할 수 있게 해 주는 잠수 반응이 퇴화됐음을 넌지시 암시한다.

syn remaining, surviving, extant, leftover, remnant

67 **whisper** [*h*wíspə*r*] v. 속삭이다, 작은 목소리로 말하다

I'll have to whisper to you, otherwise she will hear.

너에게 작은 목소리로 말을 해야겠어, 그러지 않으면 그녀가 들을거야.

syn beat, stir, whisk

107 **competition** [kɑ̀mpətíʃən] n. 경쟁

International competition has forced many companies to rethink how they do business.

국제경쟁은 많은 회사들에게 사업을 어떻게 하고 있는지 다시 생각하게 했다.

syn contest, match, race, conflict, contention, rivalry, strife

27 **confront** [kənfrʌ́nt] v. 직면하다, 마주하다, 대면하다

When he returned to his office he was confronted by a great pile of work.

그가 사무실로 돌아왔을 때 그는 많은 일더미에 직면하게 되었다.

syn challenge, dare, defy, brave, encounter, face

1 2 3 4 5 6 7 8 9 10 11 12 13 14 15

36 **enhance** [enhǽns] v. 높이다, 강화하다

Training programs will be set up for those employees who wish to enhance their skills.

기술 향상을 원하는 사원들을 위해 연수 프로그램이 마련될 예정입니다.

syn amplify, heighten, intensify, magnify, reinforce, strengthen

15 **exert** [igzə́ːrt] v. (힘 등을) 쓰다, (위력을) 발휘하다, 압력을 가하다

Convenience products are relatively inexpensive, frequently purchased items for which buyers exert only minimal purchasing effort.

일용 잡화 식품은 상대적으로 값이 싸고, 소비자들은 종종 최소한의 노력을 들여 이런 물품을 구입한다.

syn apply, discharge, employ, exercise, expend, wield

82 **expose** [ikspóuz] v. 노출하다

Many parents today have no idea how easily kids are exposed to drugs on a daily basis.

오늘날 많은 부모들은 아이들이 얼마나 쉽게 마약에 노출되어 있는지 알지 못한다.

syn bare, display, exhibit, uncover, disclose, reveal

168 **favor** [féivər] n. 호의, 친절, 선물, 편애

Could you do me a favor – would you lend me your pink dress for this evening?

부탁 좀 들어줄래 – 오늘밤에 핑크색 드레스를 빌려줄 수 있겠니?

He handed out the party favors as we were leaving.

우리가 파티장을 떠나려는데 그가 조그만 선물을 건네주었다.

syn courtesy, kindness, gift, present, souvenir

44 **flexibility** [flèksəbíləti] n. 유연성, 굴곡성

Any successful fitness program must include exercises working on flexibility, strength, and endurance.

잘 짜여진 체력단련 프로그램에는 유연성과 체력, 지구력을 기를 수 있는 운동이 포함되어야 한다.

syn adaptability, elasticity, resilience, pliancy, plasticity

125 **maintain** [meintéin] v. 유지하다

The body is like a car and needs to be well-oiled and maintained to run smoothly.

신체는 자동차와 같아서 매끄럽게 잘 굴러가려면 기름도 잘 쳐야 하고 유지도 해야 한다.

syn conserve, keep, preserve, repair, sustain

25 **metropolitan** [mètrəpɑ́litən] a. 수도권, 대도시의

The explosion of the Information Age has led to a growing number of profitable businesses outside major metropolitan areas.

정보화 시대의 급성장은 주요 대도시 외곽 지역에 많은 이윤을 내는 사업체들의 수적 증가를 가져왔다.

syn urban, municipal, metro, civic, inner-city

26 **poisonous** [pɔ́izənəs] a. 유독한, 유해한

The black widow spider, with its red hourglass design set on a black body and poisonous bite, causes fear in many people.

검은 색 몸통에 빨간 모래시계 모양이 그려져 있으며, 독이빨이 있는 검은과부거미는 대다수 사람들에게 공포감을 일으킨다.

syn noxious, toxic, venomous, baneful, lethal, pernicious

89 **responsibility** [rispɑ̀nsəbíləti] n. 책임, 의무

Where does my responsibility toward my children end?

아이들에 대한 책임은 어디까지인가요?

syn duty, obligation, accountability, blame, burden

1 2 3 4 5 6 7 8 9 10 11 12 13 14 15

25 **annoying** [ənɔ́iiŋ] a. 성가신, 귀찮은, 화나게 하는

It's really annoying when a train is late and there's no explanation.
기차가 연착되고 아무런 해명이 없으면 정말 화가 난다.

He's got a number of annoying habits, like interrupting people when they're speaking.
그 남자는 사람들이 얘기하는데 끼어드는 것과 같은 화나게 하는 여러 가지 습관이 있다.

syn irritating, upsetting, bothering, distressing

52 **arrest** [ərést] v. 체포하다

Last January, James was arrested for selling cocaine.
지난 1월에는 제임스는 코카인을 팔다 체포되었습니다.

syn apprehend, capture, catch, seize, detain

26 **let up** (비 · 눈 따위가) 멎다, 가라앉다

After a continuous downpour for five days, the rain finally let up.
5일간 계속 비가 쏟아지더니 드디어 멈췄다.

28 **shoot down** 거절하다, 거부하다

So there's another of my bright ideas shot down by the chairman!
의장이 내 좋은 아이디어를 또 묵살했어!

I would ask her to marry me, but what if she shoots me down?
그녀한테 결혼해 달라고 말할 생각인데, 거절하면 어쩌지?

38 **shop around** 여기저기 둘러보다

We shopped around before deciding which car to buy.
우리는 어떤 차를 살지 결정하기 전에 여기저기 돌아다녔다.

show off
자랑하다, 과시하다

55

Before showing off your own ability, try to cooperate with your teammates first.
당신 자신의 능력을 자랑하기 전에, 당신의 팀원들과 먼저 협력해 보세요.

show up
나타나다, 눈에 띄다

61

The company's improved efficiency is starting to show up in increased profits.
회사의 개선된 효율은 이윤 증대로 나타나기 시작했다.

When will the bus show up?
버스가 언제 도착하지?

take after
닮다, 흉내내다

131

Stuart's daughter takes after her mother.
스튜어트의 딸은 스튜어트 부인을 닮았다.

syn resemble

take away
가져가다, 식탁을 치우다

216

Sir, if you are finished, may I take away this plate for you?
다 드시면, 제가 손님을 위해 이 접시를 치워드려도 괜찮으시겠습니까?

Her husband's job often takes him away from the family.
그녀의 남편은 일 때문에 종종 가족들과 함께 시간을 보내지 못한다.

turn down
거절하다, 소리를 줄이다, (경기 등이) 쇠퇴하다

49

My application for a hunting licence was turned down.
내 사냥 면허 신청이 거부당했다.

She applied for training as a commercial pilot, but they turned her down because of her poor eyesight.
그녀는 민간 항공기 조종사가 되는 훈련에 지원했지만 시력이 나빠서 거절당했다.

1 2 3 4 5 6 7 8 9 10 11 12 13 14 15

61
turn up
소리를 높이다, 모습을 나타내다

Turn up the volume, will you? I can barely hear it.
소리 좀 크게 해줄래? 들리지가 않아.

ant turn down

The trouble with Frank is that he never turns up on time for meetings.
프랭크의 문제점이라면 회의를 하면 제 시간에 오는 경우가 전혀 없다는 것이다.

81
turn off
끄다, 끊다

Turn off the light.
불 끄도록 해.

We're going to turn off the power when we replace these outlets.
콘센트를 바꿀 때 전기를 끊을 겁니다.

11
go down the drain
수포로 돌아가다

Our plans to go swimming went down the drain when it rained.
우리의 수영하러 갈 계획이 비가 오자 무위로 돌아갔다.

28
go Dutch
비용을 각자 부담하다

John and Kate always go Dutch when they go out to restaurants.
존과 케이트는 식당에 가면 항상 각자 비용을 낸다.

19
go for it
그냥 하다

If you want something, go for it.
원하는게 있으면, 한 번 해봐.

Vicki never worried or hesitated about anything, she just went for it and did whatever she had to do.
비키는 걱정하거나 주저하는 게 전혀 없어. 해야 할 일이 있으면 그냥 해 버리지.

syn just do it, just try it

16 17 18 19 20 21 22 23 24 25 26 27 28 29 30

go in one ear and out the other 한 귀로 듣고 한 귀로 흘리다

7

If I have to listen to something I don't understand, it just goes in one ear and out the other.

이해가 안되는 뭔가를 들어야 한다면, 한 귀로 듣고 한 귀로 흘려 버린다.

keep an eye on ~에서 눈을 떼지 않다, 응시하다

13

Will you keep an eye on my suitcase while I go to get the tickets?

내가 표 사러 갈 동안 가방 좀 봐주겠습니까?

You must keep your eye on the ball when you play tennis.

테니스를 칠 때는 공에서 눈을 떼지마.

keep one's nose clean 말썽부리지 않다, 얌전하게 있다

6

A : Once you get out of jail I hope that you will stay out of trouble.

B : Don't worry. I'm going to keep my nose clean even after probation.

A : 출옥하게 되면 당신이 사고를 치지 않았으면 좋겠어요.

B : 걱정마. 집행유예가 끝난 후에도 사고는 치지 않겠어.

cf. keep one's nose clean은 코를 깨끗이 하고 다녀야 착한 아이라고 한 데서 유래했다.

keep one's shirt on (성내지 않고) 침착성을 유지하다

3

Keep your shirt on, bud. I'll do it as soon as I can.

가만히 있어봐. 당장 할테니까.

syn calm down

keep one's word 약속을 지키다

31

The company should keep its word by raising salaries this month.

회사는 이번 달 급여 인상을 통해 약속을 지켜야 한다.

6
keep a straight face (웃음을 참은) 무표정한 얼굴을 하다, 정색을 하다

I can never play jokes on people because I can't keep a straight face.
난 웃음을 참고 무표정한 얼굴을 할 수 없기 때문에 사람들을 놀려주지 못한다.

I could barely keep a straight face.
나는 웃음을 간신히 참았다.

7
keep one's chin up 낙담하지 않다

He's having a pretty rough time but he seems to be keeping his chin up.
그는 힘든 때를 겪고 있지만 낙담한 것 같지는 않다.

Daily Test

Review Test

빈칸에 적당한 단어를 보기에서 고르시오.

보기

chin on drain confront unveil up
exert impetuous promoting off ear annoying

1 요즈음, 우리 회사는 사원들의 건강에 적극적으로 후원하고 있다.
These days, our company is _________ better employee health.

2 난 면접에서 직면하게 될 것으로 예상되는 질문들에 대한 답을 준비했다.
I prepared answers for the questions I expected to _________ in the interview.

3 수년간의 작업 결과가 수포로 돌아갔다.
The results of years of work went down the _________.

4 군중의 의견은 그래야 하는 것보다, 그에게 더 많은 영향력을 가했다.
The opinions of the crowd _________ more influence on him than they ought.

5 이 차의 주인 되는 분은 오셔서 헤드라이트를 끄기 바랍니다.
If this is your car, please return to it and turn _________ the headlights.

6 아이들에게 자라고 얘길 했는데, 한 귀로 듣고 한 귀로 흘렸더군, 아직도 안자고 있어.
I told the children to go to bed, but it went in one _________ and out the other, and they're still awake.

7 기운 내! 곧 집에 도착한다.
Keep your _________ up! We'll soon be home!

8 그런 전화들은 대단히 짜증나는 것이 되었습니다.
Those calls became extremely _________.

Answers

1. promoting 2. confront 3. drain 4. exert 5. off 6. ear 7. chin 8. annoying

Build-up Test

다음 지문을 읽고 잘못된 곳을 모두 찾아서 바르게 고치시오.

In a briefly introductory segment, "The Nazi Olympics" documents the rice of Adolph Hitler and the Nazi party; an exposition of the Nazification of sport follows. Viewers learn that not only did the Third Reich appropriately athletics as a means to strengthen the Aryan racer and prove its superiority, but they also considered it a preparatory tool for war. Before Minister of Propaganda Joseph Goebbels convinced Hitler of the 11th Olympiad's immense public value, the Fuhrer had little interest in it.

Answers

briefly ⇨ brief, rice ⇨ rise, appropriately ⇨ appropriate, racer ⇨ race

|해석| 짤막한 도입 부분에서 "나치 올림픽"은 아돌프 히틀러와 나치당의 출현, 뒤이어 개최된 나치 스포츠 박람회에 대해 자세히 기록하고 있다. 관찰자들은 독일이 비(非)유태계 백인들의 힘을 증강시키고 그들의 우월성을 증명하기 위한 수단으로 운동 경기를 사용했을 뿐만 아니라 전쟁의 준비 도구로 간주했다는 것을 알게 된다. 공보부 장관인 요셉 괴벨스가 히틀러에게 제 11회 올림픽으로 얻어질 막대한 공공 가치를 인식시켜 주기 전까지 총통은 올림픽에 거의 관심이 없었다.

|어휘| Third Reich 제 3제국, 독일 appropriate 사용에 쓰다, 전유(專有)하다
race 인종 immense 막대한, 거대한 The Fuhrer 총통(히틀러의 칭호)

DAY 07

V · O · C · A · B · U · L · A · R · Y

5 **rummage** [rʌ́midʒ] v. 뒤지다, 수색하다

Don't even think about writing a check or rummaging around for a stamp.

수표를 적거나 우표를 찾아 뒤지려고 생각하지 마십시오.

syn search, inspect, investigate, scrutinize

27 **suburb** [sʌ́bəːrb] n. 교외, 시외, 근교

The difference of the lifestyles of the city and the suburbs should be thought of as differences of degree, not kind.

도시와 교외 생활양식의 차이점은 본질의 차가 아니라 정도의 차로 이해되어야 한다.

19 **swamp** [swɑmp] n. 늪, 습지

Holding the rope with one hand, he stretches out the other to Harrison in the swamp.

그는 한 손으로 로프를 잡고 다른 손은 늪에 빠진 해리슨에게 내밀었다.

syn bog, fen, marsh, quagmire, slough

83 **victim** [víktim] n. 피해자

She believes the judge's statement sends the wrong message to victims of domestic violence.

그녀는 판사의 판결이 가정 폭력의 희생자들에게 잘못된 메시지를 전할 것이라고 믿고 있습니다.

syn sufferer, prey, quarry

71 **belief** [bilíːf, bə-] n. 신념, 확신, 신앙

His belief in God gave him hope during difficult times.
그의 신앙은 어려울 때 그에게 희망을 주었다.

syn assurance, conviction, expectation, faith, hope, creed, dogma

13 **bounty** [báunti] n. 보상금, 하사품, 상여금

The most wanted criminals in the United States often have bounties on their heads of more than $10,000.
미국에서 일급 현상수배범은 종종 한 사람당 1만 달러 이상이 포상금으로 걸려 있다.

syn generosity, bonus, grant, reward

23 **candid** [kǽndid] a. 솔직한, 숨김없는

A good wedding photographer will capture moments in the reception and ceremony that are un-posed, candid and revealing, and communicate the tone of the wedding.
훌륭한 결혼 전문 사진사들은 자연스럽고 솔직하고 숨김없는 모습이 드러난 리셉션이나 결혼식의 순간들을 포착하고, 결혼의 분위기를 전달할 것이다.

syn direct, frank, straightforward, honest, sincere, truthful

21 **deterioration** [ditìəriərèiʃən] n. 악화, 퇴보

There has been a continuing deterioration in the relations between the two countries.
두 나라간의 관계가 계속 악화되고 있다.
cf. deteriorate : 나빠지다, 악화하다

syn daunt, discourage, divert, hinder, impede, prevent

9 **disqualification** [dìskwɑ̀ləfikéiʃən] n. 실격, 불합격, 자격 박탈

Failure to obey the regulations may result in disqualification.
규정을 준수하지 못하면 불합격을 당하게 될 것이다.

16 17 18 19 20 21 22 23 24 25 26 27 28 29 30

53 **flood** [flʌd] v. 물에 잠기게 하다, 범람시키다

The house was poorly built and the basement was always flooded after rainstorms.

집이 튼튼하게 지어지지 않아서 폭풍우가 지나가면 지하실은 항상 물에 잠겼다.

syn drench, inundate, submerge, swamp, wash

32 **fundraising** [fʌ́ndrèiziŋ] a. 자금 조달의, 모금의

We would really like to express our appreciation for your efforts in the last fundraising campaign.

지난 모금 운동 때 수고해 주신 점에 대해 감사를 표하고 싶습니다.

75 **intelligent** [intélədʒənt] a. 지적인, 지능이 있는, 영리한, 총명한

I didn't get the impression that he was very intelligent when we were at school.

학교 다닐 적엔 그가 영리하다는 인상을 받지 못했어.

She's very intelligent and attractive.

그녀는 매우 지적이고 매력적이다.

syn bright, brilliant, clever, sage, smart, astute, keen, shrewd, thoughtful, wise

19 **invaluable** [invǽljuəbəl] a. 매우 귀중한

The knowledge of idioms can be invaluable to the English-learner who wants to obtain native-speaker proficiency.

숙어에 대한 지식은 원어민처럼 능숙하게 언어를 구사하고자 하는 영어학습자에게 매우 요긴할 수 있다.

syn precious, priceless, rare, unique, valuable

13 **laborious** [ləbɔ́:riəs] a. 힘드는, 귀찮은

One of the most laborious and endless household chores is doing the laundry.

가장 힘들고 끝이 없는 가사 허드렛일 중의 하나는 빨래이다.

syn arduous, difficult, strenuous, tedious, tiring, painstaking

3 **loose-fitting** [lú:sfítiŋ] a. (의복이) 헐렁한, 느슨한

I was wearing a loose-fitting dress because it was comfortable.
난 편했기 때문에 좀 헐거운 옷을 입고 있었다.

169 **pretty** [príti] a. 꽤 많은, 상당한

Many of the graduates attending the alumni party were overweight and in pretty bad health.
동창회에 참석한 졸업생 중 다수는 지나치게 뚱뚱하고 건강상태가 좋지 않았다.

syn fairly, moderately, rather, somewhat

9 **puff** [pʌf] v. (연기를) 내뿜다

A few years ago, seeing college-age men and women sipping martinis and puffing cigars was fairly common in big city clubs and restaurants.
몇 년 전, 대도시의 나이트클럽과 식당에서는 대학생 정도 나이의 남자들과 여자들이 마티니를 마시면서 시가를 태우는 모습을 아주 흔하게 볼 수 있었다.
cf. sip : 조금씩 음미하며 마시다

syn fume, smoke, smolder

11 **shade** [ʃeid] n. 음영, 명암

The new owner decided to paint the house a light shade of green.
새 주인은 집을 밝은 초록색으로 페인트칠했다.

syn blind, shutter, darkness, dimness, shadows, tone

23 **slippery** [slípəri] a. 미끄러운

A : The floor is very slippery.
B : Be careful. Hold my arm unless you should fall.
A : 마루가 매우 미끄러워.
B : 조심해. 넘어지지 않도록 내 팔을 잡으세요.

syn greasy, oily, slick, soapy, waxy

touching [tʌ́tʃiŋ] a. 감동적인, 감동시키는

28

Her compassionate care for her sick brother was very touching.
그녀의 아픈 남동생에 대한 동정어린 보살핌은 아주 감동적이었다.

syn affecting, emotional, heart-breaking, moving, poignant, sentimental, stirring

ultimately [ʌ́ltəmitli] ad. 결국, 최후로, 근본적으로

39

Ultimately, the success of the product depends on good marketing.
결국, 이 제품의 성공은 영업을 얼마나 잘하느냐에 달려 있다.

syn after all, at last, lastly, conclusively, eventually, finally, in the end

unwittingly [ʌ̀nwítiŋli] ad. 부지불식간에, 의식하지 않은

5

Your daughter is unwittingly setting herself up to fail, and you've become an enabler.
댁의 따님은 의식하지 못한 채 자신을 실패자로 만들어가고 있고, 댁은 딸을 그렇게 하도록 만들어 버렸군요.

syn unknowingly, unawarely, unintentionally

vista [vístə] n. 멀리 내다보이는 경치, 조망이 좋은 장소

3

Each day Jenny and I wake up in our tent, step outside, and have our coffee and breakfast usually while looking out at some incredibly beautiful vista.
날마다 제니와 나는 잠이 깨면 텐트에서 걸어나와 대개는 놀라울 정도로 아름다운 경치를 감상하며 커피를 마시고 아침 식사도 했어.

syn panorama, picture, scene

privilege [prívəlidʒ] n. 특권, 혜택

26

You do not owe your children baby-sitting privileges.
당신은 자식들에게 손주를 돌보는 특권을 빚지지 않았습니다.

syn advantage, carte blanche, entitlement, liberty

23 **puzzle** [pʌ́zl] v. 어쩔 줄 모르다, 쩔쩔 매다

The waiter looked puzzled and explained that he wasn't familiar with Western-style cooking.

웨이터는 난처해하면서 서양식 요리에 익숙지 않다고 설명했다.

syn baffle, confound, perplex, stump

4 **recount** [rikáunt] v. 자세히 얘기하다, 하나하나 열거하다

No need to recount the lies or bring up the weekly hotel disappearing act.

거짓말한 것을 자세히 늘어놓거나 매주 호텔로 사라져 버리는 것을 들춰낼 필요가 없습니다.

syn enumerate, number, total

16 **intimate** [íntəmit] a. (지식이) 깊은, 자세한, 정통한, 친밀한, 친숙한

She has an intimate knowledge of Tuscany, where she has lived for twenty years.

그녀는 자신이 20년간 살고 있는 투스카니에 관해서 깊은 지식을 갖고 있다.

cf. intimation : 암시, 통고, 발표

syn bosom, close, familiar, trusted, confidential, innermost, inside, intrinsic, private

180 **lessen** [lésn] v. 줄이다, 적게 하다

The pioneers found it easier to travel by water because it lessened their losses.

개척자들은 손실을 줄여줬기 때문에 수상으로 다니는 것이 더 쉽다는 것을 알게 되었다.

syn abate, cut back, decrease, diminish, ease, reduce

14 **soar** [sɔːr] v. 급상승하다, 폭등하다

Despite the soaring increases in sales, the staff members were given no compensation for their efforts.

판매가 급상승했음에도 불구하고, 직원들은 노력에 대한 보상을 받지 못했다.

syn fly, glide, wing, climb, increase, mount, skyrocket

72 **stick** [stik] v. (풀 등으로) 붙이다, 고착시키다

After sealing the envelope, the secretary stuck the stamps on firmly.

봉투를 봉한 후에, 비서는 우표를 단단히 붙였다.

syn adhere, bond, fuse, attach, fasten, glue, paste

2 **iron out** (견해차 등을) 타협하다, 해소하다

It merely remains to iron out the details of the plan.

단지 계획의 세부 사항을 타협할 일만 남았다.

다림질을 해서 주름을 펴듯이 문제를 원활하게 해결한다는 의미이다.

15 **knock out** ~을 기진맥진하게 하다

After a long day at work, James was completely exhausted and knocked out.

장시간 동안 일을 한 후 제임스는 완전히 녹초가 돼 뻗고 말았다.

26 **lay up** 앓아 눕게 하다, 드러눕다

She's been laid up with flu for a week.

그녀는 독감으로 1주일을 누워 있어야 했다.

I've been laid up for a week with my bad back.

등허리가 아파서 1주일 동안 누워 있었다.

1 2 3 4 5 6 7 8 9 10 11 12 13 14 15

on the ball
빈틈없는, 유능하여, 기민하게

7

She knows everything – she's really on the ball.
그녀는 뭐든지 다 알고 있어 – 정말 빈틈이 없다니까.

야구/축구 경기에서 공에서 눈을 떼지 말고 집중하라는 데서 생긴 말.

on the blink
상태가 나빠서, 못쓰게 되어, 깜빡이는

9

Honey, the TV is on the blink again!
여보, TV가 또 고장났어요!

syn on the fritz, on the bum, out of order

on the contrary
이와 반대로, 오히려, 그렇지 않고

41

A : I hear you are enjoying your new job.
B : On the contrary, I find it rather dull.
A : 새 직장이 마음에 든다면서?
B : 아니야, 아주 지루해.

It rarely rains in the desert, but on the other hand it rains a lot in the coastal areas.
사막에는 비가 전혀 오지 않지만, 반면에 해안 지역은 비가 많이 와.

on the contrary는 상대방의 말에 대해 절대로 동의할 수 없음을 표시할 때 사용하고, on the other hand는 하나의 의견에 새로운 다른 사실을 덧붙일 때 사용한다. in contrast는 두 개의 서로 다른 사실간에 차이가 있음을 밝힐 때 사용한다.

on the go
바쁘게 활동한

13

I'd been on the go all day, so I went to bed as soon as I got home.
하루 종일 정신없이 일했더니 집에 도착하자마자 잠자리에 들었다.

I've been on the go all day and I'm worn out.
하루종일 바쁘게 돌아다녔더니 지쳐 버렸어.

on the house 무료인

19

I went to a restaurant last night. I was the ten thousandth customer, so my dinner was on the house.

어제 식당에 갔는데 내가 1만 번째 손님이라고 저녁을 무료로 주더군.

All the drinks were on the house.

모든 음료수가 무료입니다.

on the line 위험에 처한, 모험을 하다, 걸다

3

Almost 3,000 jobs have been lost recently, and a further 3,000 of the remaining 29,000 are on the line.

거의 3천명이 최근에 일자리를 잃었고, 남은 29,000명 중에 3천명의 일자리도 위험하다.

If we continue to go over budget on this project, our jobs could be on the line.

이번 프로젝트에 계속 예산을 과다 지출하면, 우리 자리를 걸어야 할 수도 있어.

syn at risk, at stake

on the right track 제대로 가고 있는, 잘하고 있는

5

Although Daniel has had some problems lately, I think he's on the right track.

다니엘이 비록 최근에 문제가 있었지만, 내 생각엔 잘하고 있어.

The boss believes we are on the right track with this project.

사장님은 우리가 이 프로젝트를 잘 진행하고 있는 것으로 믿고 있어.

see the light 갑자기 이해하게 되다, 사리를 알게 되다

2

The children struggled with the puzzle for a while, until one of them suddenly saw the light.

아이들이 퍼즐을 푸느라 한참 애쓴 후에 한 아이가 갑자기 답을 알아냈다.

He lived a life of petty crime until he saw the light and became a social worker.

그는 좀도둑질이나 하고 살다가 어느날 사리를 알게 되었고 사회 사업가가 되었다.

on the run 서둘러서, 쫓기어

4

When I am rushed in the mornings, I eat breakfast on the run.
아침에 급하면, 아침식사를 서둘러서 한다.

The escaped murderer has been on the run for three weeks.
탈주한 살인범은 3주 동안이나 쫓겨 도망다녔다.

on the side 곁들여, 따로, 안주, 바람 피는

11

He ordered a hamburger with onions and French fries on the side.
그는 양파와 프렌치 프라이를 곁들인 햄버거를 주문했다.

I think he has another woman on the side.
그가 다른 여자랑 놀아나는 것 같아.

on the whole 대체로, 전체로 보아서

15

On the whole, I prefer to listen to classical music.
대체로, 난 고전 음악 듣는 것을 더 좋아해.

On the whole, we've made outstanding progress throughout the firm.
대체로, 회사 전체에 걸쳐 두드러진 성장을 했습니다.

save the day 구해 내다, 구제의 길을 트다

3

The forest fire was nearly out of control when it suddenly rained heavily and saved the day.
산불이 거의 통제할 수 없을 정도였는데 갑자기 내린 폭우가 불을 꺼 주었다.

Your excellent speech saved the day.
자네의 훌륭한 연설이 위기에서 구해 주었네.

see which way the wind blows 형편/귀추를 지켜보다

2

Most senators find out which way the wind blows before voting on bills in Congress.
대부분의 상원의원들은 국회에서 법안을 표결하기 전에 사람들이 원하는 바를 알아낸다.

serve one right 꼴 좋다, 당해도 싸다, 고소하다

2

Never write back to him; it will serve him right.
절대로 그에게 답장 주지 마. 그래도 싸.

A : He hit me!
B : It serves you right. You shouldn't have been rude to him.
A : 그 남자가 날 쳤어!
B : 꼴 좋다. 그에게 무례하게 굴지 말았어야지.

syn deserve

sleep on it ~을 하룻밤 자고 생각하다

2

Look, there's no need to make a decision now; why don't you go home and sleep on it?
이봐, 지금 결정할 필요는 없어; 집에 가서 하룻밤 자고 생각하는 게 어때?

I am not in a position to give you a definite answer today. I'll sleep on it and get back to you first thing in the morning.
오늘 확답을 줄 처지가 아닌 것 같아. 하룻밤 생각해 보고 나서 아침에 제일 먼저 알려 줄게.

slip one's mind/memory 깜박 잊다

5

I forgot I'd arranged to meet Richard last night – it completely slipped my mind.
어젯밤에 리처드를 만나기로 한 약속을 잊었어 – 까맣게 잊었지 뭐야.

I meant to go to the drugstore on my way home, but it slipped my mind.
집에 돌아오는 길에 약국에 들릴 생각이었는데, 깜박 잊었어.

on the rocks 얼음 조각 위에 부은

7

Give me a whiskey, on the rocks.
얼음 띄운 위스키로 하겠어.

Daily Test

Review Test

빈칸에 적당한 단어를 보기에서 고르시오.

보기

contrast ultimately circle iron shade line
side belief invaluable right candid ball

1 소스를 곁들여 주시겠어요?
I'd like some sauce on the _________, please.

2 많은 전문가들이 자신의 의견을 제시했지만, 결국 결정은 사장에게 맡겨져 있다.
Many experts gave their opinions, but _________ the decision lay with the president.

3 어려움을 해결하는 데 그리 오래 걸리지 않았다.
It didn't take long to _________ out the difficulties.

4 소방관들은 매일 자신의 목숨을 건다.
Firefighters put their lives on the _________ every working day.

5 핵무기는 비도덕적인 것이라고 확신해.
It is my firm _________ that nuclear weapons are immoral.

6 사막에서는 낮에 덥지만, 이와 대조적으로 밤에는 아주 추워.
It's hot in the desert in the day, but in _________ it's very cold at night.

7 밥이 시험에 떨어졌대; 공부 안 하더니 꼴 좋다.
Bob failed his exam; it served him _________ because he had not studied.

8 새로 부임한 저 선생님은 정말로 빈틈이 없어.
That new teacher is really on the _________.

Answers

1. side 2. ultimately 3. iron 4. line 5. belief 6. contrast 7. right 8. ball

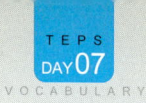

Build-up Test

괄호 안에 들어갈 적절한 단어를 고르시오.

보기

hectic　tense　passionate　corrupt　impetuous
momentous　acute　mandatory　promising　hip

1 This was not an (hasty) _________ decision. We gave it a great deal of consideration.

2 Both companies are under investigation for (fraudulent) _________ practices.

3 The future looks bright and (bright) _________ for our company.

4 Blue jeans have become (fashionable) _________ again this year.

5 Immediately after lifting the desk, David felt an (excruciating) _________ pain in his lower back.

6 Whether or not to move overseas was a (important) _________ decision for the family.

7 (Ardent) _________ love is a strong emotional reaction.

8 Participating in the workshop is (compulsory) _________.

9 Interviews can be (nervous) _________ situations.

10 Things have been really (chaotic) _________ here lately

Answers

1. impetuous 이것은 성급한 결정이 아니었습니다. 심사숙고하고 내린 것입니다.
2. corrupt 두 회사가 부정 행위로 조사를 받고 있다.
3. promising 우리 회사의 경기 전망은 밝고 전도 유망합니다.
4. hip 청바지가 올해 다시 유행하게 되었다.
5. acute 책상을 들어올리자 데이비드는 허리에 바로 심한 통증을 느꼈다.
6. momentous 해외로 이사를 갈지 안 갈지는 가족에게 중요한 결정이었다.
7. Passionate 정열적인 사랑은 감정에 따라 변하기 쉬운 강력한 반응이다.
8. mandatory 워크샵에 참석하는 것은 의무적이다.
9. tense 인터뷰는 긴장되는 상황일 수도 있다.
10. hectic 최근 이곳은 정신없을 정도로 아주 바쁩니다.

DAY 08

V · O · C · A · B · U · L · A · R · Y

5 **jeopardize** [dʒépərdàiz] v. 위태롭게 하다, 위험에 빠뜨리다

She knew that by failing her exams she could jeopardize her whole future.

그녀는 시험에 떨어지면 자신의 앞날이 위태롭게 될 수도 있다는 것을 알고 있다.

syn endanger, imperil, threaten, chance, hazard, risk, venture

32 **maximum** [mǽksəməm] a. 최고의, 최대의

I work as a correction officer at a maximum security prison.

전 중경비 교도소에서 교도관으로 일하고 있습니다.

syn foremost, greatest, optimum, paramount, supreme, utmost

7 **molestation** [mòulestéiʃən] n. 성희롱, 성추행

Molestation often has nothing to do with sexual desire.

성추행은 종종 성욕과는 상관없다.

5 **imposition** [ìmpəzíʃən] n. 부담, 부과

Others, who have busier lives, consider baby-sitting an imposition and have the courage to refuse to do it.

바쁘게 사는 다른 사람들은 아이 돌보는 것을 부담으로 생각하고 용기 있게 거절한다.

syn affliction, burden, load, interference, interruption

overall [óuvərɔ̀ːl] a. 종합적인, 총체적인

53

People who would like to lose a few unwanted pounds and improve their overall health are encouraged to sign up right away.

살을 빼고 싶으시거나 전반적으로 건강 증진을 원하시는 분은 지금 당장 신청하십시오.

syn ecumenical, general, universal, widespread

passionate [pǽʃənit] a. 정열적인

9

Passionate love is a strong emotional reaction.

정열적인 사랑은 감정에 따라 변하기 쉬운 강력한 반응이다.

syn ardent, ecstatic, fervent, fervid, intense

require [rikwáiər] v. 필요로 하다, 요구하다

272

Being a supervisor of many staff members requires many skills and abilities.

많은 직원들의 상사가 되는 것은 많은 기술과 능력을 필요로 한다.

syn command, compel, constrain, demand

roughly [rʌ́fli] ad. 어림잡아

37

He makes roughly half a million dollars for each film.

그는 각각의 영화로 어림잡아 50만 달러씩 벌었다.

syn about, approximately

submerge [səbmə́ːrdʒ] v. 잠수하다, 물에 잠그다

17

If you submerged your face in water, your pulse is likely to drop and your metabolic rate decreases.

얼굴을 물 속에 담그면, 맥박이 떨어지고 신진대사율도 감소하게 될 것이다.

cf. metabolic rate : 신진대사율

syn immerse, lower, plunge, deluge, engulf

13 **decorative** [dékərèitiv] a. 장식적인, 장식의

Careful studies must be done before moving flowers, trees, and bushes to a new place, even if just for decorative purposes.

장식적인 목적일지라도 꽃, 나무, 덤불을 새로운 곳으로 옮기기 전에 신중한 검토를 반드시 해야 한다.

syn elaborate, fancy, ornamental, ornate

11 **depressant** [diprésənt] n. 진정제

This medicine will add to the effects of alcohol and other depressants.

이 약은 알코올과 기타 진정제의 약효도 포함돼 있습니다.

syn sedative, drug, hallucinogen

78 **effectively** [iféktivli] ad. 효과적으로

Employees seem to work less effectively on Mondays and Fridays.

직원들은 월요일과 금요일에는 덜 효과적으로 일하는 것 같다.

No one could have told your story more effectively.

어느 누구도 당신의 이야기를 효과적으로 이야기하지 못했을 것입니다.

syn competently, productively, actively

57 **election** [ilékʃən] n. 선거

Since you are interested in the result of the election; let us wait until the final count has been made.

네가 선거 결과에 관심이 있으니까 최종 집계가 끝날 때까지 기다리기로 하자.

15 **engulf** [engʌ́lf] v. 삼키다, 들이켜다, 빨아들이다

Sadness engulfed Joan's life when her husband wanted a divorce.

남편이 이혼을 요구했을 때 조앤은 슬픔에 잠겼다.

syn bury, envelop, flood, overwhelm, surround, swallow

cast [kæst] n. 깁스(붕대) v. 던지다

47

The doctor mended the woman's broken leg, and put it in a cast.
의사는 그 여자의 부러진 다리를 치료해 주고 깁스를 해 주었다.

cautious [kɔ́:ʃəs] a. 신중한, 조심성 있는

13

AIDS worry appears to be an important factor in changing sexual behavior in a more cautious direction.
에이즈에 관한 우려는 성행위를 보다 조심스런 방향으로 바꾸는 중요한 요인이 되는 것 같다.

syn alert, vigilant, wary, watchful, discreet, prudent

consistent [kənsístənt] a. 일관성이 있는

23

His high performance is consistent day after day.
그의 고매한 행동은 날이 갈수록 한결같았다.

syn dependable, invariable, steady, agreeable, congruous

corporate [kɔ́:rpərit] a. 법인의, 단체의, 공동의

68

The training will take place in the Corporate Education Center.
교육은 본사 교육 센터에서 실시될 것입니다.

cf. corporation 법인, 유한(주식)회사

syn business, corporation, enterprise, establishment

dinosaur [dáinəsɔ̀:r] n. 덩치만 큰 고물, 공룡

42

This typewriter's a bit of a dinosaur, isn't it?
이 타자기는 오래된 고물이지, 그렇지 않니?

The brontosaurus was one of the largest of all dinosaurs.
브론토사우루스는 공룡 중에 가장 큰 것 중에 하나다.

33 **distribute** [distríbjuːt] v. 분배하다, 배포하다

My secretary will distribute the documents after she completes reorganizing the materials.

제 비서가 자료들을 다시 정리한 후에 문서를 나누어 드릴 겁니다.

syn circulate, disperse, disseminate

55 **fantastic** [fæntǽstik] a. 멋진, 끝내 주는

A : The concert was so disappointing.

B : Why? My other friend said that it was fantastic.

A : 그 콘서트는 아주 실망스러웠어.

B : 왜? 다른 친구는 끝내줬다고 하던데.

syn fabulous, incredible, marvelous, fanciful, great, tremendous

16 **flaw** [flɔː] n. 결점, 약점, 결함

They fall in love quickly and out of love just as fast, when the beloved proves to have some human flaw.

그들은 금새 사랑에 빠지고, 사랑하는 이에게 어떤 인간적인 결함이 있다는 것이 증명되면 또 그만큼 빨리 사랑에서 헤어난다.

syn blemish, defect, error, fault, imperfection

18 **gaze** [geiz] v. 응시하다, 뚫어지게 보다

As a mother feeds her child, she gazes lovingly into his eyes.

어머니는 아이에게 젖을 물리면서 다정한 눈빛으로 아기를 바라본다.

syn gape, gawk, stare, eye, watch

ant glimpse, glance

38 **stand up** 바람맞히다

I don't know if I've been stood up or if she's just late – I'll wait another half hour.

내가 바람맞은 건지 아니면 그녀가 늦는 건지 모르겠어 – 30분만 더 기다려 볼래.

intrigue [intríːg] v. 호기심을 돋우다, 흥미를 끌다

15

It always intrigues me how someone so intelligent could do such stupid things.
그토록 영리한 사람이 그런 바보 같은 짓을 할 수 있는지 정말 신기해.

He's always been intrigued by machinery.
그는 항상 기계에 흥미를 갖고 있다.

syn absorb, fascinate, interest, pique

juvenile [dʒúːvənəl] a. 청소년의, 젊은

23

The Federal Bureau of Investigations has reported that juvenile violence rates are at an ten-year high.
FBI는 청소년 폭력이 10년내 고점으로 올라갔다고 보고했다.

syn adolescent, young, youthful, childish, immature, infantile

perceptual [pəːrséptjuəl] a. 지각의, 지각에 의한

13

Acousticians focus on the perceptual effects of various sounds, and attempt to build theories based on the responses of many subjects.
음향학자들은 다양한 소리의 효과를 지각하는 데 초점을 맞춰 많은 실험 대상의 반응에 기반을 둔 이론을 제시하려 한다.

syn sensory, sensitive, receptive

intense [inténs] a. 강한, 격렬한

28

Because of the intense competition, many qualified applicants had to be rejected.
치열한 경쟁 때문에 많은 유능한 지원자들이 퇴짜를 맞아야만 했다.

syn acute, extreme, potent, powerful, profound, ardent, earnest, fervent, passionate, strong

momentum [mouméntəm] n. 힘, 추진력

11

Several attempts to arrange a protest march failed to gather momentum.

항의시위를 조정하려는 여러 차례의 시도는 추진력을 얻는 데 실패했다.

syn drive, energy, force, impetus, impulse, thrust

mutual [mjú:tʃuəl] a. 서로의, 상호 관계가 있는

33

When the wedding is canceled by mutual agreement, the ring should be returned.

결혼이 서로의 합의로 취소되었다면 반지는 돌려줘야만 한다.

Both countries are acting to their mutual advantage.

두 나라는 공동의 이익을 위해 행동하고 있다.

syn bilateral, common, joint, reciprocal, shared

promptly [prámptli] ad. 즉시, 신속히

28

Please inform your supervisor promptly if there are any changes in the plan.

계획에 변경이 있다면 감독관에게 즉시 알리기 바랍니다.

syn precisely, timely, immediately, instantly, quickly

stay away 가까이 가지 않다

57

Stay away from my daughter!

내 딸에게서 떨어져!

Stay away from those fish, their spines are poisonous.

그 물고기에게서 떨어져, 가시에 독이 있어.

up front 정직하게, 숨김없이

17

You can't help being biased so you may as well be up front about it.

편견을 갖지 않을 수는 없으니까 그 문제에 대해 솔직하게 대하는 편이 낫다.

16 17 18 19 20 21 22 23 24 25 26 27 28 29 30

17
up against
(곤란, 장애 등에) 부딪쳐서, 직면하여

They were up against a powerful pressure group.
이들은 강력한 압력 단체와 부딪쳤다.

If you come up against any difficulties let me know and I'll help you.
어떤 문제에 부딪치면 나한테 알려줘, 내가 도와줄게.

9
up in the air
미정의, 미해결의

Our plans are up in the air until we know when Phil can get time off.
필이 언제 시간을 낼 수 있는지를 우리가 알 때까지 우리의 계획은 결정되지 않은 상태이다.

108
up to
달려있는, ~까지,

A : Shall we go out?
B : It's up to you.
A : 나가도 돼나요?
B : 너한테 달렸다.

Up to ten people can sleep in this tent.
10명까지 이 텐트 안에서 잘 수 있다.

27
up to one's neck in sth
~으로 잔뜩 밀려 있는

She's up to her neck in debt / problems / work.
그녀는 빚/문제/일거리가 잔뜩 밀려 있다.

Right now I'm up to my neck in it.
지금 할 일이 너무 많이 밀려 있어.

4
crank call
장난 전화

I got a crank call last night.
간밤에 장난 전화가 걸려왔었어.

syn prank call

1 2 3 4 5 6 7 8 9 10 11 12 13 14 15

wind up ~이 되다, 결과가 ~이 되다

13

You could wind up having a huge debt to pay off if you're not careful.
조심하지 않으면 큰 빚을 지게 될 거야.

You'll wind up in hospital if you drive so fast.
그렇게 빨리 운전하면 병원 신세를 지게 될 거야.

wind up, end up은 원치 않거나 예상치 못한 나쁜 결과가 나온 경우에 사용한다. end up이 wind up보다 더 자주 쓰이는 구어체 표현이다.

work off (운동을 해서) 없애다, (빚 등을) 일해서 갚다, (기분을) 풀다

17

I'll definitely need to go running tomorrow to work off all of this delicious dessert.
이 맛있는 디저트 먹은 것을 없애려면 내일 달리기를 해야 되겠어.

I have three years to work off the debt.
빚을 갚는 데 3년이 남아 있다.

He worked off his anger by splitting some logs.
그는 장작을 패면서 화를 풀었다.

work out 운동하다, 합계가 나오다, 산정하다, 문제를 풀다, 잘 되다

107

Remember to eat a good breakfast, if you plan to work out.
운동할 생각이라면 아침 식사를 든든히 하는 걸 잊지 말아라.

Jeff's three favorite hobbies are playing chess, working out in the gym, and reading mysteries.
제프가 좋아하는 세 가지 취미는 체스, 체육관에서 운동하기, 미스테리물 읽기이다.

You look good. Do you work out?
건강해 보인다. 운동하니?

These figures work out differently each time I add them.
이 숫자들은 더할 때마다 다르게 나와.

Don't worry about anything – it'll all work out, you'll see.
아무 것도 걱정하지마 – 다 잘 될 거야.

syn exercise

16 17 18 19 20 21 22 23 24 25 26 27 28 29 30

work one's fingers to the bone **뼈빠지게 일하다**

2 Since her husband died, Mrs. Smith has worked her fingers to the bone to provide for her four children.
남편이 죽은 후로 스미스 부인은 네 자녀를 부양하기 위해 뼈빠지게 일했다.

Mr. Brown worked his fingers to the bone to make enough money to buy a new car.
브라운 씨는 새차를 살 충분한 돈을 모으기 위해 뼈빠지게 일했다.

spill the beans **털어놓다, 실토하다**

3 I'll tell you what happened, but only if you promise not to spill the beans to the police.
무슨 일이 생겼나 말해 줄께, 하지만 경찰한테 불지 않는다고 약속해야 해.

Who spilled the beans about her affair with David?
그녀가 데이비드하고 놀아난다고 털어놓은 게 누구야?

spill the guts **털어놓다, 실토하다**

3 John decided to spill his guts about the illegal activities he had witnessed.
존은 자신이 목격한 불법 행위에 관해서 털어놓기로 결정했다.

It takes a lot of guts to admit to so many people that you've made a mistake.
자신의 실수를 많은 사람들 앞에서 인정하는 것은 많은 용기가 필요하다.

spit it out **털어놓다, 숨김없이 말하다**

5 Come on, spit it out, who told you about this?
이봐, 숨김없이 말해, 누가 그런 얘길 한 거야?

I know there's something you're not telling us, so out with it.
우리한테 말하지 않은게 있는 줄 알아, 그러니까 털어놔!

상대방이 겁을 먹거나 당황해서 얘기하고 싶지 않을 때 사용한다. 비슷한말로는 out with it이 있고, 여기서 it은 아무런 의미 없이 그저 형식적인 기능만 한다.

cream of the crop 최고의 것/사람

2

Naturally, our personnel department selects only the cream of the crop.
당연히, 우리 인사과는 최고만 뽑는다.

The May Queen candidates were all lovely, but Betsy and Nancy were the cream of the crop.
5월의 여왕 후보들은 모두 예뻤지만, 베시와 낸시가 단연코 으뜸이었다.

crocodile tears 거짓 눈물

3

When his rich uncle died, leaving him his money, John shed crocodile tears.
부자 삼촌이 유산을 남긴 채 죽자 존은 거짓 눈물을 흘렸다.

elbow grease 힘드는 일

2

They now need to put some real elbow grease into promoting the product.
그들은 이제 제품을 홍보하는 데 힘을 써야 할 필요가 있다.

fat chance 희박한 가망

5

A : Perhaps they'll invite you.
B : Fat chance of that!
A : 아마 그들이 널 초대 할거야.
B : 그럴리가 없어!

A : Just give us our money back and we'll leave.
B : Fat chance!
A : 우리 돈만 돌려주면 돌아가도록 하죠.
B : 어림도 없어!

Mother Nature

대자연, 산천초목

38

It is better to try to work with, rather than against, Mother Nature.

대자연을 거스르려고 하는 것보다는 조화를 이루려고 노력하는게 낫다.

Cats are Mother Nature's way of limiting the number of mice.

고양이는 쥐의 숫자를 제한하려는 대자연의 수단이다.

cf. You can eat healthy foods and exercise and stop smoking, but you can't escape Father Time.

건강 음식을 먹고 운동을 하고 담배는 끊을 수 있지만, 세월은 피할 수 없어.

Mother Nature나 Father Time과 같은 용어들은 시적 느낌을 주는데, 일반 영어와 구별하기 위해 대문자를 사용한다.

1 2 3 4 5 6 7 8 9 10 11 12 13 14 15

Daily Test

Review Test

빈칸에 적당한 단어를 보기에서 고르시오.

보기

imposition stood works flaw bone engulf
up promptly against jeopardize spit momentum

1 약혼 반지를 가지고 있다면 당장 돌려주세요.
If you have an engagement ring, return it _________.

2 난 시민의 자유를 위태롭게 하는 어떠한 법이라도 반대해.
I'm dead against any law which will _________ the freedom of citizens.

3 그라함은 일주일에 두세 번 체육관에서 운동을 한다.
Graham _________ out in the gym two or three times a week.

4 남자 친구가 어디에 있지? 바람만 맞히면 다시는 얘기하지 않을 거야!
Where is my boyfriend? If he's _________ me up I'll never speak to him again!

5 뭐하고 지냈어? 이봐 – 털어놔!
What have you done? Come on – _________ it out!

6 복권이 당첨되면 천만 달러까지 받을 수 있습니다.
You can win _________ to ten million dollars in the lottery.

7 그녀는 일곱 아이들에게 집과 음식을 주기 위해서 뼈빠지게 일했다.
She worked her fingers to the _________ to provide a home and food for seven children.

8 몇 주간의 저조한 판매 이후, Veralid사가 개발한 백신 프로그램은 IT 시장에서 탄력을 받고 있다.
After a few weeks of poor sales, the vaccine program which Veralid, Ltd. has developed is gaining _________ in the IT market.

Answers

1. promptly 2. jeopardize 3. works 4. stood 5. spit 6. up 7. bone 8. momentum

Build-up Test

괄호 안에 들어갈 적절한 단어를 고르시오.

1 The company is very (strict / severe) about employees getting to work on time.

2 The shop assistant asked me (politely / gently) what I wanted.

3 The (price / cost) of keeping a person in prison for a year is enormous.

4 The wound took several weeks to (cure / heal).

5 The woman was so unpleasant that none of us could (suffer / tolerate) her.

6 After oil prices (plunged / skyrocketed) at the news of war in the Middle East, many people decided to take the subway to work.

7 He was so (exhausted / exhumed) that he fell asleep during the conference.

8 The political (ally / rally) held in the park was very exciting for most of the people there.

9 All the tickets for the game are (conserved / reserved) for regular members.

10 Friendship, unlike relations with relatives, (reflects / deflects) personal choice.

Answers

1. strict	회사는 직원들이 정시에 출근하는 것에 매우 엄격하다.
2. politely	가게 점원은 내가 원하는 게 뭔지 공손하게 물었다.
3. cost	한 사람을 감옥에 일년간 가두는 비용은 엄청나다.
4. heal	그 상처는 낫는 데 몇 주가 걸렸다.
5. tolerate	그 여자는 너무나 불쾌해서 우리 중 아무도 그녀를 너그럽게 봐주지 못했다.
6. skyrocketed	중동지역의 전쟁 소식에 유가가 폭등한 후, 지하철로 통근하는 사람들이 많아졌다.
7. exhausted	그는 너무 지쳐서 회의 도중에 잠들어버렸다.
8. rally	공원에서 개최된 정치집회는 거기에 있던 대부분의 사람들을 흥분시켰다.
9. reserved	그 경기의 입장권은 전부 단골 손님들을 위해 확보된다.
10. reflects	우정은 친척과의 관계와 달리 개인의 선택을 반영한다.

DAY 09

V · O · C · A · B · U · L · A · R · Y

13 **pirate** [páiərət] v. 저작권을 침해하다, 표절하다, 해적 행위를 하다

Authorities are to tighten control of pirated software applications.
관계 당국은 불법 소프트웨어 제품에 대한 단속을 강화할 것이다.
cf. tighten control of : 단속을 강화하다
syn loot, plunder, ransack, copy, counterfeit, forge, plagiarize

3 **postpaid** [póustpéid] a. 우편료 선불의

Mail back the form with your renewal instructions in the postpaid reply envelope.
재구독 양식을 무료 반송용 봉투에 넣어 돌려 보내주십시오.

22 **ripe** [raip] v. 익다

Unlike other fruits, bananas are best when they are ripened after they are picked.
다른 과일과는 달리, 바나나는 수확한 후에 익어야 가장 맛있다.
syn ripen, mature, blossom, flourish

31 **scary** [skέəri] a. 무서운, 두려운, 놀라게 하는

I don't know how he found out where I lived. It's really scary.
그 남자가 내가 사는 곳을 어떻게 알아냈는지 모르겠어. 정말 무서워.
syn frightening, hair-raising, horrifying, shocking, spine-chilling, terrifying, chilling

skip [skip] v. 뛰어넘다, 월반하다

38

Edith finished grammar school in four years, skipped high school, and went straight to college.

에디스는 초급 중학교 과정 4년을 마치고, 고등학교를 건너뛰어 대학교로 직행했다.

cf. grammar school : (美)초급 중학교 (8년제 초등학교로 하급 4학년을 primary school 이라 하는데 비해 상급 4학년을 지칭한다)

syn miss, omit, overlook, bounce, hop, jump, leap

suspect [səspékt] n. 용의자

55

Detectives obtained a photograph of the suspect.

형사들은 용의자의 사진을 입수했다.

syn accused, defendant

therapy [θérəpi] n. 요법, 치료

39

The ancient art of Chinese masso-therapy has long been promoted as a treatment for curing diseases.

중국의 마사지 요법은 질병을 치료하는 수단으로 오랜 기간 동안 장려되어 왔다.

syn care, medicine, remedy, approach, procedure, treatment

virtue [və́:rtʃu:] n. 덕목, 미덕

26

Gratitude is one of the virtues everyone should acquire.

감사하는 마음은 모든 사람들에게 요구되는 덕목 가운데 하나이다.

syn goodness, morality, rectitude, value, worth

witchcraft [wítʃkræ̀ft] n. 마법, 요술

11

He believes in witchcraft, but he doubts that witches fly on broomsticks.

그는 마법의 존재를 믿지만, 마법사들이 빗자루를 타고 날아다니는 것은 믿지 않는다.

syn divination, necromancy, sorcery, voodoo, wizardry

1 2 3 4 5 6 7 8 9 10 11 12 13 14 15

13 **drowsy** [dráuzi] a. 졸리는, 꾸벅꾸벅 조는

I got so drowsy that I could no longer focus.
난 너무 졸려서 더 이상 집중할 수가 없었다.
syn dozy, lethargic, sleepy, sluggish, relaxing, soothing

26 **evacuate** [ivǽkjuèit] v. (위험지역 등에서) 피난시키다, 비우다

People living along the coast and in lowland areas should evacuate to high ground at least 50 miles inland.
연안지역이나 저지대 주민들은 적어도 내륙 50마일 이상의 고지대로 피난해 주십시오.
syn deplete, drain, empty, remove, abandon, desert, leave, vacate

14 **expendable** [ikspéndəbəl] a. 희생될 수 있는, 소모성의

Art and music may appear expendable to legislators and school administrators, but this is a terrible misconception.
미술과 음악 과목은 입법가들과 학교 당국자들에게는 없어도 되는 것으로 보일 수도 있지만 이것은 큰 오해다.
syn dispensable, extraneous, nonessential, superfluous

57 **impression** [impréʃən] n. 인상, 느낌

Most foreign visitors who come to Korea, receive their first impressions of the country in Seoul.
한국을 찾아오는 대다수의 외국인 방문객들은 서울에서 그 나라에 대한 첫인상을 받는다.
syn feeling, impact, sensation, sense

7 **inhospitable** [inhάspitəbəl] a. 황폐한, 야박한, 불친절한

The heater is designed to operate in the most inhospitable environments.
이 난로는 가장 척박한 환경에서도 작동하도록 만들어졌습니다.
cf. inhospitality : 푸대접, 불친절
syn aloof, cool, distant, standoffish, unfriendly, unsociable

intensity [inténsəti] n. 강렬, 격렬, 집중, 전심

16

We keep our employees well trained through our Special Intensity Training.

우리는 직원들이 특별 강화 교육을 통해 잘 훈련될 수 있도록 한다.

cf. intense : 강한, 격렬한

syn degree, magnitude, power, severity, strength, fervor, passion

nasty [nǽsti] a. 고역스러운, 심한

9

A : That sure is a nasty cough you have.

B : I know. The doctor says I have a lung infection.

A : 기침이 보기에도 딱할 정도로 심하군.

B : 그래. 의사가 그러는데 나한테 폐질환이 있대.

syn indecent, profane, foul, offensive, repellent, distasteful, unpleasant

observable [əbzə́ːrvəbəl] a. 관찰할 수 있는, 눈에 띄는

11

Physics and chemistry are closely tied to the discipline of mathematics and use math in predicting and explaining observable phenomena.

물리학과 화학은 수학과 밀접하게 연관돼 있고, 관찰 가능한 현상을 예측하고 설명하는 데는 수학을 사용한다.

syn visible, perceptible, perceivable, discernible, seeable, viewable

outdoor [áutdɔ̀ːr] a. 실외의

44

Nothing lets you enjoy the outdoors in winter like warm hands and feet, and nothing guarantees warmth like good old-fashioned wool.

손과 발에는 멋진 벙어리장갑과 양말만큼 따뜻한 것도 없고, 오랫동안 애용돼 왔던 고급 양모만큼 따뜻함을 보장해 주는 것도 없습니다.

syn airy, alfresco, open-air, outside

palatable [pǽlətəbəl] a. 맛좋은, 입에 맞는

7

A little pepper or mustard could go a long way in making meals more palatable.

후추나 겨자를 약간 뿌리면 좀 더 맛있는 식사를 만드는 데 큰 효과를 볼 수도 있다.

syn appetizing, luscious, mouth-watering, savory, scrumptious

pertain [pəːrtéin] v. 속하다, 관계하다, 알맞다

11

Some of the more significant events that we give occasion to usually pertain to military actions or observance of birthdays.

더 큰 중요성을 부여하는 몇몇 기념일에는 대개 군사적 행동이나 탄생일이 속해 있다.

syn appertain, apply, belong, relate, affect, concern, influence

boost [buːst] 밀어 올리다, 경기를 부양하다, 증대시키다

36

This new technology will boost productivity in the biotechnology industry in the near future.

이 신기술은 가까운 미래에 생명과학 산업의 생산성을 증대시킬 것이다.

syn increase, raise, advance, develop, improve

buy [bai] v. 믿다, 받아들이다

489

I like the idea of getting married but I don't buy into the traditional view of what marriage should be all about.

결혼한다는 생각은 좋지만 결혼에 대한 고리타분한 생각들은 받아들일 수 없어.

The police will never buy that story!

경찰은 그 이야기를 절대로 믿지 않을 거야.

buy는 남의 물건이나 생각을 자기 것으로 받아들이는 것을 의미한다. 남의 생각을 받아들이면 남의 말을 '믿는' 것을 의미하게 되고, 남의 물건을 자기 것으로 받아들이면 '사게' 되는 것이다.

16 17 18 19 20 21 22 23 24 25 26 27 28 29 30

28 **chase** [tʃeis] v. 뒤쫓다, 추적하다

A : You look nervous. What's wrong?
B : I feel like we're being chased by somebody.
A : 긴장해 보인다. 무슨 문제라도 있어?
B : 누가 우리를 미행하는 것 같아.

syn follow, pursue, hunt, shadow

19 **coldly** [kóuldli] ad. 쌀쌀하게, 냉정하게, 냉담하게

When someone at my office asked if I were pregnant, I replied coldly, "No, I'm just fat. Thanks for noticing."
사무실에서 누군가가 임신했냐고 물어오면, 전 쌀쌀맞게 "아니오, 살이 좀 찐 거예요. 알아봐 줘서 고맙군요"라고 말해 버립니다.

syn chilly, frosty, icy, indifferently, unemotionally

71 **concentrate** [kánsəntrèit] v. 집중하다

My work is beginning to suffer because I just can't concentrate.
집중할 수 없어서 업무에도 지장이 생기고 있다.

syn center, fix, focus, consolidate, integrate

56 **consumption** [kənsʌ́mpʃən] n. 소비, 소비량

Many health experts state that people must limit their fat consumption.
많은 보건의들은 사람들이 지방 섭취를 제한해야 한다고 말한다.

The consumption of foreign-made cars has risen for the last few years.
지난 몇 년간 외제차 소비가 증가했다.

cf. consume : 소비하다, 소모하다

syn consuming, using

1 2 3 4 5 6 7 8 9 10 11 12 13 14 15

136 **count** [kaunt] n. 문제점, 논점

I'm afraid I disagree with you on all counts.
자네의 모든 논점에 동의하지 못하겠어.

On that count, we have been unable to find any common ground.
그 점에 대해선, 우리는 아무런 의견일치를 볼 수 없었다.

93 **concerning** [kənsə́:rniŋ] prep. ~에 관하여

If you have any information concerning the recent incident at the station, please contact the police.
정거장에서 일어난 최근의 사건에 대해 아는 게 있으면 경찰에 연락하세요.
cf. concerned : 걱정스러운, 염려하는, 근심하는
concernedly : 걱정하여

62 **confidence** [kánfidəns] n. 신임, 신용, 신뢰

I have every confidence in her. She'll be perfect for the job.
난 그녀를 완전히 믿는다. 그녀는 그 일에 딱 맞는 적임자가 될 것이다.
cf. confide : 신임하다, 신뢰하다, (비밀을) 이야기하다, 맡기다
confident : 확신하고 있는, 자신 만만한, 대담한
confidential : 기밀의, 내밀의, 신임이 두터운, 신뢰할 수 있는

syn belief, faith, reliance, trust, assurance, conviction

92 **indeed** [indí:d] ad. 정말로, 실로

Making the decision to end someone's life for them is indeed a very difficult one.
다른 사람을 위해 그 사람의 인생을 마감하도록 결정하는 것은 아주 힘든 일이다.

syn certainly, in fact, in reality, positively, truly

76 **come about** 일어나다, 발생하다

The discovery of penicillin came about by accident.
페니실린의 발견은 우연히 이루어졌다.

16 17 18 19 20 21 22 23 24 25 26 27 28 29 30

come along with
~와 함께 가다/오다

37

A : Will you come along with me when I go to the clinic tomorrow?
B : Let me first check my schedule.
A : 내일 병원 갈 때 나랑 같이 가실래요?
B : 스케줄부터 체크해 보고.

come around
주위를 배회하다

33

A : If the prowler ever comes around your property again, then call the police immediately.
B : Okay, but let's hope that doesn't ever have to happen.
A : 부랑자들이 당신 집 주위에 한 번만 더 얼씬거리면, 그 때는 경찰에 즉시 연락하세요.
B : 알았어요. 하지만, 그런 일이 다시 일어나지 않았으면 좋겠네요.

come forth
나오다, 공표하다

65

Unless the witnesses of the crime come forth, then the defendant will go free for lack of evidence.
그 범죄의 목격자가 나오지 않으면, 피고는 증거 부족으로 풀려날 것이다.

come in on
(계획 · 사업 등에) 참가하다

27

A : Would you like to come in on my business?
B : Well, I'll have to think about it. Is that okay with you?
A : 내 사업에 참여할 생각 있니?
B : 글쎄다, 생각해봐야겠는데. 넌 괜찮니?

come into
물려받다

21

When my grandmother died, I came into quite a lot of money.
할머니가 돌아가셨을 때, 난 많은 돈을 물려받았다.

syn inherit

come off　벗겨지다, 떨어지다, 손을 떼다

19

A : The wallpaper is coming off of your apartment's walls.
B : We plan to redo the whole interior now because of it.
A : 너희 아파트 벽에서 벽지가 떨어지고 있더라.
B : 그것 때문에 우리는 전체 실내 장식을 다시 할 생각이야.

A : You should really come off the alcohol, Mike.
B : So, you think that I have a drinking problem?
A : 마이크, 너 정말 술 끊어야 해.
B : 네 생각엔 내가 알코올 중독인 것 같니?

come out　나타나다, 드러나다, 사진이 찍히다, 피다, 출판되다, 나오다, 빠지다, 지워지다

287

However hard I try my cooking always comes out a mess.
아무리 열심히 해도 내가 하는 요리는 언제나 엉망이 돼.

My camera was broken and none of the skiing photographs came out.
내 카메라가 고장나서 스키 타는 사진이 한 장도 나오지 않았다.

She punched him in the mouth and two of his teeth came out.
그녀는 그의 입을 주먹으로 쳐서 이를 두 개나 빠지게 했다.

A : When will the roses come out?
B : I have no clue. I'm not into flowers.
A : 장미꽃이 언제쯤 필까?
B : 잘 모르겠어. 난 꽃에 관심이 없거든.

When is her new novel coming out?
그녀의 신작 소설은 언제 출간되니?

The clouds parted and the sun came out.
구름이 걷히고 해가 나왔다.

If you get red wine on that shirt it won't come out.
포도주가 그 셔츠에 묻으면 빠지지 않을 거야.

16 17 18 19 20 21 22 23 24 25 26 27 28 29 30

97 **come out of** ~에서 나오다

Some valuable finds came out of those experiments.
어떤 귀중한 발견 물질은 그런 실험에서 나온다.

A lot of films came out of that period.
많은 영화가 그 시기에 나왔다.

The gorillas came out of the cage when the door lock was broken.
그 고릴라는 잠긴 문이 망가졌을 때 우리에서 나왔다.

268 **come over** 건너오다, (장거리 여행을 마치고) 돌아오다, (어떤 기분에) 휩싸이다

A : Will you come over for dinner tonight?
B : Did you just invite me to your house?
A : 오늘밤에 저녁 먹으러 건너오지 않을래?
B : 방금 날 너의 집에 초대한 거니?

A : Where did Jake meet that lady?
B : He met her on the plane coming over.
A : 제이크는 어디에서 그 여자를 만났대?
B : 비행기로 오는 도중에 만났대나 봐.

11 **for kicks** 재미로

He decided to steal something from the shop, just for kicks.
그는 단지 재미로 가게에서 뭔가를 훔치기로 결정했다.

This isn't for kicks. This is for a specific purpose.
이건 재미로 하는게 아니야. 특별한 목적이 있다고.

syn for fun

9 **get a jump on sb/sth** 선수치다, ~를 앞지르다

They were determined to get a jump on their competitors.
그들은 경쟁자들을 선수치기로 마음먹었다.

I like to leave work early on Fridays so I can get a jump on the traffic.
교통 체증에 걸리지 않게 금요일에는 일찍 퇴근하고 싶어.

1 2 3 4 5 6 7 8 9 10 11 12 13 14 15

get back on one's feet
재기하다, 회복되다

7

My parents helped a lot when I lost my job. I'm glad I'm back on my own feet now.
내가 직장을 잃었을 때 부모님께서 많이 도와 주셨다. 이제 재기하게 되어서 기쁘다.

get in the way
방해되다

11

Whenever I'm trying to get some yard work done, he's always getting in the way.
내가 정원에서 무슨 일을 할 때마다, 그는 항상 날 방해해.

get off one's back
트집잡기를 그만 두다, 귀찮게 하지 않다

5

Why don't you get off my back? (=stop criticizing me)
그만 하시지 그래?

I wish the boss would get off my back and let me do the job in my own way.
난 제발 사장이 트집 좀 그만 잡고 내가 하고 싶은 대로 하게 놔두었으면 좋겠어.

get one's blood flowing
흥분시키다, 자극하다

3

Rock-climbing really gets my blood flowing.
암벽등반은 정말로 날 흥분하게 해.

I don't know why he climbs all the time, but it must really get his blood flowing.
그가 왜 항상 등산을 하는지 모르겠어, 하지만 등산이 정말 흥분하게 만드나봐.

get one's point across
이해하다

2

As long as I get my point across, what does it matter if there are a few mistakes?
의사 소통만 제대로 된다면, 실수 몇 개 있다고 무슨 문제가 되겠어?

get the picture 이해하다

33

It's all right, don't say any more – I get the picture.
됐어, 더 이상 말하지 마 – 이해했어.

Stanley's in love with Lydia, who's married to his sister's boss – get the picture?
스탠리는 여동생의 사장과 결혼한 리디아를 사랑하고 있어 – 상상이 가니?

get the point 요점을 이해하다, 속뜻을 알아차리다

25

Even when I started yawning, he didn't get the point but just kept talking.
내가 하품을 하기 시작했는데도, 그는 의미를 알아차리지 못하고 계속 얘기를 했다.

syn get the message

get together 모이다, 만나다

65

Shall we get together on Friday and go for a drink or something?
우리 금요일에 모여서 한잔하거나 뭐 하러 가지 않을래?

We're having a little get-together to celebrate Helen's promotion.
우리는 헬렌의 승진을 축하하려고 조촐한 모임을 마련했다.

Daily Test

Review Test

빈칸에 적당한 단어를 보기에서 고르시오.

보기

over skip pertaining buy evacuate hand
together scary pirate across point feet

1 아내가 아이를 출산했을 때 사랑이란 감정에 휩싸였다.
A feeling of love came _________ me when I saw my wife give birth to our child.

2 모든 임직원들은 휴가 기간에 관한 다음의 회사 정책에 주목해 주십시오.
All employees should take note of the following company policy _________ to vacation time.

3 그녀는 네가 길을 잃어버렸다는 그런 얘기는 절대로 믿지 않을 거야.
She'll never _________ that story about you getting lost!

4 우리가 크리스마스 때 모일 수 있을 거라고 생각하니?
Do you think we could get _________ at Christmas?

5 우린 무서운 유령 이야기를 하면서 밤 늦도록 깨어 있었다.
We stayed up late telling _________ ghost stories.

6 우린 우리의 말을 납득시키려고 애썼지만, 그는 들으려고 하지 않았다.
We tried to get our point _________, but he just wouldn't listen.

7 그 농담을 이해하지 못하겠는걸.
I didn't get the _________ of that joke.

8 이 약을 드시면 곧 괜찮아질 겁니다.
This medicine will soon have you back on your _________ again.

Answers

1. over 2. pertaining 3. buy 4. together 5. scary 6. across 7. point 8. feet

Build-up Test

다음 의미에 맞는 단어를 보기에서 고르시오.

보기

reminder deterioration command counterfeit symptom
jail scepticism controversy hangover charity
compulsion side-effect custody prodigy prophecy

1 a young person with exceptional abilities
2 a place to confine a person in lawful detention; prison
3 a statement that says what is going to happen in the future
4 something which is made to look exactly like something else
5 unpleasant physical effects following the heavy use of alcohol
6 the state of being worse
7 kindness and generosity towards people who are poor, sick, in difficulties, etc.
8 an order given by one in authority
9 strong force or pressure making someone do something they do not want to do
10 the act or right of caring for someone, esp. when this right is given in a court of law
11 something to make one remember
12 a sign or an indication of disorder or disease
13 a dispute, especially a public one, between sides holding opposing views
14 an effect in addition to the intended one
15 a doubting or questioning attitude or state of mind

Answers

1. prodigy	천재, 신동	6. deterioration	악화, 퇴화	11. reminder	암시, 신호
2. jail	감옥, 교도소	7. charity	자선	12. symptom	징후
3. prophecy	예언	8. command	명령	13. controversy	논쟁
4. counterfeit	가짜, 모조품	9. compulsion	강요, 강제	14. side-effect	부작용
5. hangover	숙취	10. custody	보호, 감독	15. scepticism	회의, 의심

DAY 10

V · O · C · A · B · U · L · A · R · Y

crucial [krú:ʃəl] a. 중대한, 결정적인

61

As the race draws closer, you must also prepare a crucial aspect of the training, your mind.

경기가 가까워오면, 훈련의 중요한 측면 중 하나인 마음의 준비도 해야 한다.

syn critical, decisive, determining, important, significant

dedication [dèdikéiʃən] n. 헌신

19

We appreciate all your hard work and dedication to the firm.

이 회사에 쏟아주신 여러분들의 노고와 헌신에 감사드립니다.

syn allegiance, commitment, devotion, loyalty

grant [grænt] v. 승인하다, 허가하다

53

A few minutes later, the judge pounded his gavel and pronounced the divorce granted.

몇 분 후, 판사가 판사봉을 두드리며 이혼이 성사되었음을 선고했다.

syn accord, bestow, concede, admit

hefty [héfti] a. 상당한, 많은

7

Last year, our company enjoyed hefty returns on well-planned investments made five years ago.

작년에 우리 회사는 5년 전에 계획을 잘 세워 투자한 덕분에 상당한 수익을 남겼습니다.

syn beefy, burly, heavy, husky, stout

5 **imbue** [imbjúː] v. (감정, 사상, 의견 등을) 불어넣다

There seems nowadays to be little of the imagination that imbued our ancestors with confidence and ingenuity.

요즘에는 우리 선조들에게 자신감과 독창력을 불어넣어 주었던 상상력이 거의 없는 것 같다.

syn endow, fill, infuse, inspire, permeate

3 **incinerate** [insínərèit] v. 태워서 재로 만들다, 소각하다

The house was completely incinerated, burn marks scorching the floor, the walls, and the ceiling.

그 집은 마루, 벽, 천장을 태운 흔적을 남기고 완전히 잿더미가 되었다.

syn burn up, cremate, burn to ashes, consume

38 **insight** [ínsàit] n. 통찰력, 간파력, 식견

Recently, historians have used medical insights to reevaluate several important European figures.

최근 역사학자들은 유럽의 몇몇 인물을 재평가하는 데 의학적인 소견을 사용하고 있다.

syn intelligence, intuition, perspicacity, shrewdness, wisdom

19 **interval** [íntərvəl] n. 간격, 차, 거리

If the pattern of the patient's pulse rate is regular, you can count the number of beats in a fifteen-second interval, then multiply by four to determine the beats per minute rate.

환자의 맥박이 규칙적으로 뛴다면, 당신은 15초 간격으로 박동 수를 측정할 수 있고, 1분 동안의 박동 수는 이것을 4번 곱하면 된다.

syn break, intermission, interruption, pause, space, term

21 **monotonous** [mənɑ́tənəs] a. 단조로운, 지루한

The monotonous scenery all looked alike.

반복적인 풍경이 모두 같아 보였다.

syn dreary, dull, mundane, repetitious, routine, tedious

16 **itinerary** [aitínərèri] n. 여행 스케줄, 여정

Most travel agents will provide you with a detailed itinerary when you plan a vacation.
대부분의 여행사 직원들은 당신이 휴가를 계획할 때 자세한 여행스케줄을 제공해 줄 것이다.
syn agenda, docket, log, outline, route, travel plan

21 **notification** [nòutəfikéiʃən] n. 통지(서), 공고문

You need to submit the form within a week of receiving this notification.
이 통지서를 받은 후 일주일 이내로 서류를 제출해야 합니다.
cf. notify : 통지하다
syn announcement, information, warning

35 **liberal** [líbərəl] a. 후한, 인색하지 않은, 많은, 풍부한

Parties that participate in the restoration are given liberal tax breaks as a financial incentive.
재건에 참가하는 단체는 장려금으로서 대폭적인 세금우대조치를 받게 됩니다.
syn broad-minded, impartial, unbiased, tolerant, generous, lavish, openhanded, abundant, plentiful

52 **opposition** [àpəzíʃən] n. 반대, 저항, 방해

Although there has been opposition and criticism, drug tests have been used in the Olympics for many years.
비록 반대와 비판이 있어 왔지만, 오랜 동안 올림픽 경기에서는 마약 복용 테스트를 시행해 왔다.
syn disagreement, hindrance, resistance

overwhelming [òuvərhwélmiŋ] a. 압도적인, 저항할 수 없는

30

Day-to-day problems and pressures are no longer overwhelming.
일상의 문제들과 압박감은 더 이상 나를 압도하지 못한다.

syn breathtaking, devastating, oppressive, overpowering, uncontrollable

perplex [pərpléks] v. 당황하게 하다, 난처하게 하다

21

The students looked perplexed, so the teacher tried to explain once again.
학생들이 당황해하는 것 같아서 선생님이 다시 한 번 설명하려고 했다.

syn baffle, bewilder, confuse, mystify, nonplus, puzzle

revenue [révənjù:] n. 수입, 세입

50

France brings in far more tourism revenue than any other country in Europe.
프랑스는 유럽의 다른 어떤 나라보다 훨씬 많은 관광 수익을 벌어들인다.

syn gain, gross, income, profits, receipts

sanitary [sǽnətèri] a. 위생상의, 청결의

17

The inspector questioned the plant manager about the sanitary conditions at the factory.
조사관은 공장의 위생상태에 대해 공장 책임자에게 질문했다.

syn antiseptic, clean, decontaminated, germ-free, hygienic, sterile

session [séʃən] n. 회기

52

A : Why did you only buy one hundred shares of stocks during the last trading session?
B : If I had had enough money, I would have bought more.
A : 아니 왜 지난 회기에 주식을 겨우 100주밖에 사지 않은 거니?
B : 돈이 충분히 있었으면 더 샀을 거야.

syn course, period, round, term

slowdown [slóudàun] n. 침체

17

Construction workers are likely to be the next victims of the economic slowdown.

건설 노동자들은 경제 침체의 다음 희생자가 될 가능성이 높다.

syn deflation, depression, recession, slump

stable [stéibl] a. 안정된, 동요하지 않는

39

Every day I listen to the news to see if the political situation is stable there.

그곳의 정치적 상황이 안정됐는지 어떤지 알아보려고 난 매일 뉴스에 귀를 기울이고 있다.

syn steady, sure, balanced, calm, dispassionate, placid

stun [stʌn] v. 아연하게 하다

18

The clerk looked startled, and I was stunned.

서기도 깜짝 놀라 보였고, 나도 아연실색했다.

syn amaze, astonish, astound, daze, flabbergast, paralyze, shock

abandon [əbǽndən] v. 그만두다, 단념하다

38

The pilots had to abandon the plane before it went in flames.

조종사는 비행기가 화염에 휩싸이기 전에 비행기를 버려야했다.

syn desist, discontinue, abdicate, cede, relinquish, resign, surrender

acutely [əkjúːtli] ad. 날카롭게, 격렬하게

9

There's not a driver alive in the city who isn't acutely aware of the problems related to driving and parking in practically every part of the city.

도시에서 생활하고 있는 운전자들은 실제로 도시 내 어떤 지역에서건 운전과 주차 관련 문제가 심각하다는 것을 인식한다.

ant mildly, dully

alert [ələ́ːrt] a. 방심하지 않는, 경계하는

40

To stay awake during the flights, pilots are advised to chew gum or eat sugar cubes and stay alert.

비행 중 졸지 않기 위해 조종사들은 껌을 씹거나 각설탕을 먹어서 방심하지 않도록 해야 한다.

syn conscious, mindful, vigilant, watchful

aphrodisiac [æ̀froudíziæ̀k] n. 최음제, 마약

3

Power can be the ultimate aphrodisiac for some.

권력은 어떤 사람들에게는 궁극적인 최음제가 될 수도 있다.

bend [bend] v. (규칙을) 바꾸다, ~를 악용하다, 구부리다, 굽히다

48

When you bend the truth a little, it's still a lie.

진실을 약간이라도 왜곡하면, 그것은 여전히 거짓말이다.

syn deflect, turn, contort, flex, twist, submit, succumb

breathlessly [bréθlisli] ad. 숨가쁘게

19

At 3 a.m., I called him at home and breathlessly started to discuss the idea as if I had just awakened with it.

새벽 3시에 사장님 집에 전화를 걸어서 마치 방금 좋은 아이디어가 떠올라 잠에서 깨어난 것처럼 숨을 헐떡이며 그 아이디어를 의논하기 시작했습니다.

syn gaspingly, pantingly, excitedly

celebrate [séləbrèit] v. 축하하다, 찬양하다, (식 등을) 거행하다

99

Mr. Brown has just left the office to celebrate his wife's 35th birthday.

Brown씨는 아내의 35번째 생일을 축하하기 위해 방금 퇴근했다.

syn commemorate, honor, ritualize, exalt, glorify, applaud, cheer, rejoice

coalition [kòuəlíʃən] — n. 연합, 합동

15

Having seen from Bosnia to Iraq, the United States must continue to rely on coalitions whenever a situation calls for military action.
보스니아에서 이라크까지 본 것처럼, 미국은 군사행동이 필요한 상황에서는 연합을 계속 의지해야 한다.

syn affiliation, association, combination, coalition, confederation, league

attribute [ətríbju:t] — n. 특성, 속성

40

A background in English-language publishing, an incisive writing style and a demonstrated interest in business are essential attributes.
영어권 출판 경력, 예리한 문체, 업무에 대한 관심은 필수요소입니다.

syn characteristic, quality, trait, virtue

have a crack at sth — 시도해 보다

7

It's not something I've done before, but I'll have a crack at it.
전에 해본 일은 아니지만, 한 번 해보도록 하겠습니다.

I've never done this before, but I'll have a crack at it.
전에 해보지는 않았지만 한 번 해보죠.

have a green thumb — 원예 솜씨가 뛰어난

5

Kate can get anything to grow – she's really got a green thumb!
케이트는 뭐든지 자라게 할 수 있어 – 화초 가꾸는 재주를 갖고 있어!

I'm afraid I'm not very green-thumbed.
난 화초를 잘 가꾸지 못하는 것 같아.

have a heart — 친절해지다, 마음쓰다

9

Don't make me say it again! Have a heart!
또 다시 이런 말하게 하지마! 좀 자상해지라고!

Come on, have a heart. Let me borrow your car.
이봐, 마음 좀 써. 차 좀 빌리자.

have an ax to grind 딴 속셈이 있다

11

A : Where have you been the last month or so? I have an ax to grind with you.

B : What is it this time?

A : 너 지난달쯤 어디 있었니? 너에게 부탁할 게 있는데.

B : 이번에 또 뭔데?

have an eye for 안목이 있는, 일가견이 있는

29

She has an eye for fashion.

그녀는 패션에 안목이 있다.

Bob has an eye for beauty.

밥은 심미안이 있다.

have a selective memory 기억력이 좋지 못한, 좋은 것만 가려서 기억하는

7

He seemed to have a very selective memory of past events.

그는 옛날 일에 대해 좋은 것만을 기억하는 것 같아.

If she said that we were best friends, I think she must have a selective memory.

우리가 좋은 친구라고 그녀가 말했다면, 그녀는 좋은 기억만 가려서 하는 것일 거야.

have butterflies in one's stomach 마음이 두근거리다, 조마조마하다

2

I always have butterflies in my stomach before an exam.

난 시험 전에는 항상 마음이 두근두근거려.

Whenever I have to go on stage, I get butterflies in my stomach.

무대에 나설 때면 마음이 조마조마해.

have had enough of 더이상 참지 못하는, 진절머리가 나는, 신물이 나는

5

I've had enough of your excuses.

네 변명에 진저리가 난다.

have got what it takes to do sth 자질이 있는, 자질을 갖춘

3

Martin hasn't got what it takes to do a job in management.
마틴은 경영인이 될 자질을 갖고 있지 않다.

I enjoy painting, but I know I haven't got what it takes to be a really good artist.
그림 그리는 걸 좋아하지만, 난 뛰어난 화가가 될 자질은 갖고 있지 않다는 것을 알고 있다.

have it in for ~에게 앙심/원한을 품다

5

She's always had it in for me.
그녀는 항상 나한테 앙심을 품었어.

One of the teachers really has it in for Charlie – she shouts at him all the time.
선생님 중에 한 명은 찰리에게 앙심을 품고 있어 – 항상 그에게 고함을 쳐.

have it out (with) 논쟁의 결말을 짓다

3

Don't keep complaining, just have it out with him.
불평 좀 그만하고 그 사람하고 얘기해서 결말을 지으라고.

Look, why don't we have it out once and for all? I can't stand this constant arguing.
이봐, 완전히 결말을 짓는 게 어때? 이 계속되는 논쟁을 참지 못하겠어.

have one's eye on sb/sth 마음을 굳히다, 마음을 정하다

5

I have my eye on the Chinese vase in the auction.
난 경매에 나온 저 중국 꽃병에 마음을 정했어.

have sth under one's belt 기억하고 있다, 소유하고 있다

2

Once you have a degree under your belt, you'll find it easier to get a job.
일단 학위를 갖게 되면, 직장 구하기가 쉽다는 것을 알게 된다.

have the guts ~할 용기가 있다

28

A : How about asking her out?
B : I want to, but I don't have the guts to ask her.
A : 그녀에게 데이트 신청하는게 어때?
B : 그러고 싶지만, 그럴 용기가 안나.

have the last/final word 최종 결정권을 갖다

11

The headmaster always has the last word on matters of school policy.
교장 선생님이 학교 정책의 문제에 대해 최종 결정권을 갖고 있다.

have to do with ~와 관계가 있는

113

I don't see what ancient philosophy has to do with modern life.
고대 철학 중에 어떤 것이 현대 생활과 관계가 있는지 잘 모르겠어.

This hasn't got anything to do with you.
이건 너랑 아무런 상관이 없는 일이야.

haves and have-nots 가진 자와 가지지 못한 자

11

Karl Marx called two classes the bourgeoisie and the proletariat, and they can be also called the haves and the have-nots.
칼 마르크스는 두 가지 계급을 부르주아와 프롤레타리아로 불렀는데, 가진 자와 가지지 못한 자로 불리기도 한다.

hit/touch a raw nerve 아픈 데를 건드리다, 약점을 건드리다

6

Her remarks about his failure to get the job he wanted touched a raw nerve.
그가 원하는 직장을 갖는 데 실패한 것에 관해서 그녀가 한 말은 그의 아픈 데를 건드렸다.

28 **hit it off** 친해지다

Kim and Patty were really hitting it off at the party, weren't they?
킴과 패티는 파티에서 정말로 친해졌어, 그렇지 않니?

Look how Jim hit it off with Mary.
짐이 메리와 얼마나 빨리 친해졌는지 봐.

13 **hit the jackpot** 땡잡다, 횡재하다, 크게 성공하다

He's really hit the jackpot with this new game – orders for it have been pouring in!
그는 이 새로운 게임으로 큰 성공을 거두었다 – 주문이 쇄도하고 있다.

Mrs. Smith hit the jackpot when she got Lula for a maid.
스미스 부인이 룰라를 가정부로 두게 된 것은 횡재한 거야.

Daily Test

Review Test

빈칸에 적당한 단어를 보기에서 고르시오.

보기

green	belt	overwhelming	hit	word	insight
what	white	grind	crucial	acutely	nerve

1 비록 우리가 몇 가지 공통점이 있지만, 우리는 친해지지 않았다.
Even though we have some things in common, we don't _________ it off.

2 그는 이 변화가 사회불안을 일으킬 위험이 있다는 것을 예리하게 인식하고 있다.
He is _________ conscious that this transition could risk social unrest.

3 멋진데요, 실비아. 당신은 정말 채소 기르는 재주가 뛰어나군요.
It looks wonderful, Sylvia. You certainly have a _________ thumb.

4 첫 인상은 면접시에 중요하다.
First impressions are _________ at a job interview.

5 저 여자는 스타가 될 자질을 갖고 있어.
That girl's got _________ it takes to be a star.

6 그녀는 항상 최종 결정권을 갖고 있다.
She always has the last _________.

7 그 사람 마누라의 말이 아픈 데를 건드린 것이다.
His wife's words touched a raw _________.

8 그 타이핑 과정은 익혀두면 유용하다.
That typing course is a good thing to have under your _________.

Answers

1. hit 2. acutely 3. green 4. crucial 5. what 6. word 7. nerve 8. belt

Build-up Test

괄호 안에 들어갈 적절한 단어를 고르시오.

Shakespeare in Love starring Gwyneth Paltrow and Joseph Fiennes is a wonderful comedy that takes an offbeat look at the creation of William Shakespeare's Romeo and Juliet. Paltrow and Fiennes (light / right) up the screen in what is truly boisterous entertainment for both Shakespeare fans and non-fans (like/alike).

Answers

light, alike

■ alike는 명사를 뒤에서 수식한다. (ex : the twins alike)

|해석| 기네스 펠트로와 조셉 파인즈가 주연한 '셰익스피어 인 러브'는 윌리엄 셰익스피어의 '로미오와 줄리엣'을 색다른 관점으로 각색한 기상천외한 코미디다. 펠트로와 파인즈는 셰익스피어 팬들과 그렇지 않은 사람들 모두를 떠들썩하게 만든 화젯거리를 낳은 오락물에 출연, 스크린을 뜨겁게 달궜다.

|어휘| offbeat 색다른, 별난, 기이한 light up 불을 붙이다, 불붙다 boisterous 떠들썩한, 거친

TEPS VOCA

Snowballing

DAY 11 ~ DAY 20

DAY 11

V · O · C · A · B · U · L · A · R · Y

2 **compost** [kάmpoust] v. 비료를 만들다

Could it be the increased practice of composting and recycling?
퇴비를 만들고 재활용하는 습관은 길러진 것인가?

41 **consideration** [kənsìdəréiʃən] n. 존중, 경의, 고려, 숙고, 고찰

Could you turn your music down and show a little consideration for the neighbors!
음악 소리 좀 줄여서 이웃들에게 좀 더 사려깊은 모습을 보여줄 수 없겠어요!

syn reflection, regard, courtesy, respect, thoughtfulness

18 **corrupt** [kərʌ́pt] a. 타락한, 퇴폐한, 부정한, 뇌물이 통하는

The whole system was corrupt – every official she approached wanted money before helping her.
시스템 전체는 부패했다. 그녀가 만난 모든 공무원들은 도움을 주기 전에 돈을 원했다.

syn dishonest, crooked, fraudulent, bribable, foul, base, rotten, tainted

9 **criteria** [kraitíəriə] n. 기준, 표준

A : Do you think John will get hired?
B : If he meets all the criteria, of course he will!
A : 존이 직장을 구할까?
B : 모든 기준을 맞춘다면 물론 그럴 거야!

syn gauge, measure, standard, yardstick

7 **decaffeinated** [di:kǽfiənèit] a. 카페인을 제거한

A : What can I get you, sir?
B : I'd like a decaffeinated coffee and an apple-filled donut.
A : 뭘 갖다 드릴까요, 손님?
B : 카페인 없는 커피랑 사과잼이 들어있는 도넛으로 갖다주세요.

9 **dent** [dent] n. 움푹 들어간 곳

May we have the next dents?
귀하의 자동차가 움푹 들어갔다면 저희에게 가져오십시오.
[자동차 판금도장 공장 앞에 적힌 문구]
syn hollow, indentation

15 **hideous** [hídiəs] a. 소름끼치는, 무시무시한

If this man is being accused for such hideous crimes, how can he be released before trial?
이 사람이 그렇게 끔찍한 범죄로 기소되었는데, 어떻게 재판이 열리기도 전에 석방될 수가 있습니까?
syn abhorrent, frightful, ghastly, grotesque, repulsive, ugly

68 **immune** [imjú:n] a. 면역의

A : What do you know about chicken pox?
B : I'm not sure, but if you've had it as a kid, you're immune to it for life.
A : 수두에 관해서 뭘 알고있니?
B : 잘 모르지만, 어릴 때 걸렸으면 평생 면역을 갖게 되지.
cf. chicken pox : 수두
syn absolved, exempt, free, released, invulnerable, protected

infant [ínfənt] n. 유아, 소아

88

At birth, the infant's brain has 100 billion nerve cells, or neurons.

출생시 아이의 뇌에는 1천억 개의 신경세포 혹은 뉴런이 있다.

syn baby, foundling, newborn, suckling

intake [íntèik] n. 섭취량, 빨아들이는 양

46

A high intake of saturated fat has been scientifically linked with higher risks of high blood pressure, heart disease, diabetes, and cancer.

포화지방의 섭취량이 많아지면 과학적으로 고혈압, 심장 질환, 당뇨, 암의 발병률도 높아진다.

breeze [bri:z] n. 쉬운 일

19

You won't have any problems with the entrance test. It's an absolute breeze.

입학 시험엔 별 문제가 없을 거야. 아주 쉽거든.

Learning English is a breeze!

영어를 배우는 건 쉬운 일이야!

alleviate [əlí:vièit] v. (심신의 고통을) 덜다, 완화하다

7

Using alcohol is not helpful in alleviating stress.

알코올을 이용하는 것은 스트레스를 완화시키는 데 도움이 되지 않는다.

syn assuage, ease, reduce, relieve, soothe

applaud [əplɔ́:d] v. 박수 갈채하다, 성원하다

27

A : When Abba came onto the stage for an encore, why were you the only one not applauding?

B : That is because I was whistling and shouting so loud!

A : Abba가 앙코르 무대에 섰을 때 왜 너만 박수를 치지 않았니?

B : 휘파람을 불고 크게 소리치느라고 그랬어.

syn clap, praise, extol

1 2 3 4 5 6 7 8 9 10 11 12 13 14 15

racket [rǽkit] n. 시끄러운 소리, 소란

9

W : What's all that racket outside, anyway?
M : Oh, they've been doing road work for the last three months.
W : 밖에 시끄러운 소리는 도대체 뭐야?
M : 지난 세 달 내내 도로 공사를 하고 있어.

syn clamor, commotion, din, noise, uproar

recruit [rikrúːt] v. 채용하다

26

Training people to be effective employees is as important as recruiting them.

효율적인 직원으로 훈련시키는 일은 직원을 채용하는 것만큼 중요한 일이다.

syn draft, enlist, induct, gather, obtain, replenish

reluctant [rilʌ́ktənt] a. 마음내키지 않은, 달갑지 않은

27

People seem reluctant to give up the notion of owning and driving their own motor vehicles.

사람들은 자가용을 소유하거나 운전하려는 생각을 버리는 것은 달가워하지 않는 것 같다.

syn averse, disinclined, loath, opposed, unwilling, diffident, hesitant, irresolute

shame [ʃeim] n. 유감스러운 일, 난처한 일, 안된 일

44

It's a great shame that we have had to cancel the concert, but we just didn't sell enough tickets.

연주회를 취소해야 한다니 정말 유감스러운 일이야, 하지만 많은 표를 팔지는 않았어.

syn dishonor, disrepute, humiliation, disgrace, pity, regret

smuggle [smʌ́gəl] v. 밀수입/수출하다, 몰래 가지고 들어오다

17

The Iranians have also been blamed for smuggling arms to Iraqi insurgents, including infra-red devices.

그 이란인들은 이라크 반란군에게 적외선 장비를 포함한 무기를 밀수출함으로써 비난을 받았다.

syn bootleg, convey, run, sneak, traffic, transport

state-of-the-art a. 최신식의, 최첨단 기술을 사용한

11

Our hospital is fully equipped with state-of-the-art medical equipment.

저희 병원은 최신 의료 장비를 완벽하게 갖추고 있습니다.

syn newest, latest, up-to-the-minute

tremendous [triméndəs] a. 거대한, 대단한, 굉장한, 무서운, 무시무시한

26

A : Those marathoners sure are amazing athletes.

B : You said it. They have tremendous stamina to run over 26 miles.

A : 저 마라토너들은 확실히 훌륭한 선수들이야.

B : 맞아! 26마일을 넘게 달릴 수 있는 대단한 정력이 있으니까.

syn colossal, enormous, huge, marvelous, dreadful, fearful, horrible, terrible

unquestionable [ʌ̀nkwéstʃənəbəl] a. 의심할 나위 없는, 논의의 여지가 없는

9

The power that cigarettes hold over those who smoke them is unquestionable.

담배를 피우는 사람들을 위협하는 담배의 힘은 의심할 나위가 없다.

cf. hold ~ over sb : ~으로 사람을 협박하다

syn certain, evident, indisputable, irrefutable, obvious, undeniable

ventilate [véntəlèit] v. 통풍이 잘되게 하다, 환기하다

7

Remember to open the windows so that the air can ventilate.

통풍이 되게 창문 열어 놓는 거 잊지 마.

syn air, air out, refresh, freshen, wind

impeach [impíːtʃ] v. 탄핵하다, 비난하다, 탓하다

1

Clinton will go down in history as only the second President of the United States to be impeached.

클린턴은 역대 미국 대통령 중 탄핵받은 대통령으로서는 두 번째로 기록될 것이다.

syn accuse, arraign, charge, incriminate, indict, criticize, impugn

3 **grueling** [grú:əliŋ] a. 녹초로 만드는

Training for a marathon is no easy task. It takes months of hard work and dedication to prepare your body for the grueling race.
마라톤 연습은 쉬운 일이 아니다. 힘든 경기에 대비해 몸을 단련시키는 데에는 수개월에 걸친 고된 훈련과 노력이 필요하다.

The band has just come off a grueling world tour.
이 밴드는 몹시 힘든 세계 투어를 이제 막 끝났습니다.

syn arduous, exhausting, laborious, strenuous

5 **hip** [hip] a. 최신 유행인, 사정에 밝은

Blue jeans have become hip again this year.
청바지가 올해 다시 유행하게 되었다.

Roy thinks he looks really hip dancing like that, but he just looks stupid to me.
로이는 최신 유행하는 춤을 춘다고 생각하겠지만, 나한테는 바보처럼 보여.

syn chic, fashionable, stylish, suave, trendy

27 **optional** [ápʃənəl] a. 선택의, 임의의, 마음대로의

Growing old is mandatory. Growing wise is optional.
나이 드는 것은 어쩔 수 없는 필연이지만 지혜롭게 늙은 것은 선택이다.

syn by choice, elective, open, voluntary

97 **post** [poust] v. 붙이다, 게시하다, 고시하다

He asked the customer if they were to post it.
그는 고객에게 그것을 게시할지 물었다.

Details regarding the program will be posted on the website by next Friday.
프로그램에 관한 세부사항은 다음주 금요일까지 웹사이트에 게시될 것이다.

syn inform, notify, affix, circulate, hang up

23 **remorse** [rimɔ́:rs] n. 후회, 자책

I feel nothing but remorse for ever having touched a drink.
술에 손 댄 것에 대해서 남은 것은 자책감뿐이다.

syn compunction, contrition, penitence, regret, repentance, sorrow

15 **rioting** [ráiətiŋ] n. 폭동, 소요, 소동

We are still planning to come for our visit, unless there is more rioting or violence.
폭동이나 소요 사태가 더 심각한 상황으로 치닫지만 않는다면 우린 아직도 그곳에 갈 생각이다.

syn revolt, rebellion, mutiny, insurrection, insurgence, uprising

144 **appreciate** [əprí:ʃièit] v. 고맙게 생각하다, 시세(값)를 올리다, 진가를 인정하다, 통찰하다

We really appreciate all the help you gave us last weekend.
지난 주말에 베풀어주신 모든 도움에 정말 감사합니다.

The value of our house has appreciated by 50% in the last two years.
우리 집 시세가 지난 2년간 50%나 올랐다.

No truly great artist has ever been appreciated in his own lifetime.
자신의 생애에 진가를 인정받았던 예술가는 없다.

syn acknowledge, thank, recognize, value, cherish

76 **count on** 의지하다, 고려하다

You can count on me. I'll help you.
날 믿어. 내가 도와 줄께.

Sorry I'm late, I didn't count on being held up in the traffic.
늦어서 미안해, 교통이 혼잡할 경우를 생각하지 못했어.

87 **drop in** 잠깐 들르다, 불시에 찾아가다

My daughter, Mary, tries to drop in to see me at least once a month.
내 딸 메리는 적어도 한 달에 한번은 나를 보러 들르려고 합니다.

1 2 3 4 5 6 7 8 9 10 11 12 13 14 15

11 **make it up to** 보상하다, 변상하다

You've been so helpful! How can I make it up to you?
너무나 도움이 많이 되었어요! 어떻게 보상해야 되지요?

I'm sorry we can't take you with us but I promise I'll make it up to you somehow.
널 데려가지 못해서 미안해. 하지만 어떻게든지 나중에 보상할게.

9 **mark down** 값이 내린 정가표를 달다, 적어 놓다

All pants, shirts, socks and hats will be marked down by 60%.
바지, 셔츠, 양말, 모자 등 모든 품목을 60% 할인하고 있습니다.

3 **off color** 퇴색한, 몸이 안 좋은

That joke you told was off color and embarrassed me.
네가 한 농담은 무례하고 날 당황하게 만들었다.

You look a bit off color today. Have you got a temperature?
오늘 안색이 좋아 보이지 않는구나. 체온은 재 봤니?

107 **put away** 치우다, 제거하다, (후일을 위하여) 간직하다, 비축하다

A : Honey, make sure you put away your toys after playing.
B : Oh, mom, do I have to? I hate cleaning up.
A : 얘야, 장난감을 가지고 논 다음에는 반드시 한쪽에 치워라.
B : 엄마, 그렇게 해야 돼요? 난 치우는 거 싫어요.

A financial planner can help you decide exactly how much you'll need to have put away to meet your goals.
금융 설계사는 당신이 목표를 달성하기 위해 정확히 얼마를 비축해야 하는지 결정하는 것을 도와줄 수 있습니다.

put behind (실패 따위를) 뒤로하다, 잊다

21

A : Don't you sometimes think about your ex-girlfriend?
B : I have already put behind the memories a long time ago.
A : 가끔 전 여자친구가 생각나지 않니?
B : 이미 오래 전에 기억 속에서 잊어버렸어.

put down 헐뜯다, 깎아 내리다, 윽박지르다

269

A : You shouldn't have put him down like that.
B : I know, I'm going to apologize to him tomorrow.
A : 그에게 그렇게 윽박질러선 안돼.
B : 나도 알아. 내일 사과할거야.

put on (전기 제품에) 불을 켜다, (체중을) 늘리다, (속력을) 내다, (옷을) 입다

605

A : Who put on the fire?
B : I don't know, don't stare at me like that.
A : 누가 불을 붙였지?
B : 잘 모르겠는걸, 그런 눈으로 날 보지마.

It is not healthy for people to put on excess weight.
과다하게 살이 찌는 것은 건강에 좋지 않다.

A : Please put back on your coat!
B : I'm alright. It is not that cold out here.
A : 코트 좀 제발 다시 입을래!
B : 전 괜찮아요. 여기 바깥이 그렇게 춥지는 않거든요.

cf. '(옷을) 입다' 라는 동작을 나타낼 때는 put on이지만, 입고 있는 상태를 나타낼 때는 wear임에 유의하자.

put through (전화를) 연결하다, (대학을) 졸업시키다, 성취하다

107

Could you put me through to customer service, please?
고객서비스 부서 좀 연결해 주시겠어요?

My mother put me through four years of college while working two jobs.
어머니는 두 가지 일을 하면서 나의 대학 4년 뒷바라지를 하셨다.

read between the lines 행간을 읽다, 숨은 뜻을 알아내다

28

She said they were busy on that day but, reading between the lines, they just didn't want to come to the presentation.
그녀는 그들이 그날 바쁘다고 말했지만, 속뜻을 알아보면, 그들은 단지 프리젠테이션에 나오고 싶지 않았을 뿐이다.

read the riot act 엄호령을 내리다, 엄하게 경고하다, 정지 명령을 내리다, 책망하다

7

Our teacher heard the noise in the classroom and came in and really read the riot act to us.
우리 선생님은 교실에서 떠드는 소리를 듣고 들어와서 우리에게 엄하게 경고했다.

The party went well until the neighbors came over and read us the riot act for being too noisy.
이웃 사람들이 건너와서 시끄럽다고 경고하기 전까지 파티는 잘 나갔다.

give sth one's best shot 최선을 다하다

3

I know you're not feeling very confident, but give it your best shot.
네가 자신없다는 건 알고 있어, 하지만 최선을 다해봐.

A : I'm really nervous about the interview tomorrow.
B : Don't worry. Just give it your best shot.
A : 내일 인터뷰 때문에 정말 신경이 예민해요.
B : 걱정 말고 그냥 최선을 다하세요.

couch potato TV를 보면서 여가를 즐기는 사람

27

To prevent yourself from turning into a couch potato, you've got to get up and go outside for a walk.
TV나 보면서 시간을 허비하지 않으려면 일어나서 산책이라도 하는 게 나을 것이다.

cross to bear
짊어질 십자가

3

My family background will always be a cross to bear as I try to become worthy enough to marry Umji.
내 집안 배경은 엄지와 결혼하려는 데 항상 걸림돌이 될 것이다.

Having my elderly mother live in my house is a cross I'm not going to find easy to bear.
나이 드신 어머니를 모시고 사는 일은 쉬운 일이 아니다.

예수 그리스도가 십자가를 짊어지고 골고다 언덕에 올라가는 데서 나온 말이다.

take something in one's stride
수월하게 뚫고 나가다, 쉽게 해내다, 냉철하게 대처하다

2

Some people would have been shocked and unable to work, but he takes everything in his stride.
다른 사람이라면 충격을 받고 일하지 못하겠지만 그는 모든 걸 냉철하게 대처했다.

She has taken the scandal in stride and continued to work normally.
그녀는 스캔들을 냉철하게 대처하고 정상적으로 일을 계속했다.

take the bull by the horns
용감하게 난국을 맞서다, 정면 돌파를 하다

2

Why don't you take the bull by the horns and tell him to leave?
용감하게 맞서서 그에게 떠나라고 말하는 게 어때?

He decided to take the bull by the horns and demand a raise in salary even though it might cost him his job.
그는 용감히 맞서기로 결정하고 직장을 잃을지도 모르지만 봉급을 올려 달라고 요구했다.

용감하게 황소 뿔을 잡고 맞서는 데서 유래

throw a fit
노발대발하다, 신경질 내다

5

A : Have you heard that Charlie threw a fit and yelled at Susan?
B : Charlie is usually such a calm person. How out of character this sounds!

A : 찰리가 노발대발하면서 수잔에게 소리지른 얘기 들었어요?
B : 찰리는 원래 조용한 사람인데! 그답지 않군요.

도끼 자루를 던질 정도로 화난 상태를 표현한 데서 유래

throw one a rope 구해 주다

6

The clock really threw the fighter a rope; just as he was about to fall, the bell rang.
시간이 정말로 그 권투선수를 살려 주었다. 막 쓰러지려는 순간에 공이 울렸어.

A sailor threw a rope ashore and we tied the boat to a post.
선원이 로프를 해변에 던졌고, 우리는 기둥에 배를 묶었다.

throw sth together 후다닥 만들어 내다, ~를 만나게 하다

3

John went into the kitchen to throw something together for dinner.
존은 저녁식사를 만들려고 부엌에 들어갔다.

Chance threw us together at a party.
운명은 우리를 파티에서 만나게 하였다.

Daily Test

Review Test

빈칸에 적당한 단어를 보기에서 고르시오.

보기

dent	lines	tremendous	hideous	intake	sad
corrupt	make	cross	shot	ventilate	shame

1 두 회사가 부정 행위로 조사를 받고 있다.
Both companies are under investigation for __________ practices.

2 의사는 알코올 섭취량을 줄이도록 제안하였다.
The physician suggested reducing levels of alcohol __________.

3 네가 이기지는 못할거야, 하지만 최선을 다해봐.
I know you won't win, but just give it your best __________.

4 지난 몇 년간 온라인 투자의 거대한 성장이 궁극적으로는 새로운 주식 중개인 계층을 만들어내고 있다.
The __________ growth in online investing in the past few years will ultimately create a new class of stockbroker.

5 정말 너무나 친절하시군요 – 언젠가 반드시 갚도록 하겠습니다.
You've been so kind – I'll __________ it all up to you one day.

6 행간을 읽어보면, 이 편지는 돈을 요청하는 것이다.
If you read between the __________, this letter is really a request for money.

7 모든 사람은 살면서 짊어져야 할 십자가가 있다.
Everyone has a __________ to bear in life.

8 네가 파티에 올 수 없다니 정말 유감이야.
What a __________ that you couldn't come to party.

Answers

1. corrupt 2. intake 3. shot 4. tremendous 5. make 6. lines 7. cross 8. shame

Build-up Test

다음 기사를 읽고 잘못된 곳을 모두 찾아서 바르게 고치시오.

Bushmen in Kalahari in South Africa have been given pen-operated computers so that they can enter details of animal tracks in a project which could revolution wildlife management and cut down on poaching. The new micro computers enable skill trackers to tick computer icons in order to enter details of animal movements. The positions of the animals are accurate pinpointed by links to GPS (Global Positioning System) satellites.

Answers

revolution ⇨ revolutionize, skill ⇨ skilled, accurate ⇨ accurately

|해석| 남아프리카의 칼라하리 사막에 사는 부시맨들에게 펜으로 작동하는 컴퓨터가 주어졌는데, 이는 야생동물 관리에 대변혁을 일으키고 밀렵을 줄일 수 있는 하나의 방책으로서 동물들이 지나간 자취를 추적해 기록할 수 있는 장치이다. 이 신형 마이크로 컴퓨터는 숙련된 추적자들이 동물의 이동을 자세하게 기록할 수 있도록 컴퓨터 아이콘을 찍을 수 있게 해 준다. 동물들의 위치는 위치 추적 시스템(GPS) 위성과 연결되어 정확히 체크된다.

|어휘| revolutionize 근본적으로 변혁하다 poach 밀렵하다 skilled 숙련된, 기술이 좋은
pinpoint 정확히 위치를 지적하다

DAY 12

V · O · C · A · B · U · L · A · R · Y

44 **scheme** [ski:m] n. 계획, 개요, 도표

Details of the discount scheme will be announced in due course.
할인율에 대한 자세한 사항은 머지않아 공지될 것입니다.

syn plan, procedure, strategy, chart, diagram, layout, outline

113 **settle** [sétl] v. 정하다, 해결하다, 안정시키다

Good, that's all settled. You send out the invitations for the party, and I'll organize the food.
좋아요, 모두 결정됐습니다. 당신이 초대장을 보내고, 내가 음식을 만들죠.

I'd like to get this matter settled once and for all.
이 문제를 완전히 매듭지었으면 좋겠어.

syn conclude, decide, determine, reconcile, rectify, resolve

2 **supine** [su:páin] a. 반듯이 드러누운

If he is lying supine, place his forearm across his chest and his palm down.
그가 반듯이 누우면, 팔을 가슴에서 교차시키고 손바닥은 아래를 향하게 하라.

syn flat, horizontal, prone, reclining

17 **casualty** [kǽʒuəlti] n. 사상자, 희생자

It is believed that in the future, technology will mean a reduced number of war casualties.
미래에는 과학기술이 전쟁으로 인한 사상자 수를 감소시킬 것이라고 생각된다.

tense [tens] a. 긴장한, 부자연스러운 v. 긴장시키다, 긴장하다

35

Interviews can be tense situations.
인터뷰는 긴장되는 상황일 수도 있다.

Stress means things that happen in your life which make you feel tense or angry.
스트레스는 일상 생활 속에서 긴장이나 화를 느끼게 만드는 일들을 의미한다.

syn anxious, edgy, high-strung, nervous, uptight

beseech [bisí:tʃ] v. 간청하다, 탄원하다, 청하다

15

Mr. President beseeched congressional leaders to put aside their grievances and work towards reconciliation.
대통령은 의회 지도자들에게 불만은 접어놓고 화합하자고 간청했다.

syn plead, ask, petition, request, solicit

breakthrough [bréikθrù:] n. 약진, 돌파구, 타개책, 큰 발전

24

The discovery was a major breakthrough for cancer research.
그 발견은 암 연구에서 중요한 발전이었다.

The invention was a breakthrough for the people of that time.
그 발명은 당시 사람들에게 큰 발전이었다.

syn innovation, invention, findings

enclose [enklóuz] v. 동봉하다, 넣다, 에워싸다

54

Our illustrated catalogue, enclosed, shows various types of bathroom fittings and the sizes.
동봉된 일러스트 카탈로그는 다양한 욕실 비품과 크기를 보여줍니다.

cf. enclosure : 동봉(한 것), 동봉물, 둘러쌈

syn contain, envelop, surround, include, insert

exactly [igzǽktli] ad. 정확하게

122

The insurance company said it needed a complete report on exactly how the accident happened.

보험회사 측은 정확한 사고 경위에 관해 완벽한 보고서가 필요하다고 밝혔다.

syn correctly, precisely, specifically, entirely, strictly, definitely, indeed

exploitation [èksplɔitéiʃən] n. 착취, 개발

11

Although the Japanese occupation era may have brought some modern developments, the exploitation of Korea was unforgivable.

비록 일본 식민지 시대가 얼마간 근대적인 발전을 가져왔다지만 한국에 대한 착취는 용서할 수 없는 일이다.

impair [impɛ́ə*r*] v. 손상시키다, 해치다

13

Drinking will also impair your ability to drive a car or operate machinery.

음주는 또한 운전 능력이나 기계 작동 능력을 감퇴시킵니다.

syn damage, destroy, handicap, hurt, injure, mar

indicative [indíkətiv] a. 표시하는, 지시하는, 암시하는

19

His depressed expression is indicative of her refusal to marry him.

그의 의기소침한 표정은 그녀가 그의 청혼을 거절한 것을 나타내고 있다.

syn denotative, expressive, representative, suggestive symptomatic

balloon [bəlúːn] v. 급상승하다, 기구를 타고 올라가다

9

Ballooning oil price became a serious problem.

유가의 상승은 심각한 문제가 되었다.

board [bɔːrd] v. 탑승하다

148

Since I had eaten before I boarded the plane, I was not hungry when the flight attendant brought dinner.

나는 비행기를 타기 전에 먹었기 때문에, 승무원이 저녁 식사를 가져왔을 때 배가 고프지 않았다.

syn embark, go aboard

considerably [kənsídərəbli] ad. 상당히, 꽤

30

The design of the building changed considerably after it was examined by the board of directors.

이사회에서 검토한 후에 건물의 디자인은 상당히 바뀌었다.

Recently, the number of new computer viruses has increased considerably.

최근에 신종 컴퓨터 바이러스의 수가 많이 증가하였다.

syn quite, remarkably, significantly, substantially

activate [ǽktəvèit] v. 활동[작동]시키다

25

A : Hello. I'm calling to activate my credit card.

B : Sure. May I have your account number, please?

A : 여보세요. 신용 카드를 사용하려고 하는데요.

B : 좋습니다. 계좌 번호 좀 알려주시겠어요?

syn mobilize, trigger, arouse, stimulate

aficionado [əfìʃiənάːdou] n. 열렬한 애호가

3

The striking red color of the hourglass actually looks attractive, some spider aficionados might say.

몇몇 거미 애호가들은 이 모래시계(거미의 몸통)의 강렬한 빨간 색이 실제로 아주 매력적이라고 말할 지도 모른다.

스페인어의 열렬한 투우 팬에서 유래한 단어

antique [æntíːk] a. 골동품의, 구식의

26

That antique box used to belong to my great grandfather.
저 골동품 상자는 우리 증조 할아버지 것이었다.

syn archaic, dated, old-fashioned

ant modern

around [əràund] a. 살아 있는, 주위에, 주변에, 근처에

662

If he's still around, I'd like to thank him.
아직도 살아 계신다면, 감사를 드리고 싶군요.

regimen [rédʒəmən] n. (식사, 운동 등에 의한) 섭생, 양생법

5

By following a strict regimen of regular exercise and eating habits, one can have a new body in a matter of weeks.
규칙적인 운동과 식습관을 엄격하게 따름으로써, 몇 주안에 새로운 몸매를 만들 수 있다.

replacement [ripléismənt] n. 교체자, 교환, 교체

34

I wanted to let you know as soon as possible so you won't have any problem finding a replacement.
후임자를 찾는 데 문제가 생기지 않도록 가능한 한 빨리 알려 드리고 싶었습니다.

Repairs and replacement of components will be made considering both safety and the originally planned design.
부품의 수리와 교환은 안전과 본래 계획된 디자인을 고려하면서 이루어질 것입니다.

roundabout [ráundəbàut] a. 우회적인, 간접의

32

He asked me, in a roundabout way, if he could have a salary increase.
그는 월급을 올려줄 수 있는지 간접적인 방법으로 나에게 물었다.

syn circuitous, indirect, twisting, winding

212 **second** [sékənd] v. 재청하다, 찬성하다, 지지하다

I intend to move that our committee appoint Alex as director, and I hope that you will second my motion.
난 우리 위원회가 알렉스를 이사로 임명하는 것을 동의할 작정이고 당신이 내 동의에 재청해줄 것을 바란다.

syn accept, approve, confirm, ratify, support, uphold

ant reject, veto, deny

11 **stunning** [stʌ́niŋ] a. 훌륭한, 멋진, 매력적인, 절세 미인인, 기절시키는, 아연하게 하는

In the movie industry, recent innovations in computer graphics have enabled film animators to put together stunning special effects.
영화 산업에서, 컴퓨터 그래픽의 신기술은 영화 제작자가 놀라운 특수효과를 편집할 수 있게 했다.

She was stunning. She knocked me completely off my feet.
그녀는 매력적이었다. 그녀는 내 넋을 빼놓았다.

cf. knock one off one's feet : ~의 넋을 빼다

syn beautiful, gorgeous, remarkable, striking, amazing, shocking, staggering, startling

35 **suspicious** [səspíʃəs] a. 미심쩍은, 의심이 가는

Police said that there were no suspicious circumstances surrounding her death.
경찰은 그 여자의 죽음을 둘러싼 의심스러운 상황은 전혀 없었다고 말했다.

There's a suspicious-looking van parked at the end of the road.
저기 도로 끝에 미심쩍어 보이는 밴이 주차해 있다.

syn distrustful, doubtful, skeptical, wary, dubious, questionable, suspecting,

9 **volatile** [vɑ́lətil] a. 변동이 심한, 변하기 쉬운, 휘발성의

The capital was Philadelphia, but legislators considered the city politically too volatile to sustain the federal government.
수도는 필라델피아였지만, 입법 의원들은 그 도시가 연방 정부를 유지하기에는 너무 정치적으로 변동이 심하다고 여겼다.

syn eruptive, explosive, inflammatory, changeable, unstable, variable, erratic

wire [waiər] v. 전선을 끌다, 배선하다

26

Electric toys that are improperly constructed or wired can shock children.

조립이나 배선이 잘못된 전기 장난감들은 아이들에게 충격을 줄 수도 있다.

syn cable, circuit, line

knot [nɑt] n. 난국, 난제, 무리, 집단, 매듭

27

Have you ever experienced the feeling of both knots and butterflies in your stomach at the same time?

당신은 곤란과 초조감을 동시에 느껴본 적이 있는가?

cf. butterflies in one's stomach : 불안한 마음, 초조감

syn enigma, mystery, puzzle, problem, perplexity

baffle [bǽfəl] v. 당황하게 하다, 좌절시키다, 방해하다

8

A : What's wrong? You look baffled.

B : There are so many sale items left.

A : 무슨 일이니? 당황한 것 같은데.

B : 팔리지 않고 남은 게 너무 많아.

syn perplex, puzzle, obscure

anesthetic [æ̀nəsθétik] n. 마취제

11

This doctor was accused of operating on patients without using an anesthetic.

이 의사는 마취제를 사용하지 않고 환자를 수술해서 고소를 당했다.

act out 표시하다, 이야기하다

25

All his life he tried to act out his beliefs.

그는 온 일생을 자신의 신념을 표시하려고 노력했다.

Children's negative feelings often get acted out in bad behavior.

어린아이들의 부정적인 감정은 종종 나쁜 행동으로 드러난다.

1 2 3 4 5 6 7 8 9 10 11 12 13 14 15

add up 이치에 맞다, 조리에 맞다, 계산이 맞다

143

The facts just don't add up.
그 사실들은 조리에 맞지 않아.

I'm not good at adding up!
난 숫자 계산을 잘 못해!

aside from ~이외에(besides), ~을 제외하고(except for)

29

Aside from these risk factors, Superior Lake is a paradise in all seasons except winter.
이런 위험 요소만 피하면 Superior Lake는 겨울을 제외한 모든 계절이 천국이다.

at stake ~이 걸린, 위태로운, 문제가 되는

27

I have everything at stake on this wager.
이번 내기에 모든 것을 걸었다.

Thousands of lives will be at stake if emergency aid does not arrive in the city soon.
긴급 구조대가 도시에 빨리 도착하지 않으면 수천 명의 목숨이 위태롭게 될 것이다.

syn at risk

depend on ~에 달려 있다, 의존하다, 의지하다

87

The result of the competition will depend entirely on the opinion of the judges.
경기의 결과는 전적으로 심판의 의견에 달려 있다.

Children depend on their parents.
아이들은 부모를 의지한다.

make waves 풍파를 일으키다, 일을 크게 만들다

5

Joe is the wrong man for the job; he is always trying to make waves.
조는 그 직책에 어울리지 않아; 언제나 일을 크게 만들려고 해.

dig up
우연히 찾아내다, 조사해 내다, 밝히다

15

I've been doing some research on our family history and I've dug up some interesting information.
난 우리 가족사에 대한 연구를 해 왔는데 몇 가지 흥미로운 사실을 우연히 찾아내게 되었다.

Her political opponents dug up a scandal from her past.
그녀의 정치적 맞수는 그녀의 과거로부터 스캔들을 찾아냈다.

syn find, unearth

knock down
(집 등을) 헐어 넘어뜨리다, 해체하다, 때려눕히다, 값을 깎다

9

We're moving out soon because our house is going to be knocked down when the new highway is built.
새 고속도로가 지어지면 우리 집은 철거될 것이기 때문에 우리는 곧 이사를 갈 것이다.

He drives so quickly that I am afraid that one day he will knock down someone crossing the street.
그는 차를 너무 빨리 몰기 때문에 언젠가는 길 건너는 사람을 치지나 않을까 걱정이다.

let off
가벼운 벌만으로 용서해 주다, 가벼운 형을 선고하다, 석방하다

21

Instead of a prison sentence they were let off with a fine.
실형을 받는 대신 그들은 벌금을 내고 풀려났다.

If you promise not to do it again, I'll let you off.
다시는 하지 않겠다고 약속하면, 그냥 가게 해 주겠어.

live up to
(기대, 명성에) 부응하다, 합당한 생활을 하다

16

The concert was brilliant – it lived up to all our expectations.
멋진 연주회였어 – 우리의 기대에 부응했어.

Did the film live up to your expectations?
그 영화가 기대한 만큼 좋았니?

136 **look out** 주의하다, 경계하다, 바깥을 내다보다

The police have warned tourist to look out for pickpockets in the subways late at night.
경찰은 여행객들에게 늦은 밤에는 지하철에서 소매치기를 조심하라고 경고했다.

11 **make no mistake about sth** 틀림없이, 확실히

Make no mistake about it, this decision is going to cause a lot of problems for you.
틀림없이 이 결정은 너한테 많은 문제를 일으킬 거야.

If we don't finish the job today they won't pay us; make no mistake about it.
만일 우리가 이 일을 오는 끝내지 못하면 그들은 임금을 지불하지 않을 거야. 틀림없어.

syn without a doubt, certainly

7 **mark my words** 내 말 잘 들어

Mark my words, he'll be back – he never stays away for long!
내 말 잘 들어, 그는 돌아올 거야 – 그렇게 오랫동안 나갔던 적이 없었잖아!

He'll cause trouble – mark my words!
그는 문제를 일으킬 거야 – 내 말이 맞았는지 곧 알게 될 거야!

3 **music to one's ears** 반가운 소리

How I hated biology! Hearing the bell ring at the end of the lesson was music to my ears!
난 생물학이 싫어! 수업 끝나는 벨소리가 반갑게 들리는군!

The rattle of the mailbox was music to my ears – the letter had arrived at last.
우체통이 덜컥거리는 소리는 반가운 소린데 – 드디어 편지가 도착했어.

5

poke one's nose in/into 참견하다, 간섭하다

I wish he'd stop poking his nose into my personal life!
그 사람이 제발 내 사생활에 간섭하지 않았으면 좋겠어!

5

practical joke (말뿐이 아닌, 실제적인) 짓궂은 장난

A : Who put you up to this practical joke?
B : Your parents and friends were the ones who suggested it.
A : 누가 너한테 이런 짓궂은 장난을 가르쳐 줬니?
B : 그것을 알려준 사람들 가운데 너희 부모님과 친구들도 속해 있어.

3

press/push one's luck 무리한 모험을 하다, 위험을 무릅쓰다

You're okay for now, but don't press your luck.
지금까지는 좋았지만 운을 너무 믿지마.

Mike pressed his luck once too often when he tried to flirt with the new receptionist. She slapped him.
마이크는 새로 온 접수계원에게 추근댈 때 무리한 모험을 했어. 결국 뺨을 맞았지.

2

promise the moon 남에게 불가능한 약속을 하다

Like most governments in their first term of office they promised the moon.
처음 임기에 대부분의 정부가 그러하듯이 그들도 실행 불가능한 약속을 했다.

11

the pot calls the kettle black 똥 묻은 개가 겨 묻은 개 나무라다

You're calling me thoughtless? That's really a case of the pot calling the kettle black.
내가 분별없다고 했니? 똥 묻은 개가 겨 묻은 개 나무란다더니.

A : You haven't done any work all morning!
B : Neither have you – talk about the pot calling the kettle black!
A : 아침 내내 한 일이 없단 말야?
B : 너는 어떻고? 똥 묻은 개가 겨 묻은 개 나무라는구나!

5 **the works** 모든 것

And let me have two large pizzas with the works.
그리고 갖은 토핑을 모두 얹은 라지 피자 두 개를 주세요.

The whole works – rod, line, basket, everything fell into the water.
모든 것들 – 낚싯대, 줄, 바구니 등 모든 것이 물에 빠져 버렸다.

syn everything

Daily Test

Review Test

빈칸에 적당한 단어를 보기에서 고르시오.

보기

stake	impair	suspicious	heaven	add	roundabout
baffles	moon	around	beseech	nose	on

1 의사는 뭔가 미심쩍은 것을 보고 몇 가지 추가 검사를 받도록 지시했다.
The doctor saw something _________ and ordered a number of additional tests.

2 회사가 파산할 지경에 처해서 수백 명의 일자리가 위태롭게 되었다.
The company is on the verge of bankruptcy, and hundreds of jobs are at _________.

3 이번 시즌에 축구팀에 일어난 일은 나를 아주 당황스럽게 만든다.
What has happened at Football Club this season _________ me completely.

4 마크는 그럴싸한 약속을 하겠지만, 자기의 약속을 지키지 않을 것이다.
Mark will promise you the _________, but he won't live up to his promises.

5 우리는 사고를 피하기 위해 우회 도로를 택했다.
We took a _________ route to avoid the accident.

6 그 사람 얘기는 이치가 맞지 않아.
His story didn't _________ up.

7 제발 내 일에 참견하지 않았으면 좋겠어.
I wish you'd stop poking your _________ into my business.

8 이 나라는 관광 무역에 주로 의존하고 있다.
The country depends heavily _________ its tourist trade.

Answers

1. suspicious 2. stake 3. baffles 4. moon 5. roundabout 6. add 7. nose 8. on

Build-up Test

다음 지문을 읽고 잘못 타이프된 곳을 모두 찾아서 바르게 고치시오.

In the 16th century, men in the Philippines would use a hunting tool similar to a yo-yo. The men would limb to the top of a tree, and drop a rock on passing animals. The rock was tied to a peace of rope, so if they missed, they were able to pull the rock up and try again. Later on, children in the Philippines would play with versions of the hurting pool, thus making it a true toy yo-yo. The term "yo-yo" in the Philippines means to "come back."

Answers

limb ⇨ climb, peace ⇨ piece, hurting pool ⇨ hunting tool

|해석| 16세기, 필리핀 남자들은 요요와 유사한 사냥도구를 사용했다. 사람들은 나무 위에 올라가 있다가 지나가는 동물들에게 돌을 떨어뜨렸다. 바위는 밧줄로 묶여 있어서, 만약 빗맞히더라도 돌을 다시 끌어올려 다시 시도할 수 있었다. 그 이후로 필리핀 어린이들은 사냥도구를 변형시킨 장난감을 가지고 놀았는데, 이로써 진짜 장난감 요요가 만들어졌다. 필리핀 말로 요요란 단어는 '돌아온다'는 뜻이다.

|어휘| pull up 끌어올리다

DAY 13

V · O · C · A · B · U · L · A · R · Y

48 **mess** [mes] — n. 엉망

The laws regarding adoption are a mess, and I am.

입양에 관한 법은 엉망진창이고, 제 기분 역시 마찬가지입니다.

syn chaos, disorder, muddle, plight, predicament

21 **negotiate** [nigóuʃièit] — v. 협상하다, 교섭하다

Because of the continuing fall in prices, small businesses are starting to consider renegotiating their supply contracts.

계속되는 가격 하락 때문에, 소규모 기업들은 그들의 공급계약을 재협상하는 것을 고려하기 시작하고 있다.

syn bargain, dicker, haggle, arbitrate, intercede, mediate

52 **odd** [ɑd] — a. 이상한

M : Jane, what do you think of Allan?

W : He's kind of an odd one.

M : 제인, 앨런을 어떻게 생각해요?

W : 좀 이상한 사람이에요.

syn eccentric, idiosyncratic, peculiar, strange, unusual

21 **sibling** [síbliŋ] — n. 형제 자매

Telephone connections between parents and children, between siblings and grandparents seem to be replaced by email communication.

부모와 자식간, 형제 자매들과 조부모간의 전화 연락은 전자 우편으로 대체되는 듯하다.

spacious [spéiʃəs] a. 넓은, 훤히 트인, 포괄적인

28

The room was far more spacious and clean than it looked in the picture.

그 방은 사진으로 본 것보다 훨씬 더 넓고 깨끗했다.

syn big, capacious, commodious, expansive, vast

strap [stræp] v. 끈으로 매다

21

When young children ride in cars, they should always be in the back seat and strapped securely into a car seat.

어린아이가 차를 탈 때에는 항상 뒷좌석에 앉혀야 하며 안전벨트를 단단하게 매 줘야 한다.

syn fasten, secure, tie, bind, lash

crash [kræʃ] n. (차의) 충돌

90

There was a car crash at this place last night. All the people in the car were injured in the accident.

지난밤에 이곳에서 자동차 사고가 있었다. 차안에 있던 사람들은 모두 사고로 다쳤다.

syn bang, accident, collision, wreck

deafening [défəniŋ] a. 귀청이 터질 것 같은, 방음의

4

The quietness seemed almost deafening – I heard utterly nothing.

정적감은 마치 귀청이 터진 것 같았다. 난 어떤 소리도 듣지 못했다.

syn loud, ear-splitting, head-splitting

dense [dens] a. 밀집한, 빽빽한

36

The hot dense gas at the core of the cloud became the sun, while the cooler less dense outer portion of the cloud gave birth to the planets.

구름 중심부에 빽빽이 찬 뜨거운 가스는 태양이 됐고, 반면 구름 외부에 듬성듬성하고 차가운 부분은 다른 행성을 탄생시켰다.

syn compact, impenetrable, solid, thick

25 **hostage** [hástidʒ] n. 볼모, 인질

Negotiations between the two countries for the release of hostages broke off when both sides could not agree on the terms of release.
석방 조건에 합의를 보지 못해 인질 석방에 대한 양국간의 협상이 와해됐다.

The parents had to fork over one million dollars to the kidnappers who took their children hostage.
부모는 그들의 아이를 인질로 잡고 있는 유괴범들에게 마지못해 100만 달러를 내어줬다.

36 **improper** [imprápər] a. 부적당한, 타당하지 않은

We considered it improper to dismiss him for such a little mistake.
우리는 그를 그런 약간의 실수로 해고하는 것이 부당하다고 생각했다.
syn inappropriate, unsuitable, indecent, unbefitting

7 **inmate** [ínmèit] n. 수감자, 거주자

We try to provide a safe and humane environment for all inmates and offer them opportunities for education.
우리는 안전하고 인간적인 환경을 모든 수감자에게 제공하려고 노력하고 교육의 기회를 제공한다.

11 **interrogate** [intérəgèit] v. 심문하다, 질문하다

Thousands of dissidents have been interrogated or incarcerated in recent weeks.
수천 명의 반체제 인사들이 최근 몇 주 동안에 심문 당하거나 감금되었다.
syn examine, inquire, query, question, cross examine

36 **jail** [dʒeil] n. 감옥, 교도소 v. 투옥하다

Alcatraz, in which hundreds of criminals were jailed, is now a tourist attraction.
수많은 범죄자가 투옥되었던 알카트래즈 감옥은 이제는 관광명소이다.
syn confine, imprison, incarcerate, lock up

2 **life-saver** [láifsèivər] n. 구세주, 생명의 은인

A cup of strong black coffee can be a real life-saver at times.
진한 블랙커피 한잔도 때로는 큰 도움이 될 수 있다.

A glass of whisky would be a life-saver.
위스키 한잔이면 딱 좋겠습니다.

syn Jehovah, messiah, protector, redeemer, savior

29 **portray** [pɔːrtréi] v. 그리다

Prison is portrayed as a dangerous, dirty, poorly managed place with guards who are uneducated, brutal and corrupt.
감옥은 위험하고 더럽고 부족한 예산으로 꾸려가는 곳으로 간수들은 무식하고, 잔인하고 부패한 것으로 그려집니다.

syn depict, describe, draw, illustrate, interpret, mimic, represent

58 **pursue** [pərsúː] v. 추구하다

Individuals have the right to pursue their own happiness.
누구나 자신만의 행복을 추구할 권리가 있다.

syn chase, follow, hunt, seek

211 **reduce** [ridjúːs] v. 삭감하다

He thinks the political party hasn't been serious enough about reducing the budget deficit.
그는 정당이 예산 적자를 줄이는 데 충분히 진지하지 못했다고 생각한다.
cf. budget deficit : 예산 적자

syn decrease, deduct, diminish, discount, lessen

50 **remark** [rimáːrk] n. 의견, 말, 비평

The Junior Minister's remarks on television about the strike displeased the President so much that he was fired.
차관이 TV에서 한 파업에 관한 발언은 대통령을 매우 불쾌하게 해서 그는 파면되었다.

syn comment, commentary, notice

29 **steadily** [stédili] ad. 지속적으로, 꾸준히

In the last four months, sales of products related to health were rising steadily.

지난 4개월 동안 건강 제품의 판매가 지속적으로 증가했다.

syn ceaselessly, continuously, incessantly, persistently

23 **substitute** [sʌ́bstitjùːt] n. 대용(식)품, 대리인, 대역

Even a buyer who prefers a specific brand will readily choose a substitute if the preferred brand is not conveniently available.

특정 브랜드를 선호하는 소비자들조차도 선호하는 브랜드의 제품을 간편하게 구입할 수 없다면, 서슴없이 대체품을 고른다.

Sometimes teachers consider themselves a better provider or "substitute" for the parent.

교사들은 종종 자기 자신을 부모보다 더 나은 사람이나 부모의 대역으로 간주하기도 한다.

syn proxy, replacement, representative, surrogate

39 **swing** [swiŋ] v. 흔들리다, 잘 처리하다, 제대로 움직이다

Even though his brother was coming to town, he couldn't swing tickets for the NBA.

비록 그의 동생이 도시에 왔지만, 그는 NBA 티켓을 구할 수 없었다.

He walked briskly along the path swinging his umbrella.

그는 길을 따라 우산을 돌리며 기운차게 걸어갔다.

syn oscillate, rock, sway, undulate, wave, wield

5 **torrential** [tɔːrénʃəl] a. 급류의, 억수의

Had a torrential rain dropped onto an unprepared California, the results would have been disastrous.

폭우에 대한 대비가 없는 캘리포니아에 폭우가 쏟아졌더라면 그 결과는 끔찍했을 것이다.

syn pouring, streaming, showery

1 2 3 4 5 6 7 8 9 10 11 12 13 14 15

2 **vim** [vim] **n. 활기, 정력, 기력**

How young and full of vim and vigor we all were. We were going to conquer the world.

그 때 우리들은 얼마나 젊고 활기에 넘쳤던가. 우리는 세계를 정복할 것만 같았다.

syn power, stamina, strength, energy, vitality, ardor, fervor, zest

37 **wreck** [rek] **n. 파멸, 파괴, 쇠약한 사람**

He's been a complete wreck since his illness.

그는 병에 걸린 후부터 완전히 폐인이 되었다.

The stress she had been under at work reduced her to a nervous wreck.

직장에서 받는 스트레스로 그녀는 완전히 녹초가 되었다.

syn collision, crash, remains, rubble, ruin, destruction, end

12 **abundance** [əbʌ́ndəns] **n. 풍부, 다수, 다량**

Children in the school district have complained about the over abundance of homework they are being assigned.

그 학군에 살고 있는 학생들은 과다한 양의 과제물을 배당받는 데 불평했다.

syn plenty, profusion, affluence

36 **addiction** [ədíkʃən] **n. 중독, 탐닉, 열중, 몰두**

Addiction is a disease, which can only be treated by experts.

중독은 병이며, 그것은 전문가들에 의해서만 치료될 수 있다.

I'm not sure when the addiction occurred, but I am certain that I will do everything in my power not to let alcohol rule my life again.

알코올 중독이 언제 일어났는지 확실하지는 않지만, 힘이 닿는 한 술이 다시 내 인생을 지배하지 않도록 최선을 다할 것은 분명하다.

72 **alternative** [ɔːltə́ːrnətiv] a. 하나를 택해야 할, 대신의 n. 둘 중에서의 선택, 대안

For drivers who are heading south, it is advisable to take an alternative road.
남쪽으로 향하는 도로를 이용하는 운전자들은 다른 길을 택하는 것이 바람직하다.

The employees tried to think of an alternative way to encourage sales among teenagers.
직원들은 십대들 사이에서 판매를 촉진시킬 대안을 생각하려고 노력했다.

syn choice

13 **dread** [dred] v. 두려워하다, 걱정하다

The day basketball fans have dreaded has finally arrived. Michael Jordan announced his second and final retirement.
마침내 농구 팬들이 두려워하던 날이 왔다. 마이클 조던이 두 번째이자 마지막으로 은퇴를 발표했다.

syn distrust, fear, suspect

27 **crack** [kræk] n. 시도, 갈라진 금, 틈, 마약 v. 금가게 하다, 부수다, (암호를) 풀다, 해결하다, (술을) 따서 마시다

It's not something I've done before, but I'll have a crack at it.
전에 해 본 일은 아니지만, 한번 시도해 보겠습니다.

Cracks had appeared in the dry ground.
갈라진 틈이 메마른 땅에 나타났다.

It's a rundown area where a lot of crack addicts hang out.
이곳은 많은 마약 중독자가 사는 낙후된 지역이다.

The stone hit the window and cracked the glass.
돌이 창문을 쳐서 유리를 깨뜨렸다.

Dad cracked open the nuts and we ate them.
아빠가 호두 껍질을 깨면 우린 그걸 먹었다.

We soon cracked the code and read the secret message.
우린 곧 암호를 풀고 비밀 메시지를 읽었다.

I've been trying to solve the problem all week but I still haven't cracked it.
한 주 내내 이 문제를 푸느라 노력했지만 아직도 해결하지 못하고 있다.

1 2 3 4 5 6 7 8 9 10 11 12 13 14 15

throw away
버리다, 낭비하다

66

Oops, I'm sorry. If I had known it was your homework, I would not throw it away.
아차, 미안해. 그게 네 과제물인줄 알았다면 그걸 버리진 않았을 거야.

The best before dates having expired, we had to throw away most of the food in the refrigerator.
유효기간이 지났기 때문에 냉장고 안의 대부분의 음식을 버려야 했다.

throw in
(말, 의견 등을) 끼워 넣다, 물건 살 때 공짜로 끼워 주다

31

He said nothing more, except to throw in a warning about the possible consequences of their decision.
그들의 결정으로 인한 있을 법한 결과에 대한 경고를 하려고 끼어든 걸 제외하고, 그는 더 이상 말을 하지 않았다.

When I bought this car the stereo was thrown in.
내가 이 차를 샀을 때 스테레오는 공짜로 끼워 주었다.

throw out
내놓다, 말하다, 버리다, 없애다, 퇴짜놓다, 거부하다, 부결하다

20

The teacher threw out a few ideas and asked the students to write an essay.
선생님은 몇 가지 생각을 제시하고 학생들에게 수필을 쓰라고 했다.

You really should throw out that filthy old sofa and get a new one.
저 지저분한 낡은 소파는 내다 버리고 새것을 사도록 해.

The committee threw out my suggestions.
위원회는 내 제안을 거절했다.

cheer up
기운을 북돋우다, 격려하다

35

Try to cheer Jane up. She's down in the dumps for some reason.
제인을 격려해 줘. 무슨 이유 때문인지 풀이 죽어 있거든.

chew over
심사숙고하다, 생각해 보다

15

I've been chewing the problem over since last week.
난 지난주부터 그 문제를 계속 생각해 왔어.

I'll chew it over for a few days and then let you have my answer.
며칠 생각해 보고 나서 대답을 알려줄게.

come up
(기회, 결원, 일 등이) 생기다, (해가) 뜨다, 모습을 나타나다

105

I've got to go – something has just come up at home and I'm needed there.
가야겠어 – 집에 방금 무슨 일이 생겨서 가야만 해.

A : I'll see you at noon tomorrow.
B : Okay, but in case anything comes up, just give me a call.
A : 내일 정오에 만나자.
B : 알았어, 무슨 일 생기면 전화해 줘.

When the dawn comes up, it begins to grow light.
새벽이 오면, 밝아지기 시작한다.

come up against
(곤란 · 반대에) 부딪치다, 직면하다

15

A : What kind of competition do I have for this singing contest?
B : I would say that you are coming up against some very talented people.
A : 이번 노래 경연 대회에서 내가 어떤 종류의 경쟁을 해야 하니?
B : 아주 재능이 뛰어난 몇 명과 경쟁을 해야 된다는 것만 말해 줄 수 있겠다.

come upon
~을 발견하다, ~을 우연히 만나다

110

A : Where did you come upon my purse?
B : You silly, you left it at my house last week.
A : 내 지갑 어디서 찾았니?
B : 이 바보야, 지난주에 우리 집에 놓고 갔잖아.

98 **come up with** ~을 제안하다, 생각해내다, 찾아내다, ~을 따라 잡다

I wonder who first came up with the idea of wearing seatbelts in cars?
누가 맨 처음 자동차 안전벨트 착용을 생각해 냈을까?

A : I have to somehow come up with 300 dollars for rent by tomorrow.
B : Do you want me to lend you some money?
A : 난 집세를 내려면 어떻게 해서든지 내일까지 300달러를 빌려야 해.
B : 내가 돈 좀 빌려줬으면 하는 거야?

143 **come over** 잠깐 들르다, 멀리 갔다가 돌아오다, (감정, 구역질 등이) 엄습하다

Are you coming over tonight?
오늘밤에 우리 집에 잠깐 들릴 수 있겠니?

Her son is coming over from America this summer.
그녀의 아들은 이번 여름에 미국에서 돌아온다.

A feeling of faintness came over me, so I had to lie down.
쓰러질 것 같은 느낌이 날 엄습해서, 누워야만 했다.

23 **be all ears** 열심히 귀를 기울이다

Whenever the ruling party leader speaks, the newspapers are all ears.
여당 총재가 발언을 할 때마다 신문들은 열심히 귀를 기울인다.

9 **bear the brunt of** ~의 정면에 맞서다, 감당해내다

The people of this area have borne the brunt of the missile attacks.
이 지역의 사람은 미사일 공격의 정면에 맞서 있다.

I had to bear the brunt of his anger.
난 그의 노여움에 정면으로 맞서야 했다.

11 beat around the bush — 요점/핵심을 말하지 않다, 둘러대다

I wish you'd stop beating around the bush and tell me what you really want.

난 자네가 핵심을 요리조리 피하지 말고 원하는 게 무엇인지 말하기를 바라네.

원래는 사냥감을 잡기 위해서 덤불 주위를 두드리는 것을 말하는데, 요점을 말하지 않고 둘러대는 것을 의미한다.

3 beat sb to the punch — 선수치다

John was going to apply for the job, but Ted beat him to the punch.

존이 그 직책에 지원하려고 했는데 Ted가 선수쳤다.

Loise bought the dress before Mary could beat her to the punch.

로이스는 메리가 선수치기 전에 그 드레스를 샀다.

2 hard habit to kick — 버리지 못하는 습관

A : Do you still smoke after all the warnings?

B : It is such a hard habit to kick.

A : 경고를 받고도 아직도 담배를 피우십니까?

B : 버리기 어려운 습관입니다.

5 hard nut to crack — 다루기 힘든

Tom sure is a hard nut to crack. I can't make him out.

탐은 분명히 다루기 힘들어. 이해할 수가 없어.

3 hate one's guts — 꼴도 보기 싫어하다

I wish she'd die tomorrow. I hate her guts.

그녀는 내일 죽었으면 좋겠어. 꼴도 보기 싫어.

You may hate my guts for saying so, but I think you're getting gray hairs.

이렇게 말하는 내가 꼴도 보기 싫겠지만, 당신은 늙고 있어요.

3 **haul over the coals** 나무라다, 몹시 꾸짖다

I think we'll be hauled over the coals yet again by the boss for something that isn't our fault at all.
우리의 잘못도 아닌 것으로 사장님한테 또 다시 혼날 것 같아.

2 **have a one-track mind** 한가지만 생각하는, 편협한 마음을 가진

People say I've got a one-track mind, but I am interested in things apart from sex.
사람들은 내가 한가지만 생각한다고 얘기하지만, 난 섹스 말고 다른 것에 관심이 있다고.

5 **have a personal touch** 정성이 담긴

My hotel room was totally devoid of any personal touch.
내 호텔 방은 정성이 담긴 데라곤 한 군데도 없어.

The chairman of the bank believes in the personal touch and always sends a signed letter to each customer.
은행장은 정성이 담긴 것을 믿고 있어서 항상 서명한 편지를 고객에게 보낸다.

Daily Test

Review Test

빈칸에 적당한 단어를 보기에서 고르시오.

보기

coals beat portrayed with dense steadily
sibling mind out comes over chew

1 그는 일주일에 세 번이나 지각해서 몹시 혼났다.
He was hauled over the __________ for coming in late for work three times in a week.

2 지난 5년간 회사 수익이 지속적으로 하락하고 있다.
The profit rate of the company has fallen __________ over the past five years.

3 결정을 내리기 전에 잠시 생각하는 게 어때?
Why don't you __________ it over for a while before making your decision.

4 네가 하는 말은 섹스에 관한 것뿐이야 – 넌 한 가지만 생각하는구나?
All you ever talk about is sex – you've got a one-track __________!

5 이 영화에서 아버지는 꽤 불쾌한 인물로 그려졌다.
The father in the film is __________ as a fairly unpleasant character.

6 재미있는 일이 생기면 나한테 알려줘.
Let me know if anything interesting __________ up.

7 그만 둘러대고 핵심으로 넘어가자고!
Don't __________ around the bush – get to the point!

8 확실하지는 않지만, 우리가 같이 일을 하면 뭔가 찾아낼 수 있을 거야.
I'm not sure, but if we work together we might come up __________ something.

Answers

1. coals 2. steadily 3. chew 4. mind 5. portrayed 6. comes 7. beat 8. with

Build-up Test

괄호 안에 들어갈 적절한 단어를 고르시오.

1 Those of you whose passport has expired should (inform / reform) the travel agency.

2 Diesel is invariably much more economical than its petrol (equivalent / equivocal).

3 Everyone on the board of directors agrees with the planned (merger / meager).

4 The new dress code is far more (stray / strict) than the original one.

5 The ferry service has been (suspended / suspicious) because of bad weather.

6 Another ten months is needed for the project to be (thoughtfully / thoroughly) completed.

7 Meditation and faith can strengthen you for (tough / touching) times.

8 If more than 30 couples register for the trip to Hawaii, the travel agency will (retreat / treat) them to a fine dinner.

9 The purpose of this meeting is to discuss the (upcoming / incoming) banquet.

10 Your cooperation in this matter would be greatly (appreciated / apprehended).

Answers

1. inform	여권 기간이 만료된 사람은 여행사에 알려야 한다.
2. equivalent	디젤은 같은 양의 휘발유와 비교했을 때 변함없이 훨씬 더 경제적이다.
3. merger	이사회 전원이 계획된 합병에 찬성한다.
4. strict	새 복장 규정은 기존의 규정보다 훨씬 더 엄격하다.
5. suspended	나쁜 날씨 때문에 여객선 운항이 일시 중지되었다.
6. thoroughly	그 프로젝트가 완전히 완료되기 위해서는 추가로 10개월이 더 필요하다.
7. tough	명상과 믿음은 힘든 때에 자신을 강하게 만들어 줄 것이다.
8. treat	만약 하와이 여행에 30쌍 이상이 신청을 하면 여행사에서 그들에게 맛있는 저녁을 대접할 것이다.
9. upcoming	이번 회의의 목적은 앞으로 있을 연회에 대해 논의하는 것이다.
10. appreciated	이 문제에 대해 협력해주시면 대단히 고맙겠습니다.

DAY 14

V · O · C · A · B · U · L · A · R · Y

cherish [tʃériʃ] v. 고이 간직하다

13

I cherished the moment and I wouldn't miss the opportunity to celebrate this day for anything in the world.
난 그 순간을 마음속에 고이 간직하고 있고 무슨 일이 있어도 이 날을 기념할 기회를 놓치지 않을 것이다.

cf. for anything in the world : 세상 어떤 일이 있어도, 절대로

syn treasure, adore, revere, value

crawl [krɔːl] v. 기다, 기어가다, 포복하다

15

If you are in a burning building, crawl on the floor since smoke generally rises.
만일 불타는 건물 속에 있다면, 연기는 통상 위로 올라가므로 바닥을 기어서 나오십시오.

syn creep, drag

asthma [ǽzmə] n. 천식

11

It is estimated that passive smoking contributes to the symptoms of asthma in 46,500 Australian children per year.
간접흡연이 연간 46,500명의 호주 어린이들의 천식증세를 야기하는 한 원인이 되고 있다고 추산된다.

hangover [hǽŋòuvər] n. 숙취

26

Headache, upset stomach – it sounds like you've got a hangover.
두통에 속도 쓰리고 – 아무래도 숙취인 것 같은데.

decadent [dékədənt] 퇴폐적인

9

I spent the whole summer drinking, smoking, and lying around; it must sound totally decadent.

나는 여름 내내 술 마시고, 담배 피고, 빈둥거리며 지냈다. 완전 방탕한 생활로 여겨질 것이 분명하다.

syn corrupt, debauched, degenerate, immoral, perverted

designate [dézignèit] v. 임명하다, 선정하다, 명시하다

25

Designating the right person to a position is not an easy task.

직책에 바른 사람을 임명하는 것은 쉬운 일이 아니다.

syn denote, signify, specify, appoint, choose, name, select

disgrace [disgréis] n. 수치

11

In my opinion, that Illinois Supreme Court decision was a disgrace.

제 생각에, 그 일리노이 대법원의 판결은 수치였습니다.

syn ignominy, infamy, reproach, shame, disrepute, scandal

ideal [aidíːəl] a. 이상적인

67

At one point in our marriage, I was about 30 pounds over my ideal weight.

결혼 생활을 하던 중 한때, 전 이상적인 몸무게보다 30 파운드(약 11Kg)나 더 나가게 되었습니다.

syn exemplary, fitting, model, perfect, suitable

incredibly [inkrédəbli] ad. 대단히, 매우

17

I don't understand how anyone, especially casual business acquaintances, could be so incredibly insensitive.

어떻게 그저 사업상 알고 지내는 정도의 사람들이 믿을 수 없을 정도로 그렇게 둔할 수 있을까?

syn amazingly, extraordinarily, remarkably

9 **insulting** [insʌ́ltiŋ] a. 모욕적인, 무례한

We have discussed this with other couples who have chosen to remain childless, and they have experienced the same insulting treatment.

우린 우리처럼 아이를 낳지 않기로 한 부부들과 이 문제를 이야기했는데, 그들도 똑같은 모욕적인 경험을 했다.

syn discourteous, impolite, insolent, offensive, rude, uncivil, abusive, contemptuous

21 **parallel** [pǽrəlèl] a. 평행의, 같은 방향의

Elm Street runs parallel with Main Street.

엘름가는 메인가와 평행선상에 있다.

syn alike, analogous, coinciding, comparable, similar

16 **pierce** [piərs] v. (구멍을) 뚫다

A : I brought you a present. They're earrings.

B : Thank you, but my ears aren't pierced.

A : 네게 줄 선물을 샀어. 귀걸이야.

B : 고마워, 하지만 난 귀를 안 뚫었는데?

syn puncture, spear, stab, stick, incise, penetrate, perforate

265 **position** [pəzíʃən] n. 입장, 위치, 가르치는 자리, 직무, 교사직

Had I been in my sister's position, I would have hung up the phone in the middle of the dialogue.

내가 내 여동생의 입장이었다면, 대화 도중에 전화를 끊어 버렸을 것이다.

He went to Australia hoping to find a teaching position without too much difficulty.

그는 큰 어려움 없이 교사직을 구하기를 바라며 호주로 갔다.

syn location, place, site, post, situation, station, status

strike [straik] v. (병, 죽음이) 갑자기 덮치다, 치다, 강한 인상을 주다, 마음에 와 닿게 하다

83

Depression strikes more than 17 million Americans each year.
해마다 1,700만명 이상의 미국인이 우울증에 걸린다.

Ian didn't strike me as being too interested in this film. Perhaps we should reconsider.
이안은 이 영화에 많은 관심을 갖고 있지 않다는 인상을 주었어. 아무래도 재고해야 할 것 같아.

syn discover, encounter, impress, occur to

supervision [sùːpərvíʒən] n. 감독, 관리, 지휘

19

Children should be taught to use electric toys under adult supervision.
아이들은 어른의 감독 하에 전기 장난감을 가지고 노는 방법을 배워야 할 것이다.

syn administration, direction, guidance, management

unrealistic [ʌ̀nriːəlístik] a. 비현실적인

21

This kind of love usually leads to an unrealistic evaluation of the love object.
이런 종류의 사랑은 대개 사랑하고 있는 이에 대해 비현실적인 평가를 내리게 만든다.

syn unreasonable, idealistic, improbable, fanciful, foolish

versatility [və̀ːrsətíləti] n. 다재, 다예, 융통성 있음

9

The perfect in-between weight, it's the essence of versatility, and goes with just about everything.
무겁지도 않고 그렇다고 가볍지도 않은 완벽한 이 제품은 다양한 스타일 변화로 모든 옷과 잘 어울린다.
cf. in-between : 중간적인, 중간의

syn ambidexterity, many-sidedness, all-roundedness

35 **wipe** [waip] v. 훔치다, 닦다

The lad took his napkin and ever so tenderly wiped Grandpa's mouth.
그 젊은이는 냅킨으로 할아버지의 입 주위를 아주 부드럽게 닦아주었다.

syn dry, dust, rub, wash, wipe out

17 **wreckage** [rékidʒ] n. 난파, 난선

Remnants of the chopper wreckage were found all over the hillside.
헬기 추락 잔해는 언덕 여기저기에서 발견됐다.

syn demolition, leveling, dismantlement

78 **adopt** [ədάpt] v. 받아들이다, 채용하다, 채택하다

Young people began to adopt the symbols once associated with the very wealthy and privileged.
젊은이들은 한때 이것을 대단한 부와 특권의 상징으로 받아들이기 시작했다.

syn accept, embrace, approve, confirm

97 **amaze** [əméiz] v. 깜짝 놀라게 하다

You've done all your homework in an hour? You amaze me.
모든 숙제를 한 시간에 다했다고? 놀라운데.

It amazes me that she's got the energy for all those parties.
그녀가 그렇게 많은 파티에 참석할 에너지를 갖고 있는 게 놀라와.

syn astonish, astound, dumbfound, flabbergast, surprise

36 **broadcast** [brɔ́:dkæ̀st] v. 퍼뜨리다, 나발불다, 떠들고 다니다

I told Patrick that I was having an operation but asked him not to broadcast the fact.
난 패트릭에게 내가 수술 받을 거라고 얘기했지만 그 사실을 퍼뜨리지 말라고 부탁했다.

syn air, transmit, announce, proclaim, trumpet

27 **certificate** [sərtífəkit] n. 증명서

The customers were waiting in line to exchange their receipts for the gift certificates.

고객들은 영수증을 상품권과 교환하기 위해 줄을 서서 기다리고 있었다.

syn affidavit, document, credential, diploma

21 **coincidence** [kouínsədəns] n. 일치, 동시에 일어남

A : How did you come across to meeting her?

B : It was really a coincidence.

A : 그녀를 어떻게 만나게 됐어요?

B : 정말 우연의 일치였습니다.

syn chance, concurrence

22 **conceive** [kənsíːv] v. (아이를) 배다, 임신하다

Do you know exactly when you conceived?

언제 임신했는지 정확히 아십니까?

We have been trying to conceive for over a year.

우리는 일년도 넘게 임신하려고 애쓰고 있었다.

32 **donate** [dóuneit] v. 기부하다, 기증하다

Profits raised from the annual Christmas campaign will be donated to orphanages.

연례 크리스마스 캠페인에서 모금한 수익금은 고아원에 기부될 것이다.

syn bestow, contribute, give, grant, present, provide

13 **embark** [embáːrk] v. 탑승하다, 배에 타다, 승선하다, 태우다

A : John and Ann are embarking on a world cruise tomorrow.

B : That's great! I wish I could join them.

A : 존과 앤이 내일 세계 일주를 떠난대.

B : 멋지다! 나도 그 애들과 함께 갔으면 좋겠는데.

syn board, set sail

16 17 18 19 20 21 22 23 24 25 26 27 28 29 30

33 **equivalent** [ikwívələnt] a. 동등한, 같은 가치의

BA or equivalent work experience is required.

문학사 학위 또는 동등한 직업 경력이 있어야 합니다.

syn equal, akin, like, similar

20 **implementation** [ìmpləməntéiʃən] n. 이행, 완성

Many educators believe that the public education system will improve with the implementation of a national curriculum.

많은 교육자들은 국립 교과과정이 완성되면 공립 교육제도도 개선될 것이라고 생각한다.

syn accomplishment, achievement, fulfillment, performance, execution

21 **forge** [fɔːrdʒ] v. 위조하다

The police warned shopkeepers to look out for forged notes.

경찰은 상점 주인들에게 위조 지폐를 조심하라고 경고했다.

syn copy, counterfeit, duplicate, falsify, simulate

108 **ahead of** ~보다 이전에

When I was going through a divorce a couple of years ago, all the papers were prepared ahead of time by the lawyers.

몇 년 전 이혼을 하게 되었는데, 변호사가 모든 서류를 미리 준비해 놓았습니다.

7 **beef up** 강화하다, 보강하다

The introduction to the book needs beefing up a bit to arouse the reader's interest.

이 책의 서문은 독자들의 관심을 불러일으키도록 보강할 필요가 있다.

19 **bring forward** 제시하다

The evidence which was brought forward by him was weaker than we had expected.

그가 제시한 증거는 우리가 기대했던 것에 비해 불충분했다.

be eligible for ~할 자격이 있다

17

Only those who complete the training program will be eligible for promotions.
이번 교육 프로그램을 이수한 직원들에 한하여 승진 자격이 주어질 것입니다.

Employees who have worked in the company for more than three years are eligible for paid vacations.
3년 이상 근무를 한 직원은 유급 휴가를 받을 자격이 있다.

be entitled to ~할 자격이 있다, ~할 권리가 있다

23

Under the provisions, team leaders are entitled to special perks that were not mentioned in the job description.
회사 규정에 따르면, 팀장들은 직무 내용 설명서에 언급되지 않은 특별 혜택을 받을 수 있도록 되어 있다.

bring back 상기시키다, 되돌리다, 되부르다

31

That music always brings back happy memories.
저 음악은 항상 행복했던 추억이 생각나게 해.

Hearing that song brought back happy memories.
저 노래를 들으면 행복했던 기억을 상기시켜 줘.

bring up 키우다, 훈육하다, (문제 등을) 꺼내다

189

I'm dead against the idea that it is the woman's job to bring up the child.
아이를 키우는 게 여자의 일이라는 생각에는 절대 반대해.

feel for 동정이 가는, 마음이 움직이는

51

I know what it's like to be lonely, so I do feel for her.
난 외롭다는 게 뭔지 알아, 그녀에게 동정이 가.

I feel for the students who have to take that exam tomorrow.
내일 시험을 보는 학생들에게 동정이 가.

figure out 이해하다

63

I can't figure out why he did it.
그가 왜 그랬는지 이해할 수가 없어.

Can you figure out how to open this box?
이 상자를 어떻게 여는지 아니?

I've never been able to figure her out.
그 여자는 전혀 이해할 수가 없어.

syn understand

fill out (문서 등의) 여백을 메우다, 기입하다

146

If you want to join the History Society, you must first fill out this application form.
역사학회에 가입하고 싶으시면 먼저 이 신청서 양식을 작성하셔야 합니다.

You will be given a simple physical exam and be required to fill out several short forms.
간단한 신체 검사를 받고 몇 개의 간략한 서식을 작성하게 될 것입니다.

This warranty is only effective if you fill out and return the enclosed card with proof of the date of purchases and name of the store.
이 보증서는 동봉한 카드에 기입한 다음 구입일자와 점포명을 증명할 수 있는 서식과 함께 반송해 주셔야 유효합니다.

all eyes and ears 신경을 곤두세우다

26

Nothing can escape my notice. I'm all eyes and ears.
누구도 내 눈에서 피할 수 없어. 온 신경을 곤두세우고 있으니까.

When we took them to the puppet show, the children were all eyes.
우리가 꼭두각시 인형극에 데려가니까, 아이들이 온 정신을 집중해서 보더군.

hit the roof/ceiling 격노하다

7

Dad will hit the roof when he finds out you've taken the car without asking first.
허락없이 차를 몰고 간 것을 아시면 아버진 노여워하실 거야.

all Greek to someone
너무 어려운

2

She tried to explain her theories about modern poetry but it was all Greek to me.
그녀는 근대시에 관한 자신의 이론을 설명하려고 했지만 나에게는 너무나 어려웠다.

I had a good time at the party but the conversation about atomic structure was all Greek to me.
재미있는 파티를 보냈지만 핵 구조에 관한 대화는 나한테 너무 어려웠어.

그리스어가 배우기 어려운 데서 나온 표현으로 '이해하기 힘들다'는 의미로 사용된다.

hit the nail on the head
핵심/요점을 찌르다, 적절한 말을 하다

3

You really hit the nail on the head when you said there's no point training people for jobs that don't exist.
있지도 않은 일을 위해 사람들을 교육시킬 필요가 없다고 한 네 말은 정말 핵심을 찌르는 말이었어.

Nancy hit the nail on the head when she called her boss an ogre. I've never seen anyone so rude!
낸시가 사장을 무례하고 멍청한 사람이라고 부른 것은 정곡을 찌른 말이었다. 그렇게 무례한 사람은 보지 못했어!

hit the road
출발하다, 가다

27

A : I've gotta hit the road now. It was nice meeting you.
B : It was a pleasure. Fancy meeting you!
A : 지금 가야 해. 만나서 반가웠어.
B : 나도 즐거웠어. 만나서 반가워!

pull a stunt
멍청한 짓을 하다, 어리석은 책략을 쓰다

6

Only an idiot would pull such a stunt.
바보들이나 그런 멍청한 짓을 했을 거야.

What did you want to pull a stupid stunt like that for?
무엇 때문에 그처럼 어리석은 짓을 하려고 했니?

98
pull one's leg
놀리다, 속이다

Don't believe him. He's just pulling your leg.
그 사람 믿지마. 널 속이는 거야.

5
pull one's own weight
몸값하다, 덩치값하다

A : That Greg sure contributes a lot to your household.
B : He sure does. He's young, but he certainly pulls his own weight.
A : Greg는 당신 식구들에게 많은 도움을 주고 있지요.
B : 정말 그래요. 그는 젊지만 자기 몫은 충분히 해내죠.

2
pull one's punches
슬슬 봐주며 하다

He is a lawyer who never pulls any punches and is well-known for the fierceness of his cross-examination.
그는 결코 봐주지 않는 변호사이고 지독한 반대신문으로 잘 알려져 있다.

Jimmy pulled his punches and let Paul win the boxing match.
지미는 슬슬 봐주면서 폴이 권투 시합에 이기게 해주었다.

복싱 경기에서 일부러 지려고 주먹을 내밀지 않은 데서 유래한 말

2
pull the wool over one's eyes
눈 가리고 아웅하다

Stop trying to pull the wool over my eyes! I know you're joking!
눈 가리고 아웅하려 들지마! 농담한 건지 알고 있어!

Daily Test

Review Test

빈칸에 적당한 단어를 보기에서 고르시오.

보기

feel roof hit broadcast strikes cherish
pierce leg hangover back conceive beef

1 멜로디는 나한테 뛰어난 수학자라는 인상을 주었어. 아주 잘 할거야.
Melody _________ me as a brilliant mathematician. I think she'll do well.

2 그녀를 다시 보니 옛날 일이 모두 다 생각나.
Seeing her again brought it all _________.

3 그는 그 소식을 모든 친구들에게 떠들고 다녔다.
He _________ the news to all his friends.

4 이게 정말 네 자동차니 아니면 날 놀리는 거야?
Is it really your car or are you pulling my _________?

5 숙취에 좋은 치료법을 알고 있니?
Do you know any good _________ cures?

6 추락사고로 죽은 남자아이의 부모에게 동정이 가.
I really _________ for the parents of that boy who was killed in the crash.

7 내가 학교를 그만둔 걸 아시면 아버진 노여워하실 거야.
Dad will hit the _________ when he finds out I've left school.

8 우린 팀을 보강할 신인 선수들을 찾아야 한다.
We need to find some new players to _________ up the team.

Answers

1. strikes 2. back 3. broadcast 4. leg 5. hangover 6. feel 7. roof 8. beef

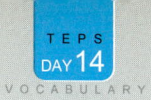

Build-up Test

다음 의미에 맞는 구동사를 보기에서 고르시오.

보기

carry out　take after　come up with　get through
hand over　hand out　turn off　make out　hang out
put off　hand in　run into　stand up　turn up

1 to put into practice or effect
2 to resemble in appearance, temperament, or character
3 to think of an idea, plan, reply, etc.
4 to manage to talk to someone on the telephone
5 to give another person control of someone or something, or responsibility for dealing with them
6 to spend a lot of time in a particular place or with particular people
7 to distribute freely
8 to move the switch to stop working
9 to see, read, or hear something well enough to understand it
10 to postpone or delay something until some future time
11 to give something in person in authority
12 to meet somebody by chance
13 to defend against
14 to come or appear

Answers

1. carry out	실행하다	8. turn off	불을 끄다
2. take after	닮다	9. make out	이해하다
3. come up with	생각해내다, 고안해내다	10. put off	연기하다
4. get through	전화가 연결되다	11. hand in	제출하다
5. hand over	(지배권 등을) 양도하다	12. run into	우연히 만나다
6. hang out	어울려 다니다, 빈둥거리다	13. stand up	반항하다, 대항하다
7. hand out	나눠주다	14. turn up	나타나다

DAY 15

V · O · C · A · B · U · L · A · R · Y

47 **expecting** [ikspéktiŋ] a. 임신한

M : What's everybody talking about?
W : Haven't you heard? Juliet is expecting.
M : 다들 무슨 얘기하는 거야?
W : 아직 듣지 못했어? 줄리엣이 임신했대.

syn pregnant

18 **fad** [fæd] n. 일시적 유행, 별난 취미

It seems that this popular fad has faded, and now cigars are back in the hands of those few who care more about smoking than status.
이 일시적인 인기가 시들해지고, 지금 시가를 피는 것은 사회적 지위보다는 흡연 자체에 더 관심이 많은 몇몇 사람들의 수중으로 다시 되돌아간 것 같다.

Young people tend to think that the latest fads look cool.
젊은이들은 최신 유행이 멋져 보인다고 생각하는 경향이 있다.

syn craze, fashion, rage, style, vogue

27 **legacy** [légəsi] n. 유산, 유증, 물려받은 것

This is not the legacy he had hoped to leave at the end of his eight years in office.
이것은 그가 8년간의 공직 생활을 마무리하고 떠날 때 바랐던 유산은 아니다.

syn heritage, history, tradition, bequest, estate, inheritance

meager [míːgər] a. 빈약한, 결핍한, 불충분한

13

A : Did you know that workers in South America earn only 50 cents a day?
B : That's terrible! How can anyone live off such meager earnings?
A : 남미에서는 노동자들이 하루에 50센트밖에 벌지 못한다는 거 알고 있었니?
B : 말도 안돼! 그렇게 적은 돈을 벌어서 어떻게 살 수 있는 거야?

syn insufficient, scanty, scarce, skimpy, sparse

racy [réisi] a. 활기 있는, 생기 있는, 아슬아슬한, 난잡스런, 도발적인

2

It didn't take long for them to let me know they were interested in something a little racier and more invigorating.

그들이 내게 자신들이 조금 더 기운차고 더 활기 있는 일에 관심을 갖고 있다는 뜻을 비추는 데는 그리 오랜 시간이 걸리지 않았다.

cf. invigorating : 기운 나게 하는, 상쾌한

refrain [rifréin] v. 삼가다

14

Please refrain from downloading any material from this site – images, video, or text.

이미지든, 비디오든 텍스트이든 이 사이트에서 어떠한 자료라도 다운로드 하는 것을 삼가해 주십시오.

syn abstain, avoid, desist, forbear, resist

audit [ɔ́ːdit] v. (회계를) 감사하다

8

If you don't keep your finances in order and file your tax returns, you might get audited by the Internal Revenue Service.

귀사의 재무상태를 계속해서 제대로 기입해놓지 않거나 납세 신고서를 작성하지 않으면 국세청에서 세무감사를 받게 될 것입니다.

syn examine, inspect, prove, verify

betray [bitréi] v. 배반하다, 저버리다, 나타나다

24

A : How can you betray our friendship?
B : How can you say that? I did nothing of the sort.
A : 어떻게 우리 우정을 저버릴 수 있니?
B : 어떻게 그런 말을 할 수 있어? 난 그런 일은 한 적이 없다구.

Andy denied being connected to the crime, but evidence to the contrary betrayed him.
앤디는 범죄에 연루된 것을 부정하고 있지만 증거는 반대로 나타났다.

syn deceive, trick, disclose, divulge, reveal, abandon, expose

vivacious [vivéiʃəs] a. 활발한, 쾌활한

4

My vivacious personality has helped me a lot when I first came to this school.
내 쾌활한 성격은 이 학교에 처음 왔을 때 많은 도움을 주었다.

syn animated, buoyant, ebullient, effervescent, lively, vital

chemotherapy [kèmouθérəpi] n. 화학 요법

11

I picked up the bills for most of his chemotherapy treatments.
그의 화학요법 치료비의 대부분을 내가 지불했다.

delicate [délikət] a. 연약한, 섬세한, 정교한, 까다로운

23

The Handy offers the most delicate handmade leather goods in the area.
Handy는 이 지역에서 가장 정교한 수제 가죽 제품을 제공합니다.

Because these plants are very delicate, they must be handled with extreme care.
이 식물들은 아주 섬세하기 때문에 극도로 조심해서 다뤄야 한다.

syn fragile, exquisite, fine, sensitive, feeble, sickly, slight, weak

15
disappearance [dìsəpíərəns] n. 사라짐, 실종

No one in his office could understand David's disappearance, nor could anyone in his office.

사무실에 있는 그 누구도 데이비드가 사라진 걸 이해하지 못했고, 실제로 이해할 수도 없었다.

syn disappearing, vanishing, vanishment

3
dizziness [dízinis] n. 현기증

This medicine may cause drowsiness or dizziness.

이 약은 나른함과 현기증을 유발할 겁니다.

cf. drowsiness : 졸음, 나른함

6
harness [há:rnis] n. 장치, 작업 설비, 낙하산의 멜빵

I've checked that the safety harness is in good condition – better safe than sorry!

안전 장치의 상태가 좋음을 확인했어 – 나중에 후회하는 것보다 안전한 게 낫거든!

13
impatience [impéiʃəns] n. 안달, 조바심

Responses to upset customers should include neither anger nor impatience.

화가 난 고객들에 대한 반응은 짜증이나 조바심이 섞여 있어서는 안 된다.

syn agitation, anxiety, eagerness, intolerance, irascibility, shortness

2
inflatable [infléitəbəl] a. 부풀게 할 수 있는

We planned to bring our inflatable dinghy for floating on the lake.

우린 공기 주입식 보트를 가지고 가 호수에서 탈 생각이야.

cf. dinghy : 작은 배, 작은 경주용 보트

syn expansible, expansive

1 2 3 4 5 6 7 8 9 10 11 12 13 14 15

28 **overlook** [òuvərlúk] v. 간과하다, 못보고 지나치다

This management tool will help you evaluate employee performance and prevent you from overlooking crucial details.

이 관리 도구는 귀하의 직원 업무수행 평가를 도와줄 것이며 당신이 중요한 세부사항들을 간과하지 않도록 할 것이다.

syn forget, neglect, omit, slight, disregard, excuse, forgive, ignore

21 **perceive** [pərsíːv] v. 지각하다, 감지하다, 이해하다

Things would be a lot easier if everyone considered for a moment how the other gender perceives the world.

남녀 모두가 잠시 이성이 세계를 어떻게 이해하는지를 생각한다면 상황은 훨씬 더 쉬워질 것이다.

syn appreciate, feel, sense, comprehend, gather, grasp, understand

19 **ridiculous** [ridíkjələs] a. 우스꽝스러운, 터무니없는

Can you figure out why I was asked such a ridiculous question?

왜 제가 그런 어처구니없는 질문을 받게 되었는지 이해가 되시나요?

syn absurd, asinine, foolish, laughable, ludicrous, preposterous

7 **scrap** [skræp] n. 한 조각, 파편, 토막

If you rub your pen on your coat sleeve several times, you will be able to pick up scraps of paper with your pen.

펜을 여러 차례 코트 소매에 문지르고 나면, 그 펜으로 종이 조각 몇 개쯤은 거뜬히 들어올릴 수 있다.

syn fragment, particle, piece, portion

66 **unusual** [ʌnjúːʒuəl] a. 진기한, 색다른, 유별난, 생소한

It's unusual to see him up so early in the morning.

그가 아침 일찍 일어나다니, 이상한 일이야.

syn atypical, novel, peculiar, rare, singular, uncommon, unique

16 17 18 19 20 21 22 23 24 25 26 27 28 29 30

84 **severe** [sivíər] a. 엄격한, 엄중한, 호된

He's suffering from a severe toothache.
그는 치통으로 몹시 고생하고 있다.

I am not saying rapes don't occur in prison, but they are few and far between, and punishment for offenders is severe.
강간이 감옥 안에서 일어나지 않는다고 말하는 것은 아니지만, 그건 아주 드문 경우이고, 위반자는 가혹한 벌을 받게 된다.

syn austere, stern, strict, harsh, demanding, relentless, rigid, rigorous, intense

14 **sole** [soul] a. 단 한 사람의, 단 하나의

Mr. Glennon refused to accept sole credit for the management and shared the honor with his staff members.
Mr. Glennon은 경영관리에 대한 상을 혼자 받지 않았고, 그 영예를 직원들과 함께 나누었다.

syn lone, single, solitary, exclusive, only, singular, unique

24 **strain** [strein] v. 힘껏 노력하다, 애쓰다, 잡아당기다

Straining to breathe through the smoke, you finally come across a dip in the landscape.
연기가 자욱한 곳에서 숨을 쉬려고 애쓰다, 당신은 결국 근처에서 우연하게 웅덩이 하나를 발견한다.

Humpback whales strain their food from seawater.
혹등고래는 바닷물을 빨아들여 먹이를 취한다.

syn labor, struggle, toil

2 **volatility** [vɑ̀lətíləti] n. 휘발성, 침착성이 없는 성질, 변덕

These types of funds take greater-than-normal risk, because it invests in stocks that are high at volatility.
이런 유형의 펀드는 보통 펀드보다 큰 위험을 갖고 있어서 한 순간에 휴지조각이 될 가능성이 높은 주식에 투자한다.

worthless [wə́:rθlis] a. 가치 없는, 보잘것없는

32

This necklace is only made of plastic so it's quite worthless.
이 목걸이는 플라스틱만으로 만들어져서 가치가 별로 없다.
syn insignificant, trivial, unimportant

invoke [invóuk] v. (마음에) 떠오르게 하다, 연상시키다, (법에) 호소하다, 기원하다

2

Even its name invokes a feeling of death.
그 이름만으로도 죽음을 연상시킨다.
syn conjure, evoke, raise, beseech, entreat, implore, importune, petition

legitimate [lidʒítəmit] a. 합법적인

21

Shopping by telephone is very convenient, and there are many legitimate companies that do business through telemarketing.
전화를 이용한 쇼핑은 편리하며, 텔레마케팅으로 사업을 하는 합법적인 회사들도 많이 있다.
syn lawful, legal, licensed, rightful

mediocre [mì:dióukər] a. 보통의, 평범한, 이류의

6

A : That sure was a great concert last night!
B : I don't agree. I think it was mediocre at best.
A : 어젯밤 콘서트는 확실히 대단했어.
B : 나는 그렇게 생각하지 않는데. 기껏해야 이류밖에 되지 않았다고 생각해.
syn average, commonplace, inferior, lackluster, second-rate, substandard

counterpart [káuntərpɑ̀:rt] n. 짝의 한쪽

14

The black widow gets its name from the fact that the female of the species kills its male counterpart quickly after mating, hence the name black "widow."
검은과부거미는 그 종(種)의 암컷이 교미한 후에 잽싸게 수컷을 죽인다는 사실에서 그 이름을 얻었는데, 이 때문에 검은 '과부' 라는 이름이 붙었다.
syn companion, complement, correlative

get it
이해하다

66

A : I don’t know the answer.
B : Well, I don’t understand why you don’t get it.
A : 답을 모르겠어.
B : 그런데, 난 왜 네가 그것을 이해 못하는지 모르겠는 걸.

get nowhere
실패하다, 진척이 없다

15

I’m trying to persuade her to come but I’m getting nowhere.
난 그녀가 오도록 설득하고 있지만 진척이 없어.

Just talking about dieting won’t get you anywhere.
말로만 다이어트 하면 아무 소용없어.

get wind of
~에 대한 풍문을 듣다, 알아내다

11

The captain didn’t want the sailors to get wind of where the ship was going.
선장은 배가 어디로 가는지 선원들이 알기를 원치 않았다.

The police have got wind of a robbery planned for tonight.
경찰은 오늘밤 강도 사건이 있을 거라는 풍문을 들었다.

give up
그만두다, 생각하는 것을 단념하다

367

She was working part-time but she suddenly gave up.
그녀는 시간제 일을 하고 있었는데 갑자기 그만두었다.

I give up – how many were there?
내가 졌어 – 얼마나 많은 사람들이 있었니?

go off
(자명종, 경보기 등이) 울리다, (폭탄이) 터지다, (총알이) 나가다

32

She was late because her alarm clock never went off this morning.
그녀는 오늘 아침 알람 시계가 전혀 울리지 않아서 지각했다.

21 go along with
동의하다, 찬성하다, 따라가다

Kate's already agreed, but it's going to be harder persuading Mike to go along with it.
케이트는 벌써 동의했지만, 마이크가 이에 따라가도록 설득하는 것은 더 어려울 것 같아.

They are unlikely to go along with the scheme voluntarily.
그들은 계획에 자발적으로 따를 것 같지 않아.

13 go overboard
극단으로 나가다, 열중하다

He told me to put everything on the card, but not to go overboard.
사장님은 우리의 계획은 밝히돼, 너무 속을 내보이지는 말라고 당부하셨다.

16 go over
조사하다, 검토하다

The teacher went over the list and picked John's name.
선생님은 리스트를 검사하고 존의 이름을 골랐다.

Don't sign anything until you have gone over it thoroughly.
철저하게 검토하기 전까지는 아무것도 서명하지 마라.

7 goof off/around
빈둥대다

They've goofed off and gone to the ball game.
그들은 빈둥대다가 야구하러 갔다.

The boys spent the whole summer just goofing around.
사내아이들은 여름 내내 빈둥거리며 보냈다.

7 goof up
바보같은 실수를 하다, 망치다

It's about time those doctors are made to pay for goofing up.
그런 의사들이 저지른 실수에 대한 대가를 치를 때입니다.

green with envy
질투하는

5

I was green with envy when I heard he'd been given the job.
그가 그 일을 맡았다는 것을 듣자 난 질투가 났다.

He was absolutely green with envy when he saw my new Jaguar.
그는 내가 새로 산 재규어를 보자 굉장히 질투를 했다.

in the limelight
사람들의 주목의 대상이 되다

3

John will do almost anything to get himself into the limelight.
존은 사람들의 주목을 받기 위해선 거의 뭐든지 할 것이다.

All elected officials spend a lot of time in the limelight.
선출된 관리들은 사람들의 관심의 대상이 되려고 많은 시간을 보낸다.

in the same boat
같은 처지에 있는

5

If you lose your job I'll lose mine, so we're both in the same boat.
네가 직장을 잃으면 나도 잃게 돼, 그러니까 우리는 같은 처지에 있는 거야.

jump down one's throat
바짝 들이대고 막 무어라 하다

2

The teacher jumped down Billy's throat when Billy said he did not do his homework.
선생님은 빌리가 숙제를 하지 않았다고 말하니까 바짝 들이대고 뭐라 했다.

I only asked him if I could go home five minutes early and he really jumped down my throat!
난 단지 5분만 일찍 집에 갈 수 있느냐고 물었는데 다짜고짜 달려들어 막 뭐라 하더군.

just what the doctor ordered
필요했던 바로 그것, 원했던 바로 그것

2

Oh thank you, a nice cup of tea, just what the doctor ordered.
아 고맙군요, 한잔의 차, 원하던 바로 그것이었어.

That meal was delicious, Bob. Just what the doctor ordered.
식사가 맛있었어요, 밥. 원했던 거였습니다.

3 right off the bat
즉시

You can't expect to be accepted in a new town right off the bat.
새로운 도시에서 즉시 받아들여지는 것은 기대할 수 없을거야.
syn immediately

10 ring a bell
생각나게 하다, 낯이 익다

The name rang a bell but I couldn't remember where I had heard it before.
그 이름은 낯이 익은 것 같은데 전에 어디서 들었는지 기억이 나지 않는군.

Her name rings a bell but I can't remember whether I've ever met her.
그 여자의 이름은 들은 것 같은데 만났는지는 기억이 잘 나지 않아.

7 rub someone the wrong way
~를 화나게 하다, 신경을 건드리다

Mary rubs me the wrong way every time I run into her.
내가 Mary를 만날 때마다 그녀는 내 신경을 건드려요.
syn annoy, bother

가려운 곳이 아닌 엉뚱한 곳을 긁는 것에서 생겨난 표현이다.

5 snow job
그럴 듯한 속임수, 감언이설

Joe gave Sue a snow job and she believed every word of it.
조는 수한테 그럴 듯한 속임수를 썼는데, 수는 모든 말을 그대로 믿었다.

My boss did a snow job on me.
사장이 감언이설로 날 속였어.

9 sob story
눈물을 자아내는 이야기, 동정을 자아내는 변명

She came out with some sob story about not having enough money to go and see her father who was ill.
그녀는 아픈 아버지를 만나 뵈러 갈 충분한 돈이 없다고 동정을 자아내는 변명을 늘어놓았다.

Daily Test

Review Test

빈칸에 적당한 단어를 보기에서 고르시오.

보기

expecting unusual nowhere racy severe betray
green snow bat sob red boat

1 적십자는 재해 희생자들을 즉시 도왔다.
The Red Cross aids disaster victims right off the _________.

2 레슬리는 요즘 심한 압력에 시달리고 있다.
Lesley has been under _________ pressure recently.

3 줄리엣은 사이먼이 마리아에게 춤추자고 하자 질투가 났다.
Juliet was _________ with envy after Simon asked Maria to the dance.

4 난 저 그림이 좋아; 아주 특이하거든.
I like that painting, it's most _________.

5 축하합니다. 임신하셨다면서요!
Congratulations! I hear you're _________!

6 나도 돈이 없고 친구도 돈이 없어 – 우린 같은 처지야.
I've got no money, my friends have got no money – we're all in the same _________.

7 그녀는 꽤 눈물을 자아내는 이야기를 했고, 난 얘기를 모두 들었다.
She had quite a _________ story, and I listened to the whole thing.

8 그런 못된 습관으로는 성공하지 못할 거야.
That sort of bad manner will get you _________.

Answers

1. bat 2. severe 3. green 4. unusual 5. expecting 6. boat 7. sob 8. nowhere

Build-up Test

괄호 안에 들어갈 적절한 단어를 고르시오.

Bartenders today are no longer the counselors they were in the past. Popular bars in the nineties are more concerned (about / with) how many stylish drinks their bartenders can create rather than the comfort these visible employees can lend to customers seeking to voice their troubles. It's true that some establishments hold sacred the bartender-customer relationship (immoralized / immortalized) in some television shows, and in these places, a customer can always find a (anesthetic, sympathetic) ear.

Answers

with, immortalized, sympathetic

|해석| 요즘 바텐더들은 이제 더 이상 과거와 같은 의논 상대자가 아니다. 90년대의 유명한 바들은 이처럼 시각적인 만족을 주는 종업원들이, 자신의 고민거리를 털어놓을 수 있는 상대를 찾는 손님들에게 줄 수 있는 위로보다는 오히려 바텐더들이 유행하는 음료를 얼마나 많이 만들어낼 수 있는지에 훨씬 더 관심을 가지고 있다. 몇몇 가게에서는 일부 TV 쇼에서나 볼 수 있는 것처럼 바텐더와 손님간의 관계를 예전 그대로 간직하고 있는 것이 사실이다. 그리고 이곳에서 손님은 항상 자신의 말에 공감해줄 수 있는 사람을 찾을 수 있다.

|어휘| be concerned with ~에 관계가 있다, 관심이 있다 hold sacred 신성시하다, 존중하다, 보호하다 immortalize 불멸하다, 영원성을 부여하다 sympathetic 동정적인, 공감시키는

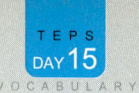

DAY 16

V · O · C · A · B · U · L · A · R · Y

13 **curb** [kəːrb] v. 억제하다

Researchers have found that drinking a glass of red wine every day can curb heart disease.

연구원들은 매일 한 잔의 적포도주를 마시면 심장 질환을 억제할 수 있다는 사실을 발견했다.

syn inhibit, repress

23 **degrade** [digréid] v. 품위를 떨어뜨리다

Modern painting and literature was attacked for being degrading towards women.

현대 회화와 문학작품은 여성들에게 모욕적이라는 이유로 비난을 받았다.

syn debase, disgrace, humiliate, lower, shame

9 **dingy** [díndʒi] a. 거무죽죽한, 때묻은

A : Can you tell me the best way to come up with a solution for my dingy laundry?

B : Why don't you use some bleach?

A : 이 때가 꼬질꼬질한 빨랫감을 빠는 좋은 방법 좀 알려줄 수 있나요?

B : 표백제를 조금 사용해 보는 게 어때요?

syn dismal, dreary, dull, gloomy, gray, shabby

disturbance [distə́ːrbəns] n. 방해, 장애

12

Depression can result in serious disturbances in work and social and bodily functioning.

우울증은 직장, 사회, 신체 기능에 심각한 장애를 초래할 수 있다.

syn disruption, distraction, interference, interruption, intrusion

entire [entáiər] a. 완전한

104

When Bob had helped me with math for an entire semester, I really learned the meaning of "A friend in need is a friend indeed."

밥이 전 학기 동안 내 수학 공부를 도와줬을 때, 나는 '필요할 때의 친구가 진정한 친구'라는 말의 의미를 절실히 느꼈다.

syn complete, gross, whole, perfect

expand [ikspǽnd] v. 넓히다, 확장하다, 팽창시키다

66

Olivetti has long been seeking an opportunity to expand into the aerospace field.

올리베티사는 오랫동안 항공사업계로 회사를 확장시킬 기회를 엿보고 있었다.

Our plan this year is to expand our business.

올해 우리의 계획은 사업을 확장시키는 것이다.

cf. expansion : 확장, 팽창

syn enlarge, increase, swell

impeccable [impékəbəl] 결점 없는, 나무랄 데 없는

7

Bruce is one of the most outstanding students in our school and his academic credentials are impeccable.

브루스는 우리 학교 학생 가운데 가장 뛰어난 학생의 하나인데, 그의 성적 증명서는 흠잡을 데 하나 없다.

syn flawless, ideal, immaculate, perfect, blameless, exemplary, inculpable, irreproachable

inhale [inhéil] v. 들이마시다, 빨아들이다

23

Aside from the health complications associated with inhaling secondhand smoke, are you aware of the effect your chain-smoking has on your children?

간접흡연으로 담배연기를 들이마시는 것과 관련된 건강상의 합병증 말고 당신의 줄담배가 당신의 자녀들에게 끼치는 영향을 알고 있습니까?

cf. chain-smoke : 줄담배를 피우다

syn draw in, breathe in, inspire

renewal [rinjú:əl] n. 재개, 다시 하기, 갱신

16

You can take advantage of our low renewal rate!

저렴한 구독 갱신 요금의 혜택을 받으실 수 있습니다!

syn continuation, elongation, lengthening, extension,

rib [rib] v. 놀리다, 조롱하다

3

There was always a lot of ribbing in the football locker room, before and after the game.

시합 전후에 축구 선수들의 라커룸은 항상 많은 농담이 오고간다.

My brother ribbed me about my new girlfriend.

형은 나의 새 여자 친구에 대해서 날 놀려댔다.

seclusion [siklúʒən] n. 은둔, 은퇴

2

A : Why do hermits live alone?

B : I guess they like the quiet and seclusion.

A : 은자들은 왜 고독하게 사는 거지?

B : 조용하고 숨어사는 것이 좋아서 그러는 것 같아.

syn hermitage, hiding, isolation, retirement, solitude

27 **shy** [ʃai] a. 꺼리는, 조심성 있는 v. 주저하다, 피하다

Consumers also shied away from buying clothing with a drop of 13.7 percent.

또한 소비자가 의복 구매를 꺼림에 따라 의복 소비는 13.7% 줄어들었다.

syn bashful, diffident, reserved, reticent, timid, timorous

2 **spine-chilling** [spáintʃiliŋ] a. 등골이 오싹해지는

The collection includes a spine-chilling ghost story by Edgar Allan Poe.

전집에는 에드거 알란 포우의 등골이 오싹해지는 유령 이야기도 있다.

syn frightening, horrifying, scaring, shocking, terrifying

68 **struggle** [strʌ́gəl] n. 몸부림, 노력, 악전 고투

Needing friends doesn't mean you're weak, but rather that you've learned to love and trust those around you that often share your very struggles.

친구가 필요하다는 것은 당신이 약하다는 것을 의미하는 것이 아니라, 오히려 당신의 몸부림을 함께 나눴던 주위 사람들을 사랑하고 신뢰하는 것을 배웠음을 의미한다.

syn battle, conflict, encounter, effort, strain, trial

22 **suspend** [səspénd] v. 중지하다, 일시 정지하다

Sales of this drug have been suspended until more tests have been performed.

이 약의 판매는 임상실험을 더 할 때까지 중단되었다.

Make sure you have emergency water supplies and candles since electrical power may be suspended.

정전 우려가 있으므로 비상용 급수와 양초를 반드시 준비해 두십시오.

syn defer, delay, postpone, cease, discontinue, halt

turmoil [tə́:rmɔil] n. 소란, 소동, 혼란

5

A : Do you think Korea will recover from its economic turmoil?
B : Sure it will. The loans that were given by the IMF helped tremendously.
A : 한국이 이런 경제난을 극복할 것 같니?
B : 물론 그럴 거야. IMF에서 받은 대출이 많은 도움이 될 거야.

syn agitation, riot, strife, turbulence, unrest, chaos, pandemonium, tumult

unscathed [ʌ̀nskéiðid] a. 상처 없는, 다치지 않은

2

After being trapped in the cave for several days, the survivors came out unscathed.
며칠 동안 동굴에 갇혀 있다가 생존자들은 상처 없이 밖으로 나왔다.

syn intact, sound, unharmed, unhurt, uninjured, whole

vital [váitl] a. 극히 중대한, 절대 필요한, 치명적인

51

The arts play a vital role in our lives as an outlet for expressing and appreciating the creative side in all of us.
예술은 우리 모두의 내면에 잠재되어 있는 창조적인 측면을 표현하고 감상하는 배출구로서, 우리 생활에서 아주 중대한 역할을 한다.

cf. play a vital role : 아주 중요한 역할을 하다

syn critical, essential, fundamental, important, indispensable

contradict [kɑ̀ntrədíkt] v. 부정하다, 부인하다, 모순되다

11

What's the matter with you today! Everything I say you seem to want to contradict.
오늘 무슨 문제라도 있니? 내가 말하는 모든 것을 부인하려고 드는구나.

Recent evidence has tended to contradict established theories on this subject.
최근의 증거는 이 주제에 관해 수립된 학설에 모순되는 것 같다.

syn counter, deny, dispute, oppose, protest, dissent

1 2 3 4 5 6 7 8 9 10 11 12 13 14 15

7 **cram** [kræm] v. 벼락 공부를 하다

She's cramming for her history exam.
그녀는 벼락치기로 역사 시험 공부를 하고 있다.

One may cram to do well on an exam, but to learn information permanently, gradual study is best.
시험을 잘 보기 위해서 벼락치기를 할 수 있겠지만, 제대로 지식을 습득하려면 꾸준한 공부가 최선이다.

3 **brash** [bræʃ] a. 경솔한, 건방진

The student's brash behavior in the classroom led to receiving detention after school.
그 학생의 교실에서의 경솔한 행동은 방과 후 남게 만들었다.
cf. detention : (벌로써) 방과 후 학교에 남는 것
syn hasty, impetuous, impulsive, reckless, impudent, insolent, rude

11 **cease** [siːs] v. 그치다, 그만두다

President Clinton has refused to cease the bombing of Serbia.
클린턴 대통령은 세르비아 폭격 중단을 거부했다.
syn end, halt, stop, adjourn, discontinue, suspend, terminate

8 **cohesion** [kouhíːʒən] n. 결합, 점착, 단결

Brian's poor attitude ripped apart the cohesion of the team.
브라이언의 서툰 태도는 그 팀의 단결력을 와해시켰다.

85 **abuse** [əbjúːz] n. 학대, 남용, 오용

If the problem is due to normal wear or abuse, we can repair it but you will have to pay for all expenses.
문제가 일반적인 사용이나 오용이 원인이라면, 수리는 해드리지만 수리비 일체를 고객께서 지불해 주셔야 합니다.
syn misuse, mistreatment

28 **administer** [ædmínəstər] v. 투약하다

Before technology advanced to keep the sick alive by means of life-support systems, doctors administered increased dosages of morphine when someone was too sick to be healed and would eventually die.

생명 보조 장치로 아픈 사람을 살아 있도록 기술이 발달하기 이전에, 의사들은 환자가 낫기에 너무 아프고 결국 죽을 거라면 모르핀을 늘려서 투약했다.

syn conduct, execute, give

9 **amoral** [eimɔ́ːrəl] a. 도덕 관념이 없는

The problem with this is that this could lead to a very rapid downward cycle towards an amoral society as one's standards become the other's.

이런 사고방식으로 빚어진 문제는 한 사람의 기준이 다른 사람의 기준으로 탈바꿈하면서, 도덕 관념이 부재한 사회로의 아주 급격한 타락이 야기될 수도 있다는 것이다.

syn evil, profane, sinful, wicked, corrupt, unethical, base, depraved

3 **arbitrary** [ɑ́ːrbitrèri] a. 멋대로인, 마음대로 하는, 변덕스러운, 독단적인

The English language has a much more arbitrary relation between number words and written numbers.

영어에서는 숫자와 문자로 쓰인 숫자 사이의 관계가 훨씬 더 임의적이다.

syn impulsive, personal, capricious, erratic, inconsistent, whimsical

ant objective, consistent

19 **celebrity** [səlébrəti] n. 명사, 유명인

A number of celebrities from all over the world take part in the Cannes Film Festival.

전 세계의 수많은 유명 인사들이 칸 영화제에 참석하고 있다.

syn dignitary, luminary, notable, notoriety, popularity

down [daun]
a. 풀이 죽은, 우울한

689

W : Why do you look so down, Jack?
M : Oh, I'm just feeling blue. I think that it's the bad weather.
W : 왜 그렇게 풀이 죽어 있어, 잭?
M : 아, 그냥 기분이 우울해. 날씨가 좋지 않아서 그런 것 같아.

syn blue, dejected, depressed, disheartened, dispirited

lowdown [lóudàun]
n. 실정, 내막

11

I noticed at the end of one column a mention of your booklet, "The Lowdown on Dope."
한 칼럼의 마지막 부분에 "마약의 실체"란 소책자를 언급하신 게 눈에 띄었습니다.

syn information, knowledge, notification

sink in
확실히 이해하다, 실감하다, 인식하다

13

After the fact that his daughter was dead sunk in, the accident victim sank to his knees.
딸이 사망했다는 사실을 실감한 후에 그 사고 희생자는 무릎을 꺾으며 주저앉았다.

You'd better wipe up that coffee you spilled on the carpet before it sinks in.
카펫에 쏟은 커피를 스며들기 전에 닦는게 좋을 거야.

spew out
내뿜다, 분출하다

7

All the buses, trucks and cars are spewing out toxic waste which is ever increasingly tightening the strangle hold on Mother Nature.
모든 버스, 트럭, 승용차들은 점점 더 대자연의 목을 꽉 조여오는 유독성 폐기물을 내뿜고 있다.

cf. strangle : 목졸라 죽이다 strangle hold : 목조르기, 활동을 저해하는 것, 완전한 지배
Mother Nature : 대자연

stand against ~에 대치하다

38

So long as France and Britain continued to stand against Hitler and the Nazis, the United States had nothing to fear militarily from Germany.

프랑스와 영국이 히틀러와 나치에 계속 대치하는 한, 미국은 독일로부터 군사적인 위협을 받을 일이 없었다.

stand by 곁에 있다, 돕다, 편들다

41

A good friend will stand by you when you're in trouble.

좋은 친구는 당신이 어려움에 처해 있을 때 당신의 곁에 있어 줄 것이다.

call back 나중에 다시 전화하다

29

I'm a bit busy – can I call you back later?

조금 바쁘거든 – 나중에 내가 전화해도 되겠니?

Will you call me back later?

나중에 다시 전화해 주겠니?

call for ~을 필요로 하다, 요구하다

23

You've been promoted? This calls for a celebration!

승진했어? 축하해야겠는데!

It's the sort of work that calls for a high level of concentration.

이런 일은 고난도의 집중력을 필요로 하는 일이다.

call off (약속을) 취소하다

16

You will have to call off your vacation if you are too ill to travel.

여행하기에 너무 몸이 아프면 너는 휴가를 취소해야 한다.

catch it 벌받다, 꾸중을 듣다

15

You'll catch it if your mother finds out you still haven't cleaned up your room.

아직도 방을 치우지 않았다는 것을 엄마가 아시면 넌 혼나게 될 거야.

go through
28

겪다

No one has to go through life depressed.
누구도 우울한 인생을 살아서는 안 된다.

The country has gone through too many wars.
이 나라는 너무나 많은 전쟁을 겪었다.

go with
11

어울리다, 동의하다, (이성과) 교제하다

Mary's blue dress goes with her eyes.
메리의 파란색 드레스는 눈이랑 잘 어울려.

Your first proposal was fine, but I can't go with you on this one – it's much more expensive.
첫 번째 제안은 괜찮지만, 그걸 받아들일 수 없군요 – 너무 비쌉니다.

He goes with a different girl every week.
그는 매주 다른 여자와 교제한다.

burn the midnight oil
2

밤늦게까지 공부/일하다

I have to go home and burn the midnight oil tonight.
집에 가서 밤늦게까지 공부해야 해.

We'll be burning the midnight oil all week to complete all these projects.
우린 이 모든 프로젝트들을 마치기 위해 한 주 내내 늦게까지 일하게 될 거야.

call it quits
9

그만두다, 서로 공평해졌다고 말하다

When Alex had painted half the garage, he called it quits.
알렉스는 차고를 절반 가량 칠하고 일을 그만두었다.

I paid for the meal and you paid for the tickets, so let's call it quits.
내가 식사를 샀고 네가 표를 샀으니까, 그럼 공평한 거야.

2
cannot hold a candle to sb/sth
~와 비교도 안 되다, ~에게는 상대가 안 되다, 어림도 없다

The pop music of today can't hold a candle to the great songs of the 60s and 70s.

오늘날의 대중 음악은 60년대와 70년대의 명곡들과는 비교가 안 된다.

When it comes to production efficiency, we can't hold a candle to our foreign competitors.

생산 효율로 말하자면, 우리는 외국 경쟁자들과 비교가 안 된다.

2
can't make head nor tail of
이해하지 못하다

Do this report again. I can't make head nor tail of it.

이 보고서 다시 해. 이해하지 못하겠어.

I can't make head nor tail of these instructions on the packet.

이 소포에 쓰여 있는 지시 사항을 이해하지 못하겠어.

5
draw the line
한도를 정하다, 제한을 두다

Of course I want to help you, but I draw the line at lying.

물론 도와주고는 싶지만, 거짓말에는 한계가 있어.

You can make as much noise as you want, but I draw the line at fighting.

너희들 마음껏 떠들어도 좋지만, 싸움은 안 돼.

11
eat like a horse
많이 먹다

You'd better cook plenty of food if your brother's coming to dinner – you know he eats like a horse!

동생이 저녁식사에 오게 되면 음식을 많이 만들어야 할거야 – 너도 알지만 정말 많이 먹잖니!

cf. No wonder she's so thin. She eats like a bird.

그녀가 그렇게 마른 것은 놀랄 일도 아니야. 정말 조금 먹는다니까.

If you've ever been in a pub with Paul, you'll know that he drinks like a fish.

폴과 술집에 간다면, 너도 폴이 술을 마구 퍼마신다는 것을 알게 될 거야.

9
eat/swallow one's words 했던 말을 취소하게 하다

John had called Harry a coward, but the boys made him eat his words after Harry bravely fought a big bully.
존은 해리를 겁쟁이라고 불렀지만, 해리가 큰 덩치와 용감히 싸운 후에 아이들이 그가 한 말을 취소하게 했다.

I was made to swallow my words when the scheme turned out to be a great success.
계획이 대성공하자 난 내가 틀렸다는 것을 인정해야 했다.

2
give one moral support 마음으로 성원하다

I can't help your scheme with money, but I'll give you moral support.
자네 사업 계획에 자금을 대줄 수는 없지만 마음으로 성원은 해 주겠네.

His wife's left him, he's lost his job – I think he needs someone to give him some moral support.
부인이 그를 떠났고, 직장도 잃었어 – 누군가 그에게 용기를 북돋아 줄 사람이 필요할 것 같아.

2
give one the cold shoulder 냉대하다, 무시하다, 차갑게 대하다

I can't understand why you're giving me the cold shoulder – what have I done wrong?
네가 날 무시하는 이유를 잘 모르겠어 – 내가 뭘 잘못했지?

After he left his wife for a younger woman, his friends all gave him the cold shoulder.
젊은 여자 때문에 부인과 헤어진 후, 그의 친구들 모두는 그를 차갑게 대했다.

3
give sb a piece of one's mind 따끔하게 한마디 해주다, 쏘아 붙이다

A : I can't believe that she let Joan talk to her like that without reacting.
B : I certainly would have given Joan a piece of my mind.
A : 그녀가 아무렇지도 않게 Joan이 그런 식으로 말하도록 내버려 둘 수가 있죠?
B : 나 같았으면 Joan에게 따끔하게 한마디 해주었을 텐데.

Daily Test

Review Test

빈칸에 적당한 단어를 보기에서 고르시오.

보기

cold vital down horse with suspend
mind catch impeccable turmoil candle inhale

1 행복은 반드시 돈이 있어야 되는 것이 아니야.
Happiness doesn't necessarily go __________ money.

2 너무 배가 고파서, 뭐든지 먹을 거야.
I'm so hungry, I could eat a __________.

3 정치 불안정은 제3세계 국가들에게 경제적인 혼란을 야기시킬 수도 있다.
Political instability can lead to economic __________ in third-world countries.

4 신문 보도는 많은 중요한 정보를 담고 있었다.
The newspaper report contained a lot of __________ information.

5 집에 가면 혼나게 될 거라는 걸 나도 알아.
I know I'm going to __________ it when I get home.

6 기타를 연주하는 것으로 말하자면 누구도 그와 상대가 안 된다.
No one can hold a __________ to him when it comes to playing the guitar.

7 리타가 날 차갑게 대하는 이유가 뭔지 모르겠어. 기분을 상하게 했었나?
I don't know why Rita's giving me the __________ shoulder. Have I offended her?

8 화재가 난 경우, 연기를 들이마시지 않도록 입과 코를 뭔가로 막아주세요.
In the case of a fire, put something over your mouth and nose so you do not __________ the smoke.

Answers

1. with 2. horse 3. turmoil 4. vital 5. catch 6. candle 7. cold 8. inhale

Build-up Test

괄호 안의 단어와 반의어인 단어를 보기에서 고르시오.

보기

pertinent vital courteous affirmative ridiculous
outstanding amiable extensive argumentative consistent

1 It is a shame that anyone would speak of anything but his (ordinary) _________ character.

2 Can you figure out why I was asked such a (sensible) _________ question?

3 Our highly-experienced and extremely (rude) _________ staff will be at your beckon call to pamper your every needs.

4 We are looking for a financial advisor who has (narrow) _________ experience.

5 The girl was known for being irritable and (agreeable) _________.

6 We hope to receive an (negative) _________ answer from you.

7 The lawyer asked several (irrelevant) _________ questions to the eyewitness.

8 For the last three days of the tour we had a more (mean) _________ guide.

9 The newspaper report contained a lot of (unimportant) _________ information.

10 His high performance is (erratic) _________ day after day.

Answers

1. outstanding	누구든지 그의 뛰어난 인격 외의 것을 얘기하는 것은 유감스러운 일이다.
2. ridiculous	왜 제가 그런 어처구니없는 질문을 받게 되었는지 이해가 되시나요?
3. courteous	경험 많고 아주 상냥한 직원들이 여러분들의 부름에 응해 필요하신 것을 모두 제공해 드릴 겁니다.
4. extensive	우리는 풍부한 경험을 지닌 재정 고문을 찾고 있다.
5. argumentative	그 여자아이는 신경 과민이고 트집잡기를 좋아하는 것으로 알려져 있다.
6. affirmative	귀하로부터 긍정적인 대답을 듣기 기대합니다.
7. pertinent	변호사는 목격자에게 관련된 여러 질문들을 했다.
8. amiable	여행 마지막 3일간 우리는 더 상냥한 안내원을 만나게 되었다.
9. vital	신문 보도는 많은 중요한 정보를 담고 있었다.
10. consistent	그의 고매한 행동은 한결같았다.

DAY 17

V · O · C · A · B · U · L · A · R · Y

commemorate [kəméməreìt] v. 기념하다, 축하하다

10

We commemorate certain individuals and events that have, in one way or another, had profound and lasting effect on the way we live and who we are.

우리는 어떤 식으로든지 우리가 살아가는 방식과 현재의 우리에게 심오하고 지속적인 영향을 미쳤던 사람과 사건을 기념한다.

syn consecrate, ritualize, solemnize, applaud, cheer, laud, rejoice

condensation [kɑ̀ndənséiʃən] n. 응축, 농축, 응결

7

The sun probably was formed by the condensation of hydrogen mixed with small amounts of helium and other substances.

태양은 소량의 헬륨과 다른 물질과 혼합된 수소의 응축으로 형성된 듯하다.

syn concentration, consolidation, contraction, summarization

engaged [engéidʒd] a. 약혼한

47

Did you know that Eleanor got engaged to Philip?

일리너와 필립이 약혼한 거 알고 있니?

syn promised, matched

exhausting [igzɔ́ːstiŋ] a. 심신을 피로하게 하는

19

Mental labor can be more exhausting than physical work.

정신적인 노동이 육체 노동보다 더 힘들 수도 있다.

syn arduous, laborious, strenuous, draining, enervating, fatiguing, tiring

199 **face** [feis] v. 직면하다, 맞서다, ~에 면하다

You face a greater threat of injury playing sports or riding a bike than you do on a amusement park ride.
놀이 공원에서 놀이 기구를 타는 것보다 오히려 운동을 하거나 자전거를 타는 것이 훨씬 위험할 수 있다.

The main question that faces us today is of supplying food to those in need.
오늘날 우리가 직면한 가장 주된 당면 과제는 가난한 사람들에게 식량을 공급하는 것이다.

syn brave, confront, encounter, meet

368 **fine** [fain] v. 벌금을 과하다 n. 벌금

In accordance with the law, you will be fined 60,000 won for speeding.
법에 따라 당신은 과속으로 6만원의 벌금을 물어야 합니다.

syn charge, penalize, tax

6 **fraudulent** [frɔ́:dʒulənt] a. 사기의, 부당한

The key message is that fraudulent telemarketers are criminals.
중요한 것은 사기를 치는 텔레마케팅 업체는 범죄자라는 것입니다.

syn crooked, deceitful, deceptive, dishonest, false, treacherous

11 **narcissistic** [nɑ̀:rsístik] a. 자아도취의

People who have narcissistic personality disorder share an exaggerated sense of self-importance and self-absorption.
나르시시즘적 성격장애를 갖고 있는 사람들은 비정상적으로 부풀린 자부심과 자기도취에 빠져 있다.

cf. narcissism : 자아도취, 자기중심주의

obstinate [ábstənit] a. 완고한, 고집센

11

When dealing with obstinate customers, customer service representatives should not be argumentative with them.
완고한 고객을 상대할 때에 고객 서비스 담당자는 그들과 논쟁해서는 안 된다.

syn adamant, implacable, inflexible, obdurate, resolute, stubborn

outlive [àutlív] v. ~보다 오래 살다, ~보다 오래 남다

7

By the early 1950's, the power station had outlived its purpose.
1950년대 초반까지 그 발전소는 본래 용도보다 오랫동안 사용되었다.

syn outlast, outstay, outwear, survive

parasite [pǽrəsàit] n. 기생충, 기생자

13

Plants can carry disease and parasites which can destroy the ecology of the new location.
식물들은 새로운 지역의 생태계를 파괴할 수 있는 질병이나 기생충을 옮길 수도 있다.

syn bloodsucker, freeloader, leech, mooch, sycophant, toady

pinch [pintʃ] n. 소량 v. 꼬집다

10

W : John, how does the stew taste to you?
M : It could use just a pinch of salt.
W : 존, 스튜 맛이 어때요?
M : 소금을 좀 더 넣어야겠군요.

syn jot, smidgen, sprinkling, squeeze, tweak, twinge

precise [prisáis] a. 정확한, 정밀한, 규칙대로의

39

To study and record occurrences, each field has developed a precise set of signs and symbols.
사건을 연구하고 기록하기 위해 각각의 분야는 일련의 정밀한 기호와 부호를 발전시켰다.

syn determined, distinct, explicit, accurate, correct, exact, specific

proficient [prəfíʃənt] a. 익숙한

13

Having attended university for four years, Julie is quite proficient at taking notes.

대학교를 4년간 다녀서, 줄리는 노트를 하는 데 아주 능숙하다.

syn able, adept, capable, competent, masterful, skillful

dissolve [dizálv] v. 용해하다, 분해하다

15

Wax polish is beeswax dissolved in turpentine.

왁스 광택제는 송진에 밀랍을 녹여 만든 것이다.

cf. turpentine : 송진

syn disappear, disintegrate, fade, vanish

drool [druːl] v. 침을 흘리다

3

She brought with her an enormous dog that lay drooling on the mat.

그녀는 매트 위에 누워 침을 질질 흘리는 어마어마한 개를 데리고 왔다.

syn dribble, drivel

accelerate [æksélərèit] v. 속력을 빠르게 하다, 가속하다

16

The Cheetah can accelerate from a standing start to 45 miles an hour in merely 2 seconds.

치타는 직립자세로 스타트하여 단 2초만에 시속 45마일의 속력을 낼 수 있다.

cf. standing start : 도움닫기가 없는 스타트, 직립자세에서의 스타트

syn expedite, hasten, quicken

adoption [ədápʃən] n. 입양

58

This is in response to your letter about adoption laws.

이 편지는 당신의 입양법에 관한 편지의 답장입니다.

7 **bland** [blænd] a. 일반의, 온화한, 김빠진

They have sophisticated tastes and are not satisfied with bland food.

그들은 입맛이 섬세하여 보통 음식에 만족하지 않는다.

syn flat, tasteless, dull, monotonous, prosaic, tedious, uninteresting

77 **candidate** [kǽndədèit] n. 지원자, (입)후보자

The successful candidate must also possess excellent oral and written communications skills.

합격 요건에 드는 지원자는 또한 뛰어난 구술 및 작문 능력이 있어야 합니다.

syn applicant, competitor, contestant, nominee

24 **cite** [sait] v. 인용하다, 언급하다

The President cited that the nations of the world are becoming increasingly globalized.

대통령은 전 세계가 점점 더 하나가 되어가고 있다고 언급했다.

syn mention, quote, refer to

25 **competent** [kámpətənt] a. 유능한, 적당한

It's so hard these days to find a competent nanny.

요즘엔 좋은 유모를 구하기가 아주 어려워요.

syn adept, efficient, expert, proficient, qualified, skilled

21 **consensus** [kənsénsəs] n. 일치, 여론

New York has long been a mosaic of grand contradictions, a city for which there has never been – nor ever will be – a clear consensus.

뉴욕은 오랫동안 모자이크 식의 거대한 모순덩어리로, 결코 단 한번도 깨끗하게 일치된 모습을 보여준 적이 없고 앞으로도 그럴 일이 없을 도시이다.

syn accord, concordance, harmony, unanimity, settlement

1 2 3 4 5 6 7 8 9 10 11 12 13 14 15

59 **evolve** [ivɑ́lv] v. 진화하다, 전개되다

Some scientists believe that the vestigial diving response offers proof that humans evolved from aquatic animals.
어떤 과학자들은 퇴화한 잠수 반응이, 인간이 해양 동물로부터 진화했다는 증거를 보여주는 것이라고 생각한다.

syn derive, develop, emerge, mature, result, unfold

43 **exposure** [ikspóuʒər] n. 노출, 드러냄, 접함

Most animal specialists would recommend first exposure of one animal to the other when they are both very young, if possible.
대다수의 동물 전문가들은 가능하면 두 동물이 모두 어릴 때 서로를 처음 접하는 것이 좋다고 권한다.

15 **fertility** [fəːrtíləti] n. 수정 능력, 번식력

I am about 15 pounds overweight, due to the fertility drugs I've been taking.
임신 촉진제를 복용하고 있어서 15파운드가 늘었다.

syn fecundity, fruitfulness, productivity, profuseness

13 **lighthouse** [láithàus] n. 등대

If it is fine, I shall go to the lighthouse.
날씨가 좋으면 나는 등대에 갈 것이다.

syn beacon, pharos

9 **merry-go-round** [mérigouràund] n. 회전목마

At Children's Grand Park, Debby was fascinated by merry-go-round.
어린이 대공원에서 Debby는 회전목마에 완전히 넋을 빼앗겼다.

brutal [brú:tl] a. 잔인한, 난폭한

15

She was taken to a small cell where she was subjected to a brutal beating.

그녀는 잔인하게 두들겨 맞게 될 작은 감방으로 끌려갔다.

syn barbarous, ferocious, harsh, heartless, inhuman, merciless, pitiless, ruthless

deliberate [dilíbərit] a. 의도적인, 고의의, 계획된

26

That shooting was not an accident, but a deliberate attempt to kill the President.

그 총기 난사 사건은 우발적인 사고가 아니라 대통령을 죽이려는 의도적인 시도였다.

syn calculated, conscious, intended, intentional, planned

hammer out 의견 차이를 조정하다, (문제를) 애써서 해결하다

2

A formal communication is currently underway and could be hammered out at the next committee meeting in the spring.

정식으로 교신이 현재 진행 중이며 봄에 있을 다음 위원회 회합에서 의견 차이가 조정될 것입니다.

hand down 언도하다, 물려주다, 유산으로 남기다, 후세에 전하다

11

The judge handed down heavy sentences to the rioters.

판사는 폭도들에게 중형을 언도했다.

My grandmother handed down this necklace to my mother.

할머니께서 이 목걸이를 어머니에게 유산으로 물려주었다.

hand in 제출하다

16

Each manager is expected to hand in the progress reports by this Friday.

각 팀장들은 이번 주 금요일까지 진행 중인 보고서를 제출할 예정입니다.

hang around
근처에 머무르다, 어슬렁거리다, 배회하다

28

A : I hate hanging around with people who always grouches like Cathy.

B : Oh, come on. She's not a bad person. Her chew is worse than her bite.

A : 캐시처럼 항상 투덜거리기만 하는 사람과 같이 있는 게 싫어요.

B : 왜 그래요, 그 여자 나쁜 사람 아네요. 말로만 무섭지.

cf. one's bark is worse than one's bite : 말로만 무섭게 하다

hang on
기다리다

36

Hang on – I'll be with you in a moment!

끊지 말고 잠시만 기다려!

Sally is on the other phone – would you like to hang on?

샐리가 통화 중인데 기다리시겠어요?

hang up
(전화를) 끊다

57

Let me speak to Melanie before you hang up.

전화 끊기 전에 멜라니한테 얘기해 볼게.

If you do not desire to make use of this service, please hang up now.

이 서비스를 사용하고 싶지 않으시면 지금 전화를 끊으십시오.

roll over
굴러 넘어지다, 자빠뜨리다

2

A : Can your dog roll over?

B : I've tried teaching him, but he won't listen to me.

A : 너의 개는 구를 줄 아니?

B : 난 개를 가르치고 있는 중이야. 그런데 내 말을 듣지 않아.

rule out
13

배제하다, ~의 가능성을 없애버리다

A : How do you feel about it?
B : I don't want to rule out any new idea.
A : 어떻게 생각하십니까?
B : 어떤 새로운 생각이 나올 수 있는 것을 배제하고 싶지 않습니다.

run after
25

~의 뒤를 쫓다, 추적하다, ~의 꽁무니를 쫓다

I saw a thief take Steven's wallet so I ran after him, but I didn't catch him.
나는 도둑이 스티븐의 지갑을 가져가는 것을 보고 그를 뒤쫓아갔지만 도둑을 잡을 수 없었다.

run into
16

우연히 만나다, ~에 달하다

It's strange that though we both live in the same neighborhood, we hardly ever run into each other.
우리 둘이 이웃에 살면서도 서로 마주치지 못한 것이 이상한 일이다.

The repairs will probably run into thousands of dollars.
수리비가 수천 달러에 달할 것이다.

run out of
27

떨어지다

I'm sorry but we've run out of that book at the moment.
미안하지만 지금 그 책이 다 떨어졌군요.

I'm running out of patience.
더 이상 못 참겠다.

The fax machine was out of order and besides, we ran out of fax paper also.
팩스가 고장이 났는데, 게다가 팩스 용지도 부족했다.

3
straight from the horse's mouth
직접 들은, 믿을 만한 소식통으로부터 들은

I know it's true! I heard it straight from the horse's mouth!
이건 사실이야! 본인한테서 직접 들었다고.

They are going to be married. I got the news straight from the horse's mouth – their minister.
그들이 결혼한대. 그들의 목사님한테서 직접 들었어.

2
stretch the truth
꾸며대다

It's stretching the truth to say Chris is a born leader, although he does manage people quite well.
크리스가 비록 사람들을 잘 다루지만, 타고난 지도자라고 말하는 건 말을 꾸며대는 것이다.

5
walk in the shoes
흉내내다, 따라 하다

He walks in the shoes of his father.
그는 자신의 아버지를 따라 한다.

Would you be willing to walk in my shoes if you knew the difficulties of the journey?
이 여행의 어려움을 알면서도 나를 따라 오시겠어요?

syn imitate

3
wear the pants
가장 역할을 하는, 주도권을 잡고 있는

Who wears the pants in your house – you or your wife?
자네 집에선 누가 가장인가 – 자넨가 자네 마누라인가?
바지를 입은 사람이 집안의 가장 역할을 하는 데서 유래한 말

2
win hands down
낙승하다

Liverpool won the competition hands down; their nearest rivals were ten points behind them.
리버풀이 시합에서 손쉽게 이겼다; 바짝 뒤를 쫓아오는 경쟁 팀도 10점이나 뒤져 있다.

weigh (up) the pros and cons 장단점을 따지다, 찬반 양론을 따지다

5

We weighed all the pros and cons very carefully before deciding to buy a bigger house.
우린 큰 집을 사는 것을 결정하기 전에 장단점을 아주 조심스럽게 따졌다.

After weighing the pros and cons of each car, he decided to get the BMW.
두 차의 장단점을 비교한 후, 그는 BMW를 사기로 결정했다.

with flying colors 멋지게 승리하다

5

She passed the test with flying colors.
그녀는 시험을 멋지게 통과했다.

Tom finished the race with flying colors.
톰은 경주를 멋지게 승리했다.

syn splendidly

within spitting distance 아주 가까운, 엎어지면 코 닿을 거리의

3

The house is within spitting distance of the sea.
이 집은 바다에서 엎어지면 코 닿을 거리에 있다.

My office is within spitting distance of Westminster.
내 사무실은 웨스트민스터와 아주 가까운 곳에 있다.

work like a dog/horse 죽도록 일하다

3

I've been working like a dog all day, and I'm tired.
하루 종일 죽도록 일해서 지쳤다.

I'm too old to work like a horse. I'd prefer to relax more.
난 죽어라 일하기엔 너무 나이가 많다. 좀 더 편한 것이 더 좋다.

Daily Test

Review Test

빈칸에 적당한 단어를 보기에서 고르시오.

보기

out down precise face after candidates
around into across drool to brutal

1 우리가 만일 경주를 했다면 그녀가 쉽게 이겼을 것이다.
If we had a race, she'd win hands _________.

2 과거에 기술자들은 책상에 앉아서 종이에 정밀한 디자인을 해야 했다.
In the past, engineers had to sit at their desks and make _________ designs on paper.

3 아무래도 기름이 떨어진 것 같은데!
I'm afraid we've run _________ of gas.

4 두 후보자 모두 그 자리에 적임이었다.
Both _________ were fully qualified for the position.

5 그들은 6월에 결혼하기로 약속했다.
They're engaged _________ be married in June.

6 이 반지는 여러 대에 걸쳐서 우리 집안에 물려 오던 것이다.
This ring has been handed _________ in my family for generations.

7 지난주에 백화점에서 옛 친구 중 한 명을 우연히 만났다.
Last week I ran _________ an old friend of mine at the department store.

8 그는 잔인한 독재자였고 적이 많았다.
He had been a _________ dictator and had many enemies.

Answers

1. down 2. precise 3. out 4. candidates 5. to 6. down 7. into 8. brutal

Build-up Test

괄호 안에 들어갈 적절한 단어를 고르시오.

1 We have to allow (in / to / for) the possibility that we might not finish on schedule.

2 I'd really like to ask Hamilton (about / out / of), but I'm worried he'd say no.

3 That music always brings (back / down / forward) happy memories.

4 Tom's car broke (in / down / out) on the way to work.

5 We'll go out as soon as I've cleaned (up / upon / away) the kitchen.

6 Well, if you get tired of life in the city, you can always come (in / back / down) home.

7 I'll let you know if anything comes (up / at / for).

8 I'm trying to cut (away / down / in) on the amount of sugar I eat.

9 She fell (off / in / for) a tall, handsome Frenchman when she was on holiday in Paris.

10 I can't figure (in / out / up) why he did it.

Answers

1. for 우린 계획대로 끝내지 못할 수 있다는 것도 고려해야만 한다.
2. out 해밀턴에게 데이트 신청을 할까 하는데 거절당할까 봐 걱정이 돼.
3. back 저 음악은 항상 행복했던 추억이 생각나게 해.
4. down 탐의 자동차가 출근하는 도중에 고장났다.
5. up 부엌을 깨끗이 청소하자마자 외출할 거야.
6. back 도시 생활이 지겨워지면 언제든지 집으로 돌아오거라.
7. up 무슨 일이 일어나면 알려줄게.
8. down 난 설탕 섭취량을 줄이려고 노력하고 있다.
9. for 그녀는 파리에서 휴일을 보낼 때 키 크고 잘 생긴 프랑스 남자에게 홀딱 반했다.
10. out 난 그가 왜 그랬는지 이해가 안 돼.

DAY 18

V · O · C · A · B · U · L · A · R · Y

48 **nerve** [nəːrv] n. 뻔뻔스러움, 건방짐, 버릇없음, 용기

That man has such a nerve! He's always blaming me for things that are his fault.

저 남자는 정말로 뻔뻔해! 자기가 잘못해 놓고서 항상 나한테 덮어 씌워.

It must have taken a lot of nerve to risk so much money on one product.

한 가지 상품에 위험을 무릅쓰고 그런 많은 돈을 투자하려면 꽤 용기가 필요했을 거야.

syn boldness, courage, fortitude, guts, mettle, audacity, effrontery, impudence, insolence, presumption

563 **off** [ɔːf] prep. 앞바다에

Hurricane Martha is now 250 miles off shore but approaching the coast at a speed of 10 miles an hour.

허리케인 마사호는 현재 연안 250마일 부근에 있으며 시속 10마일의 속도로 해안에 접근 중입니다.

on의 반의어로만 알면 안됨

19 **reap** [riːp] v. 거둬들이다

Your daughter should reap what she sows.

당신의 딸은 뿌린 대로 거둬야 합니다.

syn gather, glean, harvest, acquire, get, receive

16 **reimburse** [rìːimbə́ːrs] v. 갚다, 상환하다, 변제하다, 변상하다

Delivery companies will fully reimburse the cost of any products damaged during shipment.

배달업체들은 운송 중 손상된 상품의 비용을 모두 변상할 것이다.

syn refund, remit, remunerate, repay, return

1 **sorority** [sərɔ́ːrəti] n. 여학생 클럽

The Delta sorority on campus was known for being fun-loving and free in spirit.

캠퍼스의 델타 여학생 클럽은 놀이를 좋아하고 정신적으로 자유로운 것으로 알려졌다.

5 **stray** [strei] v. 길을 잃다, 옆길로 빗나가다

Please do not stray from the group and follow my directions.

부디 무리에서 이탈하지 마시고 제 지시에 따르세요.

syn drift, roam, rove, wander, deviate, digress, veer

21 **surpass** [sərpǽs] v. ~보다 낫다, 능가하다

In 1977, the GNP of China surpassed that of Australia for the first time.

1977년 중국의 국민총생산(GNP)은 처음으로 호주의 국민총생산을 능가했다.

We have surpassed living with life's basic necessities and have long entered a stage of ever increasing consumption.

우리는 기본적인 생필품들로 생활하는 수준은 이미 뛰어넘었고, 시종일관 소비가 점점 더 늘어나는 국면에 접어든 지 오래다.

syn better, exceed, outclass, outdo, transcend

16 **tolerant** [tálərənt] a. 관대한, 아량이 있는

Do take a page out of your husband's book and try to be more tolerant.

남편을 모범으로 삼아서 다른 사람들에게 조금 더 관대해지도록 노력해 보세요.

syn lenient, merciful, accepting, broad-minded, understanding

1 2 3 4 5 6 7 8 9 10 11 12 13 14 15

9 **ultimatum** [ʌ̀ltiméitəm] n. 최후통첩

He gave her a ultimatum – she could either stop seeing her other man and come back to him or it was divorce.
그는 그녀에게 다른 남자들을 그만 만나고 그에게 돌아오거나 아니면 이혼을 하자며 최후통첩을 했다.

On August 3 Belgium rejected the ultimatum and war was declared.
8월 3일 벨기에는 최후통첩을 받아들이지 않고 전쟁을 선포하였다.

syn final notice, warning

18 **blank** [blæŋk] n. 공백, 공허

I had to think of the perfect opening line, but I drew a complete blank.
나는 근사하게 시작할 말을 생각해내야 했으나, 아무 말도 하지 못한 채 입을 다물고 있었다.

syn space

13 **captive** [kǽptiv] n. 포로 a. 사로잡힌, 넋이 나간

Dancer slowly removes the veils before a captive male audience, until only a few are left.
댄서는 넋이 나간 남성 관객들 앞에서 단지 몇 개만 남을 때까지 천천히 베일을 벗는다.

syn hostage, prisoner, confined, imprisoned, subjugated

62 **comfort** [kʌ́mfərt] n. 안락, 낙

They put their own personal needs and comforts secondary to the needs and comforts of the rest of us.
그들은 그들 자신의 개인적인 욕구와 즐거움을 타인들의 욕구와 즐거움에 부차적인 것으로 치부한다.

syn consolation, solace, contentment, peace, serenity

dominant [dάmənənt] a. 지배적인, 가장 유력한

21

Sometimes parents are afraid that teachers may take over as the dominant figure in the child's life.

때로 부모는 교사가 아이의 일생에 지대한 영향력을 끼치는 인물이 될지도 모른다고 염려한다.

cf. take over : 대신하다, 떠맡다

syn major, primary, commanding, controlling, dominating, authoritative

embargo [embά:rgou] n. 출항 금지, 통상 정지, 금지

13

Because of the U.S trade embargo, Cuban cigars have been unavailable to American smokers since 1959.

미국의 무역 통상금지 조치로 쿠바산 시가는 1959년부터 미국 애연가들에게는 구할 수 없는 제품이 돼 버렸다.

syn ban, prohibition, quarantine, restraint, restriction

fiber [fáibər] n. 섬유, 섬유조직, 섬유질

21

Buying paper products made of recycled fibers can help reduce pollution and protect the environment.

재생 섬유로 만들어진 종이 제품을 사면 환경오염을 감소시키고 환경을 보호할 수 있다.

syn filament, strand, tendril, thread

hostile [hάstil / hɔ́stail] a. 적의 있는, 적대하는

23

Before we continue our tour, I would like to remind you that this area is still a sensitive and potentially hostile environment.

여행을 계속하기에 앞서 이 지역은 아직까지도 민감하고 적대적 환경이 잠재된 곳임을 상기시켜 드리고 싶습니다.

syn antagonistic, belligerent, inhospitable, malevolent, malicious, unfriendly

3 **incontrovertible** [ìnkɑntrəvə́:rtəbəl] a. 논의할 여지없는, 명백한

It is in the nature of religious questions that they do not have final, incontrovertible answers.
그것은 본질상 종교상의 문제이기 때문에 최종적이고 절대적인 해답은 없다.
syn incontestable, indisputable, irrefutable, undebatable, undeniable, unquestionable

68 **ordinary** [ɔ́:rdənèri] a. 평범한, 보통의, 평상의

Knowing that she was not an ordinary woman, the reporter treated her special.
그녀가 평범한 여자가 아니란 것을 알았기 때문에 그 기자는 그녀를 특별하게 대했다.
syn average, common, plain, prosaic, customary, mundane, normal, regular

24 **panic** [pǽnik] v. 당황하다, 공포에 질리다

A : What shall I do if something comes up?
B : No matter what happens don't panic.
A : 만약 무슨 일이 생기면 어떡하지?
B : 무슨 일이 생겨도 당황하지마.
syn alarm, scare, startle

58 **reform** [ri:fɔ́:rm] n. 개혁, 개정

You will spend time discussing key issues such as possibility of political reform in Russia and investment opportunities with economic experts.
러시아 내 정치개혁의 가능성과 투자 기회 등의 중요한 문제를 경제 전문가와 함께 논의하게 됩니다.
syn change, correction, improvement, revision

92
resident [rézidənt] n. 거주자, 살고 있는 사람

After a thorough investigation it was found that this fire was due to a resident smoking in bed.
철저한 조사가 이루어진 끝에 거주자가 침대에서 담배를 피우다가 화재가 났다는 사실이 밝혀졌다.
syn dweller, inhabitant, inmate, occupant

38
sacrifice [sǽkrəfàis] n. 희생

I appreciate the sacrifices you made for me when I was growing up.
제가 자랄 때 저에게 주신 희생을 감사하게 생각합니다.
syn oblation, offering, tribute

13
straightforward [strèitfɔ́ːrwərd] a. 똑바른, 정직한, 솔직한

All I want from you is a straightforward answer; please just tell me the truth.
내가 너한테 바라는 것은 정직하게 대답하는 것뿐이야. 사실대로 말해 줘.
syn candid, direct, forthright, frank, honest

14
supplementary [sʌ̀pləméntəri] a. 보충하는, 추가(부록)의, 보유의

Supplementary documents will be attached to let you know terms and conditions in detail.
약관을 자세히 알 수 있도록 추가 서류가 첨부될 것입니다.

Supplementary explanation allows even greater understanding of the machine's dual-use.
보충 설명은 기계의 이중 용도를 훨씬 더 잘 이해할 수 있게 해준다.
syn accessory, additional, extra

19
quote [kwout] v. 시세를 매기다, 견적하다

All prices quoted in the product catalog are exclusive of sales tax.
제품 카탈로그에 적힌 모든 가격은 판매세가 제외된다.

1 2 3 4 5 6 7 8 9 10 11 12 13 14 15

unlock [ʌ̀nlάk] v. 자물쇠를 열다, (비밀 등을) 터놓다, 심중을 토로하다

10 Knowledge of the meanings of roots will enable a student of the language to unlock the meaning of a vast number of words.
어근의 의미를 습득하는 것은 언어를 배우는 학생들에게 방대한 수에 달하는 단어의 의미를 짐작하는 것이 가능하게 할 것이다.
syn solve, find out, figure out, decipher, decode, explain, explicate, clarify

vomit [vάmit] n. 토하다

8 The vet put something down the dog's throat to make it vomit.
수의사는 강아지 목구멍 아래로 뭔가를 집어넣어서 토하도록 했다.
syn disgorge, heave, regurgitate, retch, throw up

ceremony [sérəmòuni] n. 식, 의식

68 An unexpected problem occurred during the wedding ceremony.
결혼식 도중에 예상치 못한 문제가 발생했다.
syn rite, ritual, service, decorum, formality

commitment [kəmítmənt] n. 헌신, 전념

28 We have decided that we are going to make the strongest commitment to provide the best software in the marketplace.
우리는 시장에 최고의 소프트웨어를 제공하기 위하여 최선을 다하기로 결심했다.
obligation, dedication, devotion, faithfulness, resolution
syn

sue [su:] v. 고소하다, 소송을 제기하다

48 She is suing her husband for a divorce.
그녀는 남편에게 이혼 소송을 제기했다.
My father sued his dentist for some treatment which had gone wrong.
아버지는 치료를 잘못 했다고 치과 의사를 고소했다.
syn file suit, litigate

pass over
빠뜨리다, 넘어가다

16

He resented being passed over for promotion.
그는 승진에서 누락된 것에 분개했다.

pay out
갚다, 화풀이하다

37

The factory paid out nearly five million dollars to the employees who were injured in the explosion.
그 공장은 폭발로 인해 부상을 입은 직원들에게 거의 5백만 달러를 보상했다.

pick up
(차로) 태워주다, 마중 나가다

286

A : If my car hadn't broken down yesterday, I could have picked you up.
B : Don't worry. My dad came and got me.
A : 어제 내 차가 고장나지 않았으면 널 데려올 수 있었는데.
B : 걱정하지 마. 우리 아빠가 오셔서 태워주셨어.

Andy and Paul went to Andy's apartment for pizza, and then drove across town to pick up their girl friends.
앤디와 폴은 피자를 먹으러 앤디의 집으로 갔다가, 여자 친구들을 태우러 운전을 해서 시내를 가로질러 갔다.

pull off
잘 해내다

11

The football club pulled off their first away win of the season this Saturday.
축구팀은 이번주 토요일에 시즌 첫 원정 경기를 이겼다.

It's a clever plan and his colleagues think he may have a chance of pulling it off.
그건 좋은 계획이므로 그의 동료들도 그가 잘 해낼 기회를 갖게 될 거라고 생각한다.

put back
도로 밀치다, 제자리에 놓다

13

She decided not to buy the dress and put back the dress on the rack.
그녀는 그 옷을 사지 않기로 결정하고, 옷걸이에 도로 걸어두었다.

1 2 3 4 5 6 7 8 9 10 11 12 13 14 15

put across 훌륭히 해내다

7

A : My thoughts are what I try to put across when I write.
B : Do you mind if I see your writings, then?
A : 글을 쓸 때 최선을 다하려는 것이 내 생각이야.
B : 그럼, 쓴 글 내가 좀 봐도 될까?

put off 피하다, 모면하다, 연기하다

369

She put off speaking to him for weeks.
그녀는 그에게 말 거는 것을 몇 주 동안 피했다.

A : Don't put off going to the dentist.
B : I'm afraid that he'll hurt my teeth.
A : 치과에 가는 것을 미루지 마.
B : 의사가 아프게 할까 봐 무서워.

syn postpone

put up with ~을 참다

128

A : I just can't put up with your crying.
B : I'm sorry but I can't help myself.
A : 네가 우는 소리 더 이상 못 참겠어.
B : 미안해, 하지만 나도 어쩔 수 없어.

a blink of an eye 눈 깜짝할 사이

28

In a blink of an eye he had disappeared.
그는 눈 깜짝할 사이에 사라졌다.

He fell in a blink of an eye – there was no way I could catch him.
그는 눈 깜짝할 사이에 쓰러졌어 – 잡을 방법이 없었어.

add fuel to the fire/flames 불난 데 부채질하다

14

The discovery that the government was aware of the cover-up has really added fuel to the fire.
정부가 은폐 사건을 알고 있었다는 발표는 불난 데 부채질하는 것이었다.

take down 내리다, 무너뜨리다, 헐다

26

The construction crews took down all the trees in order to build the new apartments.
건설 근로자들은 새 아파트를 짓기 위해서 나무들을 모두 베어냈다.

take in 이해하다, 포함하다, 구경하다, 속이다, 맡아 돌보다, 맡아 기르다, (세탁 · 바느질을) 삯으로 맡다

137

He was so surprised he just couldn't take in what I was trying to tell him.
그는 너무 놀라서 내가 말하려는 것을 이해할 수가 없었어.

The new town takes in three former villages.
그 신도시는 이전의 세 개 마을을 포함하고 있다.

After dinner, let's take in a film.
저녁식사를 마치고, 영화를 보러 가자.

The teacher was completely taken in by my excuse.
선생님은 내 변명에 완전히 속았어.

It was very kind of you to take in the foster child.
양자를 돌보는 일은 당신에게 꼭 맞는 일이다.

Harriet asked the seamstress to take in her dress for the reception next week.
해리엇은 재봉사에게 다음주 리셉션에서 입을 드레스를 만들어 달라고 부탁했다.

with all due respect 다 이해합니다만, 다 좋은데

3

With all due respect, I can't agree with your last statement.
다 좋은데, 당신이 한 마지막 말에는 동의할 수가 없군요.

With all due respect, I think you're wrong.
다 이해합니다만, 당신이 틀린 것 같아요.

1 2 3 4 5 6 7 8 9 10 11 12 13 14 15

without a hitch 거침없이, 술술, 무사히

7

A : How did the grand opening of your new store go?
B : It went really well. Everything went off without a hitch.
A : 새로 연 너희 가게의 개업식은 잘 마쳤니?
B : 정말 잘 했어. 모든 게 거침없이 잘 풀렸으니까.

The first day of the 4th Asian Winter Games went off without a hitch yesterday.
제 4회 동계 아시안 게임의 첫째 날이 어제 무사히 시작됐다.
cf. go off : 시작하다 (=start)

worth one's weight in gold 천금같은, 대단히 귀중한

3

This recipe book is worth its weight in gold – it tells you everything you need to know about cookery.
이 요리책은 대단히 귀중해 – 요리에 관해서 네가 알고 싶은 모든 걸 얘기해 주고 있어.

agree to disagree 서로의 이견을 좁히지 못하고 나중에 다시 얘기하기로 하다

11

We agreed to disagree.
우린 좀 더 얘기하기로 했다.

We've been arguing this for hours. Maybe we should just agree to disagree.
이 문제로 몇 시간을 토론해 왔습니다. 아무래도 나중에 더 얘기해야 할 것 같군요.

and then some 더 되는

9

It looked like 20,000 people and then some at the demonstration Saturday.
2만 명도 더 되는 사람들이 토요일 시위에 있었던 것 같다.

A : They say he earns $40,000.
B : And then some!
A : 그는 4만 달러를 번다는 군.
B : 어디 그뿐인가!

basket case
7

무능력자, 구제불능

He has a lot of experience of turning basket case into profitable companies.

그는 구제불능의 회사를 수익이 나는 회사로 바꿔놓은 경험이 풍부하다.

팔다리가 잘려 다른 사람이 바구니(basket)에 담아 다녀야 하는 환자(case)에서 유래

bed of roses
9

안락하고 편안한 생활 / 직업 / 지위

Life isn't always a bed of roses, you know.

인생이란 항상 편한 것만은 아니야.

I'm not disappointed because I never expected our marriage to be a bed of roses.

우리의 결혼이 행복할 것이라고 기대하지 않았기 때문에 실망하지 않는다.

burst one's bubble
6

~의 희망을 깨다, ~를 실망시키다

News of the defeat quickly burst the bubble of our self-confidence.

패배 소식은 우리의 자부심을 무참히 깨버렸다.

She was blissfully happy until one day, suddenly, the bubble burst.

그녀는 갑자기 희망이 깨지기 전까지 더 없이 행복했다.

Daily Test

Review Test

빈칸에 적당한 단어를 보기에서 고르시오.

보기

basket respect embargo reimbursed off up
weight ultimatum sue surpass fuel prospect

1 20년 전만 해도 그 나라는 경제적으로 구제불능이었다.
Twenty years ago the country was an economic _________ case.

2 인정할 것은 다 인정한다 하더라도, 귀하의 견해에 동의할 수는 없군요.
With all due _________, I think I must disagree with you.

3 남편은 나에게 살을 빼든가 나가라고 최후통첩을 했습니다.
My husband gave me an _________: Get thin, or get out.

4 우리 재산을 돌려주지 않으면 고소할 겁니다.
If you don't return our property, we'll _________.

5 치과 의사에게 가는 걸 더 이상 미룰 수 없어.
I can't put _________ going to the dentist any longer.

6 오늘 신문들의 기사는 논쟁을 더욱 뜨겁게 만들고 있다.
Reports in today's newspapers have added _________ to the controversy.

7 쿠폰의 액면가에 8센트를 더해서 보상을 받게 됩니다.
You will be _________ for the face value of this coupon plus 8 cents.

8 그렇게 노래할 수 있는 소년들은 합창단에게는 천금과 같이 귀중하다.
Boys who can sing like that are worth their _________ in gold to the choir.

Answers

1. basket 2. respect 3. ultimatum 4. sue 5. off 6. fuel 7. reimbursed 8. weight

Build-up Test

다음 의미에 맞는 단어를 보기에서 고르시오.

보기

capricious aggressive promiscuous lethal heinous
confidential captive radical reclusive decadent
superb handy noteworthy imbecile combustible

1 of unusually high quality; excellent
2 arising from or going to a root or source; basic
3 avoiding other people, living alone
4 behaving in an angry, threatening way
5 being in a state of decline or decay
6 indiscriminate in the choice of sexual partners
7 grossly wicked or reprehensible; abominable
8 spoken or written in secret, and intended to be kept secret
9 something that burns easily
10 impulsive and unpredictable
11 kept under restraint or control; confined
12 deserving notice or attention; notable
13 convenient to handle or use
14 mentally deficient
15 capable of causing death

Answers

1. superb 최고의, 최상의	9. combustible 가연물, 가연성의
2. radical 근본적인	10. capricious 변덕스러운, 변하기 쉬운
3. reclusive 은둔하는	11. captive 포로의, 사로잡힌
4. aggressive 공격적인	12. noteworthy 주목할 만한
5. decadent 퇴폐적인	13. handy 사용하기 편리한
6. promiscuous 난잡한	14. imbecile 저능한
7. heinous 증오할, 가증스런	15. lethal 치명적인
8. confidential 기밀의	

DAY 19

V · O · C · A · B · U · L · A · R · Y

confidential [kὰnfidénʃəl] — a. 은밀한, 1급 비밀의

37

It was a business matter, he said, and highly confidential.
그가 이것은 사업상 일이고 매우 비밀스런 일이라고 합니다.

The attached documents contain confidential information.
첨부 문서는 비밀정보를 포함하고 있습니다.

syn classified, private, privy, restricted, secret, undisclosed

convict [kənvíkt] — v. 유죄를 선고하다

27

The doctor was convicted and sentenced to weekends in jail.
그 의사는 유죄 선고를 받고 감옥에서 주말을 보내는 형에 처해졌습니다.

syn condemn, doom, sentence

ant acquit

cruise [kruːz] — v. 돌아다니다, 답사하다

36

Once you get out of the traffic jams of the big city, your stress factor decreases as you cruise along looking at the scenery and breathing in all the fresh air.
일단 대도시의 교통체증에서 벗어나기만 하면, 스트레스 요인은 주변 경치를 바라보고 맑은 공기를 흠뻑 마시며 돌아다니는 동안 줄어든다.

syn navigate, float, glide

21 **defendant** [diféndənt] n. 피고

In fact, the federal government was a civil-rights defendant much more often than it was a plaintiff.

사실, 연방정부는 민권에 관해서 원고였다기보다는 훨씬 더 자주 피고였다.

ant plaintiff : 원고, 고소인

4 **expeditious** [èkspədíʃəs] a. 신속한, 급속한

I will appreciate your expeditious handling of this matter.

이 문제에 대해 신속히 처리해 주시면 고맙겠습니다.

syn direct, effective, efficient, immediate, prompt, speedy

35 **faithful** [féiθfəl] a. 충실한

Dogs and cats are not natural enemies. There are many instances in which cats and dogs grew to be faithful friends.

개와 고양이는 원래부터 견원지간이 아니다. 개와 고양이가 충실한 친구로 자란 예가 많이 있다.

syn allegiant, constant, dedicated, devoted, loyal, steadfast

9 **lust** [lʌst] n. 색욕, 욕망, 갈망

He looked at her with lust in his eyes.

그는 색욕이 가득한 눈으로 그녀를 바라보았다.

He's driven by the twin lusts for money and success.

그는 돈과 성공이라는 두 가지 욕망을 추구한다.

syn appetite, desire, eroticism, sensuality, lewdness, enthusiasm, zest

26 **migration** [maigréiʃən] n. 이주, 이동, 이사

This trend may lead to a reverse of migration patterns away from small towns and toward big cities.

이런 추세는 소도시를 떠나 대도시로 이동하는 양상에 역현상을 초래할 수 있다.

syn movement, relocation, transfer

neutral [njúːtrəl]
a. 중립의, 중립국의

17

A : Were the Swiss on the allied side or the German side during World War II?

B : Neither. They were neutral.

A : 2차대전 동안 스위스는 연합국 쪽이었니, 아니면 독일 편이었니?

B : 어느 쪽도 아니었어. 그들은 중립을 지켰지.

syn impartial, nonpartisan, unbiased, noncombatant, pacifistic, uninvolved

offend [əfénd]
v. 성나게 하다, ~의 감정을 상하게 하다

21

A : If I have to put up with your rude behavior all night, I am leaving.

B : How did I offend you?

A : 밤새도록 너의 무례한 행동을 참아내야 한다면, 난 떠나겠어.

B : 어쩌다 제가 당신의 비위를 거슬린 거죠?

syn affront, insult, anger, incense, inflame, exasperate, irritate, disgust

pantry [pǽntri]
n. 식료품 저장실

3

What you need to prevent skin cancer may already be in your medicine cabinet or kitchen pantry.

당신이 피부암을 예방하기 위해 필요한 것은 아마도 이미 당신의 약상자나 부엌의 식료품 저장실에 있을 것이다.

rehabilitate [rìːhəbílətèit]
v. (사회에) 복귀시키다, 재활하다, (명예) 회복하다, 복직시키다

13

The prison service should try to rehabilitate prisoners so that they can lead normal lives when they leave prison.

수감 제도는 죄수들이 출감했을 때 정상적인 생활을 할 수 있도록 재활에 애써야 한다.

After 20 years in official disgrace, she's been rehabilitated.

20년간 면직된 후에 그녀는 복직되었다.

syn aid, assist, reeducate, reclaim, redeem, reform

retain [ritéin] v. 보유하다, 계속 유지하다

26

The company made an effort to retain its workers.

회사는 직원들을 유지하려고 노력했다.

syn hold, reserve, conserve, maintain, preserve

save [seiv] prep. ~을 제외하고 v. 모으다, 저축하다, 줄이다, 남겨 두다

336

I agree with you, save that you have got one or two facts wrong.

한두 가지 사실이 틀린 것을 제외하면 당신의 의견에 동의합니다.

I've been saving for almost a year and I've got nearly $900 in the bank.

난 일년 가까이 저축을 했고 거의 900불이 은행에 있다.

I save all my old letters in case I want to read them again.

난 오래된 편지들을 다시 읽고 싶을 때를 생각해서 잘 두었다.

You might save time and money if you checked your car at least once a month.

적어도 한 달에 한 번 차를 점검하면 시간과 돈을 절약할 수 있을 것입니다.

syn but, except, however, economize, retrench, keep, reserve, store

substantial [səbstǽnʃəl] a. 많은, 상당한

36

The depressed state of the domestic economy has led to a substantial contraction of demand in the PC market.

국내 경기의 침체가 개인용 컴퓨터 시장에서 상당한 수요의 감소를 가져왔습니다.

cf. domestic economy : 국내 경제

contraction of demand : 수요 감소

syn ample, considerable, plentiful

tardiness [tɑ́ːrdinis] n. 느림, 더딤

13

My daughter failed two subjects last term because of her tardiness.

딸아이는 지각 때문에 지난 학기 2과목에서 낙제했다.

syn belatedness, lateness, unpunctuality, eleventh hour, last minute

1 2 3 4 5 6 7 8 9 10 11 12 13 14 15

9

tease [tiːz] v. 괴롭히다, 놀리다, 골리다

A : Stop putting that guy down. You have no right to make fun of him.
B : I'm only teasing him. I don't mean what I say.
A : 그 사람 좀 그만 윽박질러. 너한테는 그 남자를 놀릴 권리가 없어.
B : 난 그냥 장난치는 것뿐이라고. 내가 말한 대로 할 생각은 없어.

syn harass, irritate, mock, molest, harry, needle, joke, josh, kid

22

trail [treil] n. 작은 길, 오솔길, 산길

It was wonderful to get on the trail.
오솔길을 달리는 것은 정말 멋진 일이었습니다.

syn footpath, path, way, course, line, track

3

unfailingly [ʌnféiliŋli] ad. 변함없이, 틀림없이, 믿을 수 있는, 충실하게

The thing I noticed about the people was how unfailingly polite they were.
그 사람들에 대해 알게 된 사실은 항상 예의바르다는 것이다.

syn certainly, unchangingly, always, constantly, faithfully

7

vehemently [víːəməntli] ad. 격렬하게, 맹렬하게

In his statement to the media, President Yeltsin of Russia, vehemently disagreed with the NATO attacks on Serbia.
언론에 발표한 성명에서 러시아의 옐친 대통령은 세르비아에 대한 북대서양조약기구의 공격에 강력히 이견을 표명했다.

syn ardently, fervently, intensely, passionately, excitedly, strongly, vigorously, enthusiastically

19

witness [wítnis] n. 증인

A : Jack denied having been at the station today morning.
B : You have to be kidding. There was a witness.
A : 잭은 오늘 아침 역에 있었다는 것을 부정하고 있어.
B : 말도 안 돼! 증인이 있잖아.

alter [ɔ́:ltər] v. 바꾸다

39

I soon learned that geographic changes never alter what is inside you, your character and what you believe.

난 얼마 안 가 지리적인 변화가 당신의 내면이나 성격, 소신을 절대로 바꾸지 못한다는 것을 알게 되었다.

Being more organized in your personal life is one of the common techniques for altering stress.

개인의 삶을 더욱 체계적으로 정리하는 것은 스트레스를 바꾸는 가장 흔한 방법들 중 하나이다.

syn change, convert, modify, transform, vary

ardor [ɑ́:rdər] n. 열정, 열심

6

The old millionaire who picked up golden coins had something of the simple ardor of a child who picks yellow flowers in a field.

금화를 집어든 늙은 백만장자는 들판에서 꽃을 따는 어린아이의 단순한 열정 같은 것을 갖고 있었다.

syn eagerness, enthusiasm, fervor, zeal, devotion, passion

classify [klǽsəfài] v. 분류하다, 등급으로 나누다

47

When you attract attention to yourself with the clothing you wear, people will naturally classify you as a certain kind of person.

자신이 입고 있는 옷에 이목이 집중되면, 사람들은 당연히 당신을 어떤 부류의 사람이라고 분류할 것이다.

syn categorize, order, arrange, index, evaluate

comprehensive [kɑ̀mprihénsiv] a. 포괄적인, 이해력이 있는

33

Is this list comprehensive or are there some names missing?

이 목록은 포괄적인 건가요 아니면 이름이 빠진 게 있나요?

cf. comprehensible : 이해할 수 있는, 알기 쉬운

syn complete, encyclopedic, extensive, inclusive, thorough

108 **content** [kəntént] a. 만족하여, 안심하여

I take a look at my mother and she seems to be quite content with the way she lives her life.
어머니를 살펴보면, 어머니는 당신이 살아오신 길에 대해 상당히 만족스러워 하는 것처럼 보인다.

syn appeased, comfortable, complacent, satisfied

18 **enthusiastic** [enθù:ziǽstik] a. 열광적인, 열렬한

Our company prefers an enthusiastic worker to a person of quiet capability.
저희 회사는 조용하고 성실한 직원보다 열정적인 직원을 더 선호합니다.

syn ardent, eager, fervent, rhapsodic, spirited, zealous
ant dispassionate

27 **instant** [ínstənt] a. 즉각적인, 즉시의

Zidane became an instant hero in France when his two spectacular header goals helped lead France over Brazil in the 1998 World Cup Final.
지단은 1998년 월드컵 결승전에서 두 개의 극적인 헤딩골로 브라질을 누르고 프랑스의 승리를 이끌어 내면서 순식간에 영웅이 되었다.

syn immediate, instantaneous, prompt, ready-to-use, sudden

11 **ploy** [plɔi] n. 책략, 흉정

It is the government's ploy to reduce the number of drivers and to keep the streets less congested.
이것이 운전자 수를 줄여 거리를 덜 혼잡하게 유지하려는 정부의 책략이다.

syn artifice, dodge, gimmick, ruse, scheme, trick

5

plush [plʌʃ]

a. 편한, 즐거운, 호화로운, 멋있는

Come fly the skies in our comfortable, plush seats, which have more leg-room than those of any major airline.

다른 주요 항공사의 비행기 좌석보다 다리를 뻗는 공간이 넉넉하고, 편안한 고급스런 좌석에 앉아서 비행하십시오.

syn elegant, lavish, luxurious, opulent, posh, sumptuous

5

butt in

간섭하다, 참견하다

I do wish you wouldn't butt in, Stephen. I'm trying to talk to your father.

난 네가 참견하지 않았으면 해, 스티븐. 난 네 아빠한테 얘기하려고 하잖아.

86

clean up

청소하다, 몸을 깨끗이 하다, (부패를) 정화하다, (일 따위를) 마무리하다, 큰돈을 벌다

I'm fed up with cleaning up after you.

네가 어지른 것을 치우는 데 질렸다.

You going to have to clean up your act if you're serious about keeping your job.

자네 일자리를 지킬 생각이라면 행동거지를 조심해야 한다.

We cleaned up at the roulette table last night.

우린 어젯밤에 룰렛 테이블을 싹 쓸었다.

19

collide with

충돌하다

If you don't drive carefully, you might collide with the truck.

조심해서 차를 몰지 않으면 트럭과 충돌했을 것이다.

177

come along

따라 오라, 자 빨리 빨리, (길을) 지나가다, 오다

Come along, children! Get your shoes on or you'll be late for your piano lesson.

빨리 와라, 얘들아. 신발 신어, 피아노 레슨에 늦겠다.

11
come between
~의 사이에 끼다, ~의 사이를 이간하다

Nothing can come between a truly strong relationship.
진실로 굳건한 관계 사이에는 아무것도 끼어들 수 없다.

19
come out with
~을 보여주다, ~을 시장[세상]에 내놓다

A : Singers from all over the world are coming out with new albums.
B : So, which is your favorite CD nowadays?
A : 세계 각처에서 가수들이 새 앨범을 발표하고 있어.
B : 그래, 네가 요즘 좋아하는 CD는 어떤 거니?

A : I wish I could come out with a great idea for the project.
B : How about asking your brother for help?
A : 내가 프로젝트를 위한 아주 좋은 생각을 내놓았으면 좋겠어.
B : 동생에게 도와달라고 부탁하는 건 어때?

88
point out
지적하다

When he told me that he wanted to go mountain-climbing, I pointed out that he was afraid of heights.
그가 등산을 하고 싶다고 말하자, 난 그가 고소공포증이 있다고 지적했다.
syn indicate, refer, remind, bring up

25
put forth
말을 꺼내다, 제안하다

The researcher put forth his ideas that countered the evolution theory on paper.
그 연구원은 진화론에 반대하는 자신의 생각을 서면으로 제출했다.

192
run over
(차가 사람 · 물건을) 치다

If you aren't careful crossing the street, you might get run over.
길을 건널 때 조심하지 않았다면 차에 치였을 것이다.

run through 훑어보다, 급히 읽다

44

M : Let's run through it again. We start with soup, followed by the fish course.

W : Hold on. You want to start with soup? What about salad?

M : 다시 훑어봅시다. 수프로 시작하고 다음에는 생선 코스가 나와요.

W : 잠깐만요. 수프로 시작하시겠다고요? 샐러드는 어떠세요?

to each one's own 사람마다 좋고 싫은 게 다른

3

I'm sorry you hate my music, but to each his own.
내 음악을 싫어하다니 유감이군, 하지만 사람마다 좋아하는 게 다 달라.

You like this roasted squid? Well, to each her own.
이 구운 오징어를 좋아한다고? 사람마다 좋아하는 게 다르구나.

to the core 속속들이, 철두철미한

11

He was shocked to the core – he said he'd never heard such obscene language.
그는 대단히 충격을 받았더군 – 그런 저속한 말은 들어보지 못했대.

He's a Conservative to the core and he's proud of it.
그는 철저한 보수당원이고, 그것을 자랑스럽게 여긴다.

syn completely, thoroughly

to the letter 완전히, 정확하게

5

He carried out president's orders to the letter.
그는 사장의 명령을 완전히 실행했다.

You must follow my instructions to the letter.
넌 내 지시 사항을 하라는 대로 따라야만 해.

3 to top it off

게다가, 덧붙여 말하면

My boss always asks me to stay late, he never says thank you for the work I do and, to top it off, he wouldn't give me a raise last week.
사장은 항상 늦게까지 있으라고 하고, 내가 한 일에 대해서 고맙다고 하는 적이 없으며, 게다가, 지난주에는 봉급을 올려 주지도 않았다.

syn additionally, besides

9 in a flash

눈 깜짝할 사이에, 순식간에, 즉시

The ceremony was over in a flash.
식은 순식간에 끝났다.

The idea came in a flash.
그 생각이 섬광처럼 떠올랐다.

syn quickly, suddenly

7 in a nutshell

간단히 말해서, 한마디로

We are in a hurry, so I'll give you the story in a nutshell.
급하니까 간단히 얘기를 해 줄게.

I don't have time for the whole explanation. Please give it to me in a nutshell.
모든 설명을 들을 시간이 없어요. 간단하게 말해 주세요.

syn in short, briefly

15 in a row

연속으로

Microsoft chairman Bill Gates is the richest American for the tenth year in a row.
마이크로소프트사의 회장 빌 게이츠는 10년 연속 미국에서 최고 부자이다.

She's been voted Best Actress three times in a row.
그녀는 3번 연속으로 최우수 여배우에 선정되었다.

She won the competition three times in a row.
그녀는 3번 연속으로 경기에서 이겼다.

syn consecutively, continuously, successively

9

in deep trouble / get into trouble
곤란한 입장에 처한

You'll get into deep trouble if you continue being late for work.
회사에 계속 지각하면 곤란한 입장에 처하게 될 거야.

I hope you won't get into trouble because of what I said to your dad.
네 아빠한테 한 말 때문에 네가 곤란에 빠지지 않기를 바라.

5

in / into hot water
곤경에 빠진

John's thoughtless remark about religion got him into a lot of hot water.
존이 종교에 관해 무심코 한 말은 그를 곤경에 빠지게 했다.

Making that complaint could get you into hot water.
그런 불평을 하면 곤란한 경우가 생길 수 있어.

syn in serious trouble, dilemma

11

in no time
곧, 즉시

The children ate their dinner in no time.
아이들은 저녁식사를 빨리 끝마쳤다.

We'll be home in no time.
집에 곧 도착할 거야.

Daily Test

Review Test

빈칸에 적당한 단어를 보기에서 고르시오.

보기

short off nutshell convict clean unfailingly
faithful lust with through trouble point

1 그는 이혼을 하고 나서 재정적인 문제에 처하게 되었다.
He got into financial __________ after his divorce.

2 그녀는 어떤 상황에서도 변함없이 명랑하다.
She's __________ cheerful no matter what the circumstances.

3 간단히 말해서, 우린 다시 시작해야 해.
Well, to put it in a __________, we're going to have to start again.

4 이게 얼마나 위험한지 지적해야겠다는 느낌이 들었다.
I feel I should __________ out how dangerous it is.

5 권력에 대한 욕망은 그녀를 무자비하게 만들었다.
Her __________ for power has made her ruthless.

6 우린 이 도시의 부패를 척결할 수 있는 용기있는 시장이 필요하다.
We need a mayor who is tough enough to __________ up this town.

7 자네 보고서를 급히 읽었는데 괜찮은 것 같아.
I ran __________ your report and it looks okay.

8 난 늦게 일어났는데, 따뜻한 물도 없었고, 게다가 버스까지 놓쳤다.
I woke up late, there was no hot water and, to top it __________,
I missed my bus!

Answers

1. trouble 2. unfailingly 3. nutshell 4. point 5. lust 6. clean 7. through 8. off

Build-up Test

다음 지문을 읽고 잘못된 곳을 모두 찾아서 바르게 고치시오.

Smoothies are everywhere. You can cross the street without finding another smoothie shop in the west United States. What's a smoothie? Easy. Just put some fresh fruit, yogurt, ice and your favorable juice in a blender and flip the switch. In a moment, you will find a nutritious, delicious treat that has become all the rage. Some people add protein powder or other diet supplements to pack these drinks with added power. Everyone from aerobics instructors to high-powered lawyers is turning to this new drink trend.

Answers

can cross ⇨ can't cross, west ⇨ western, favorable ⇨ favorite, diet ⇨ dietary

|해석| 스무디는 어디에나 있다. 미 서부에서는 스무디를 파는 상점을 보지 않고 길을 건너는 것이 불가능하다. 스무디란 무엇인가? 간단하다. 신선한 과일 약간과 요구르트, 얼음 및 여러분이 좋아하는 주스를 믹서기에 넣고 스위치를 살짝 누르기만 하면 된다. 잠시 후 여러분은 대유행하고 있는 영양가 높고 맛있는 향응을 맛보게 될 것이다. 어떤 이들은 이 음료를 포장하면서 부가 효능을 노려 단백질 분말이나 기타 식이요법 첨가물을 넣기도 한다. 에어로빅 강사에서부터 활동적인 변호사에 이르는 모든 사람들이 이 새로운 음료의 유행에 따르고 있다.

|어휘| blender 믹서 flip 튀기다, 가볍게 치다 all the rage (일시적) 대유행 dietary 음식물의, 규정식의, 식이 요법의 supplement 부록, 추가, 보유

DAY 20

V · O · C · A · B · U · L · A · R · Y

15 **invalidate** [invǽlədèit] v. 무효로 만들다

Failure to mail in the card within 30 days of purchase invalidates the warranty.

구입 후 30일 이내에 카드를 우송하지 않는 경우 이 보증서는 무효가 됩니다.

syn annul, cancel, negate, repeal, reverse, revoke

17 **law-abiding** [lɔ́ːəbàidiŋ] a. 법을 지키는

Such actions against law-abiding citizens will not be tolerated.

법을 준수하는 시민에 대한 이런 조치는 허용될 수가 없다.

syn obedient, compliant, allegiant

25 **pet** [pet] v. 귀여워하다, 애무하다 n. 애완 동물

A : Have I done anything wrong?
B : No, it's all right. He's not used to being petted.
A : 제가 뭐 잘못한 거라도 있나요?
B : 아니요, 괜찮습니다. 녀석은 애무해주는 데 익숙지 않거든요.

syn caress, fondle, pat, stroke

13 **portrayal** [pɔːrtréiəl] n. 묘사, 그리기

I've seen dozens of prison movies over the years, and very few have been even close to an honest portrayal.

수년간 수십 편의 감옥을 다룬 영화를 봐 왔지만, 실상을 사실과 비슷하게 그려낸 것은 거의 없었다.

syn depiction, representation, drawing, illustration

178 **process** [prάses] v. 처리하다

Calls are processed in the order received.
전화는 연결되는 순서대로 처리됩니다.

syn refine, treat

91 **significant** [signífikənt] a. 중요한, 소중한, 상당한, 현저한

During the last ten years, no new significant oil fields have been discovered.
지난 10년 동안 새롭게 중요한 유전이 발견된 적은 없었다.

Recent years have seen a significant increase in the use of employer drug testing, as the costs to employers of drug abuse are increasingly recognized.
마약 남용으로 인해 고용주들이 부담해야 하는 비용이 점점 늘어나면서, 최근 몇 년간 고용주들에 의해 시행되는 마약 복용 테스트의 사례가 현저히 증가했다.

syn important, pivotal, vital, weighty, notable, profound, indicative

5 **sprawling** [sprɔ:liŋ] a. 불규칙하게 넓어지는[뻗는]

The Grand Maui Resort is located on a sprawling 2,000 acres on the south shore of Maui.
그랜드 마우이 리조트는 마우이 남쪽 해변에서 2,000에이커에 걸쳐 뻗어있습니다.

13 **subtle** [sʌ́tl] a. 포착하기 어려운, 미묘한

This is your chance to understand the subtle world of Russian policymaking and gain valuable contacts.
이것은 포착하기 어려운 러시아의 정책 입안을 이해하고 귀중한 인맥을 얻을 수 있는 기회입니다.

syn elusive, implied, indirect, insinuated, delicate, fine, intricate

1 2 3 4 5 6 7 8 9 10 11 12 13 14 15

36 **valid** [vǽlid] a. 유효한, 효력 있는

You may not enter the building without showing your valid driver's license.

유효한 운전면허증을 제시하지 않으면 건물에 들어갈 수 없다.

17 **wholesome** [hóulsəm] a. 건강에 좋은, 건전한, 유익한

At Adriana's you can find good, wholesome American favorites as well as exotic and ethnic dishes.

Adriana's에서 당신은 미국인들이 가장 좋아하는 맛있고, 건강에 좋은 음식뿐만 아니라 이국적이고 특이한 음식도 맛볼 수 있습니다.

syn beneficial, healthful, nourishing, nutritious, healthy, robust, sound

78 **court** [kɔːrt] n. 법정, 판사, 임원회

Whether the suspect is innocent or not will be proven at court.

용의자가 결백한지 아닌지는 법정에서 증명될 것이다.

syn judiciary, tribunal, hearing, session

114 **deliver** [dilívər] v. 아이를 분만하다

Because of a difficult presentation, the doctor had to turn the baby before it could be delivered.

태아의 위치가 까다로웠기 때문에, 의사는 분만 전에 아이의 위치를 돌려놓아야만 했다.

syn bear, give birth, labor

26 **discrimination** [diskrìmənéiʃən] n. 차별, 차별 대우

There are plenty of jobs for qualified men, while women who need to work get smaller wages and rampant discrimination.

능력 있는 남자를 위한 직업이 많은 반면에 일자리가 필요한 여성들은 낮은 임금과 만연하는 차별 대우를 받고 있다.

syn bias, bigotry, favoritism, intolerance, prejudice

drawback [drɔ́:bæ̀k] n. 약점, 결점

9

It seems the advancement in medicine does have major drawbacks.
의학계의 발달은 많은 약점을 갖고 있는 것 같다.
syn disadvantage, flaw, liability, weakness

grade [greid] v. 성적을 매기다, 채점하다 n. 성적, 학점

74

Your tests will be graded tomorrow, and you should receive your results by Friday.
당신이 본 시험은 내일 채점될 것이며, 금요일까지는 성적을 받아보게 될 겁니다.

Papers can be longer, however, they will be graded on quality and not quantity.
장 수는 길 수 있지만, 성적은 보고서의 양이 아니라 질로 매겨진다.
syn order, rank, level, degree, position, status, rating, value

gusto [gʌ́stou] n. 즐김, 기호, 취미

5

There are people out there like me who want to put life in fifth gear and go for the gusto every chance they get.
나처럼 인생을 5단 기어에 놓고 잡을 수 있는 모든 기회를 놓치지 않고 즐기고자 하는 사람들이 많다.
syn enthusiasm, relish, zeal, zest, delight, enjoyment, liking

hub [hʌb] n. 중심, 중추

17

Seoul is the social, industrial, political, and economic hub of Korea.
서울은 한국의 사회 · 산업 · 정치 · 경제 중심지이다.
syn axis, center, core, focus, heart, middle

interrupt [ìntərʌ́pt] v. 가로막다, 중단시키다, 도중에 방해하다

23

I wish you would stop interrupting me when I talk.
내가 말할 때 당신이 나를 가로막지 않으면 좋겠어.
syn break in, interfere, intrude, discontinue, leave off, stop, suspend

3 **jolt** [dʒoult] n. 정신적 쇼크, 충격, 급격한 동요

His self-confidence took a sudden jolt with the news that he had not been selected for the national team.
자신만만해 하던 그는 자신감은 국가대표팀에 탈락되었다는 소식에 갑작스런 충격을 받았다.

We felt a series of jolts as the plane touched down.
우리는 비행기가 착륙하면서 급격한 요동을 느꼈다.

syn jar, jump, blow, shock, surprise

23 **luxurious** [lʌgʒúəriəs] a. 사치스러운, 호화로운

The apartment was luxuriously appointed with the finest furniture available in the country.
그 아파트는 국내에서 구할 수 있는 가장 좋은 가구로 호화스럽게 장식되었다.

syn elegant, lavish, rich, sumptuous, comfortable, costly, extravagant

7 **molest** [məlést] v. 추근대다, 희롱하다

The girl had been molested frequently by her stepfather from the age of eight until she was twelve.
그 여자아이는 8살부터 12살이 될 때까지 의붓아버지에게 자주 추행을 당해 왔다.

syn assault, bother, harass, pester, plague, rape, vex, violate

114 **pollution** [pəlúːʃən] n. 오염, 공해

Lately scientists have found increased pollution in the water supply.
최근에 과학자들은 상수도 오염이 늘어나는 것을 알아냈다.

syn adulteration, contamination, corruption, foulness, impurity

36 **promising** [prάmisiŋ] a. 유망한, 장래성 있는, 가망 있는

I think in the next few years we'll be seeing many promising new candidates emerge in the fight against cancer.
몇 년 내에 암과 맞서 싸우는 새로운 유망한 물질들이 나타날 것이라고 생각한다.

syn advancing, bright, favorable, hopeful

5 **reciprocate** [risíprəkèit] v. 보답하다, 갚다

They demand constant attention and admiration and special favors, without being willing to reciprocate.

그들은 보답할 의사는 전혀 가지고 있지 않으면서, 끊임없는 관심과 존경 그리고 특별한 호의를 요구한다.

syn respond, retaliate, retort, return

7 **sedentary** [sédəntèri] a. 앉아 있는, 앉아 일하는

The benefits of exercising regularly while pregnant surpass staying sedentary during pregnancy.

임신 중에 규칙적으로 운동하는 것은 앉아 있는 것보다 훨씬 큰 이점이 있다.

syn fixed, immobile, inactive, stationary

38 **simulate** [símjəlèit] v. 모의 실험하다

Amusement park rides use the laws of physics to simulate danger, whilst the rides themselves are typically very safe.

놀이 공원의 탈것들은 물리 법칙을 이용하여 위험에 대해 모의 실험을 하므로 놀이 기구들은 대체로 안전하다.

cf. amusement park : 놀이 공원

syn fake, feign, pretend, imitate, mimic

5 **squander** [skwándə*r*] v. 낭비하다, 헛되이 쓰다

They'll quite happily squander a whole year's savings on two weeks in the sun.

그들은 1년간 번 돈을 아주 행복하게 일광욕을 하면서 2주 만에 낭비할 것이다.

syn consume, dissipate, fritter away, misuse, waste

26 **trace** [treis] v. (유래, 원인, 출처를) 더듬다, 거슬러 올라가다, 밝혀내다

The energy we use to make things easier can be traced to the sun.

우리가 뭔가 쉽게 만들기 위해 사용하는 에너지는 태양으로부터 나온다.

syn pursue, track, trail

27 **odds** [ɑdz] n. 승산

Struggling hard against almost impossible odds, he was unable to effect even a small change in the course of the vehicle.
거의 불가능한 승산에 맞서 힘들게 싸웠지만, 그는 경주의 진행에 조금도 영향을 미칠 수 없었다.
syn advantage, chance, likelihood, probability

13 **outfit** [áutfit] n. 채비, 여장, 의상 한 벌

You might want to wear a nice outfit, and speak clearly and honestly.
멋진 의상을 차려입고 정확하고 솔직하게 말하길 바라야 한다.
syn apparel, costume

27 **hold up** 길을 막다, 세우다, 위로 치켜들다

There was a big hole in the street which held up the traffic.
도로에 큰 구멍이 있어서 교통이 정체되었다.

11 **hooked on** (마약에) 중독된, (생각에) 빠진

Kevin is hooked on heroine and the police are tailing him everywhere he goes.
케빈은 헤로인에 푹 빠져서 그가 어딜 가든 경찰이 쫓아다닌다.

He's hooked on the idea of going on a round-the-world trip.
그는 세계를 일주하는 생각에 빠져 있다.

27 **lighten up** 봐주다, 경감해 주다, 휴식을 취하다, 누그러뜨리다

Lighten up, would you? – She broke it by accident.
좀 봐줄 수 없어요? 그녀가 어쩌다 그것을 깼잖아요.

My doctor told me if I didn't lighten up, my health would suffer.
휴식을 취하지 않으면 건강을 해칠 거라고 내 주치의가 말했다.

see in 매력을 찾아내다
15

I don’t know what you see in him.
그 사람의 어디가 좋아서 그런지 모르겠구나.

I don’t know why she married that awful man; I can’t think what she sees in him.
왜 그녀가 그런 끔찍한 남자와 결혼했는지 몰라. 그녀가 그의 어떤 점을 보았는지 상상할 수 없어.

sell on (남에게) 받아들이게 하다, 납득시키다, 설득하다
17

She’s really sold on the idea of buying a new car.
그녀는 새 차를 사자는 제안을 받아들였다.

I’m completely sold on the idea; I think it’s a brilliant suggestion.
난 그 생각이 전적으로 마음에 들어. 훌륭한 제안이라고 생각해.

set aside 챙겨 놓다, 옆에 두다
25

M : I hear you set aside $100 each week out of your salary. What are you going to do with it?
W : Nothing. I can’t save any money if I don’t do that.
M : 봉급에서 매주 100달러를 떼낸다는데, 그걸로 뭘 할거죠?
W : 아무것도 안 해요. 그렇게라도 하지 않으면 저축할 수 없거든요.

settle down 느긋하게 쉬다, 정착하다, 자리잡다, 익숙해지다
31

Settle down on the sofa, and I’ll bring you a cup of tea.
소파에 편히 쉬고 있어, 차를 갖다 줄게.

I am ready to settle down with my girlfriend soon.
곧 애인과 보금자리를 꾸밀 준비가 됐어.

He soon settled down in his new school.
그는 곧 자신의 새 학교에 익숙해졌다.

set up
78
세우다, 설립하다, 충분히 지급하다, 속이다

They've set up a fund for victims of the earthquake.
그들은 지진으로 생긴 희생자들을 위한 기금을 설립했다.

Winning the lottery has set them up for life.
복권 당첨으로 그들은 한평생 지낼 돈을 받았다.

They claimed that they weren't selling drugs, but that they'd been set up by the police.
그들은 마약을 팔지도 않았는데, 경찰이 파 놓은 함정에 빠졌다고 주장했다.

take on
21
고용하다, 맡아서 경영하다

A : Jenny, I need you to take on some more work this week.
B : Oh no! I am already overloaded with four projects; I don't think I can do more.
A : 제니, 이번주에 일을 몇 개 하려면 네 도움이 필요할 것 같아.
B : 안돼! 이미 난 프로젝트를 네 개나 맡아서 너무 부담스러운 걸. 난 도무지 일을 더 맡을 수는 없을 것 같아.

Would you be able to take on the office for next week?
다음주에 사무실 좀 맡아줄 수 있겠니?

take over
36
정복하다, 인도받다, 양도받다, 인수하다, 뒤를 이어받다

I've asked my assistant to take over preparing the reports.
난 내 조수에게 보고서 작성하는 것을 인계 받으라고 부탁했다.

A : What happened to the company upstairs?
B : It was taken over by the government.
A : 위층에 있는 회사에 무슨 일이 생겼니?
B : 정부가 인수했어.

alternative medicine
15
대체의학

Alternative medicine can sometimes provide a cure where conventional medicine cannot.
대체의학은 때때로 기존의 의학이 할 수 없는 치료법을 제공한다.

behind bars
철창 신세를 지고 있는

21

If you keep cheating on your taxes I'm sure you'll be serving some time behind bars.

계속해서 세금을 포탈하면 나중에 철창 신세를 져야 할 겁니다.

syn in jail, in prison

behind the wheel
운전을 하다

25

Are you feeling a little nervous when you get behind the wheel these days? Don't worry, you're not alone.

요즘 운전을 하실 때 약간 긴장이 되십니까? 걱정하지 마십시오. 비단 당신뿐만이 아닙니다.

bitter pill to swallow
받아들이기 힘든 것

17

The defeat was a bitter pill to swallow.

패배는 받아들이기가 힘들었다.

We found his deception a bitter pill to swallow.

우린 그의 속임수가 받아들이기 힘든 것임을 알게 되었다.

blind drunk
곤드레만드레가 되어

13

She came home last night blind drunk.

그녀는 어젯밤에 곤드레만드레가 되어서 집에 돌아왔다.

Every Saturday night he came home blind drunk.

그는 토요일 밤엔 항상 곤드레만드레가 되어서 집에 돌아왔다.

boiling mad
화가 나서 속이 부글부글 끓는

9

She is going to be boiling mad if I get home after midnight.

내가 자정이 넘어서 집에 가면 마누라는 화가 나서 미칠 거야.

1 2 3 4 5 6 7 8 9 10 11 12 13 14 15

born and bred
태어나서 자란

14

He's a countryman born and bred, so he doesn't like big cities.
그는 시골에서 태어나고 자란 사람이라, 대도시는 좋아하지 않는다.

Born and bred in Yorkshire, she wrote novels containing much autobiographical detail and description of the Yorkshire countryside.
요크셔에서 태어나고 자랐기 때문에, 그녀는 자전적인 내용과 요크셔 지방의 묘사를 담고 있는 소설을 썼다.

born and raised라고 쓸 수도 있지만 'b- and b-'로 연결되는 운율을 맞추려고 born and bred라는 두운법을 사용했다(Alliteration)

break one's neck
몹시 노력하다, 전력을 다하다, 애쓰다

15

The taxi-driver almost broke his neck trying to get us to the airport on time!
택시 운전사는 우리를 공항에 정시에 도착하게 하려고 전력을 다했다!

break the news
나쁜 소식을 전하다

11

I don't want to be the one to break the news to him.
그에게 나쁜 소식을 전하는 사람이 되고 싶지 않아.

It was the *Observer* newspaper which first broke the story about the smuggling ring.
밀수단에 관한 이야기를 처음 소개한 것은 옵저버지이다.

born yesterday
덜 떨어진, 머리가 모자란

13

Don't try to fool me. I wasn't born yesterday, you know.
날 속이려고 들지마. 난 바보가 아니라고.

Daily Test

Review Test

빈칸에 적당한 단어를 보기에서 고르시오.

보기

bars	significant	molesting	settle	over	neck
promising	cell	hooked	legs	squander	wholesome

1 여기에 정각에 오려고 전력을 다 했어.
I broke my __________ to get here on time.

2 우리 회사의 경기 전망은 밝고 전도 유망합니다.
The future looks bright and __________ for our company.

3 그는 일생의 대부분을 감옥에서 보냈다.
He spent most of his life behind __________.

4 비디오게임에 푹 빠져서 도저히 그만둘 수가 없어.
I'm __________ on video games. I just can't stay away from them.

5 난 이제 여행에 질렸어. 결혼해서 정착하고 싶어.
I hate all this travel; I want to get married and __________ down.

6 우리가 화석 연료를 낭비한다면, 우리는 문명을 위협하는 것이다.
If we __________ our fossil fuels, we threaten civilization.

7 이 회사는 올해 회사 3개를 인수했다.
This firm has taken __________ three companies this year.

8 그 남자는 어린 사내아이들을 성추행해서 여러 번 체포된 적이 있다.
The man had previously been arrested several times for __________ young boys.

Answers

1. neck 2. promising 3. bars 4. hooked 5. settle 6. squander 7. over 8. molesting

Build-up Test

괄호 안의 단어와 동의어인 단어를 보기에서 고르시오.

보기

prospect breakthrough offense sanitation existence
perspective confidence hunch hub indecisiveness

1 Your parents' (viewpoint) _________ may differ from yours.

2 Seoul is the social, industrial, political, and economic (center) _________ of Korea.

3 The discovery was a major (innovation) _________ for cancer research.

4 The head chef will inspect the kitchen (hygiene) _________ every week.

5 The (misdeed) _________ of the judge is almost as bad as the offense of the abuser.

6 I have a (feeling) _________ that he was not being honest with me.

7 Her (reluctance) _________ made it difficult to finish the work in time.

8 I have every (trust) _________ in her. She'll be perfect for the job.

9 There are few, if any, people who believe the (actuality) _________ of Godzilla.

10 There's not much (possibility) _________ of my being able to attend the meeting.

Answers

1. perspective	너의 부모님의 견해는 너의 견해와 다를 수 있다.
2. hub	서울은 한국의 사회 · 산업 · 정치 · 경제 중심지이다.
3. breakthrough	그 발견은 암 연구에서 중요한 발전이었다.
4. sanitation	총주방장이 매주 주방 위생을 검사할 것이다.
5. offense	판사의 죄는 가해자의 범죄와 다를 바가 없을 만큼 나쁩니다.
6. hunch	어쩐지 그가 내게 정직하지 않다는 생각이 들어.
7. indecisiveness	그녀의 우유부단함으로 일을 제시간에 끝내기가 힘들었다.
8. confidence	난 그녀를 완전히 믿는다. 그녀는 그 일에 딱 맞는 적임자가 될 것이다.
9. existence	설령 있다고 하더라도 고질라의 존재를 믿는 사람은 거의 없다.
10. prospect	제가 회의에 참석할 가능성이 많지 않습니다.

TEPS VOCA

Snowballing

DAY 21 ~ DAY 30

DAY 21

V · O · C · A · B · U · L · A · R · Y

27 **advocate** [ǽdvəkit] v. 주장하다, 옹호하다, 지지하다

He advocates the return of capital punishment.
그는 사형 제도의 부활을 옹호하고 있다.

It is dangerous to advocate castration as a solution to sexual violence.
거세를 성범죄의 해결책으로 주장하는 것은 위험하다.

syn support, uphold, recommend

231 **charge** [tʃɑːrdʒ] v. 요금을 부과하다

Should you wish to leave a message on this system, you will be charged the regular rate for a phone call.
이 시스템에 메시지를 남기시려면 정식 전화 요금이 부과될 것입니다.

syn impose, levy, assess

15 **compassionate** [kəmpǽʃənit] a. 인정 많은, 동정심 있는

Most of our friends know about our situation and are compassionate and supportive.
대부분의 우리 친구들은 우리의 상황을 알고 동정해 주고 격려해 주고 있다.

The public's response to the crisis appeal was generous and compassionate.
위기가 임박했다는 호소에 대한 국민의 반응은 인자하고 동정적이었다.

syn benevolent, charitable, empathetic, merciful, sympathetic

6
connoisseur [kɑ̀nəsə́:r] n. 감정가, 전문가

Many art connoisseurs would probably be appalled that the world renowned Guggenheim Museum is the stage for a display of over 100 motorcycles.
대다수의 미술 감정가들은 세계적인 명성을 떨치고 있는 구겐하임 박물관에 100대가 넘는 오토바이가 전시된 무대가 있다고 한다면 깜짝 놀랄 것이다.

syn authority, epicure, expert, judge

650
cool [ku:l] a. 훌륭한, 근사한 n. 침착, 냉정 v. 가라앉히다, 진정시키다

You look really cool in that new dress.
새로 산 드레스가 아주 잘 어울리는데.

If you hear the fire bell, keep cool and don't panic.
화재 경보가 울리면, 진정하고 겁먹지 마.

The Asian economy will continue to enjoy rapid growth, even though measures will be taken to cool the overheated Chinese economy.
아시아 경제는 비록 과열된 중국 경제를 식히는 조치가 취해지더라도, 급속한 성장세를 지속할 것이다.

syn excellent, fine, sublime, wonderful

23
fascinating [fǽsənèitiŋ] a. 매혹적인, 황홀한

Because of Korea's relatively small size, and its sound public transportation system, fascinating tourist sights are merely a few minutes or hours away.
한국은 비교적 국토가 좁고 견실한 대중교통 체계로 인해 매혹적인 관광명소들이 몇 분 혹은 몇 시간 거리에 있다.

syn alluring, appealing, attractive, enticing, bewitching, enchanting

157
recognize [rékəgnàiz] v. 알아보다, 인식하다

I don't know whether you can recognize her from here, but the girl reading the newspaper is Jennifer.
네가 여기서 그녀를 알아볼지 모르겠지만, 신문을 읽고 있는 소녀는 제니퍼이다.

syn identify, know, realize, recall, recollect, remember

34 **flexible** [fléksəbəl] a. 구부리기 쉬운, 유연한, 융통성이 있는

Rubber is a flexible substance.
고무는 구부리기 쉬운 물체이다.

I have a very flexible arrangement with my employer so I can work whatever hours suit me.
난 고용주와 아주 융통성있는 합의를 했기 때문에 내가 좋은 시간에 일을 할 수 있다.

syn agile, elastic, adaptable, changeable, compliant

ant rigid, dogmatic, caustic

31 **remarkable** [rimάːrkəbəl] a. 주목할 만한, 두드러진, 현저한

Her device is original and remarkable.
그녀의 고안품은 독창적이고 주목할 만하다.

An experimental drug has produced remarkable results when tested on a wide range of cancers.
임상실험 중인 의약품이 여러 종류의 암 치료에 시험해 봤을 때 놀라운 결과를 낳았다.

syn exceptional, extraordinary, fabulous, incredible, magnificent, uncommon

38 **rub** [rʌb] v. 비벼대다

People have known for many years that electricity can be made by rubbing certain things together.
사람들은 오랫동안 특정한 물건을 서로 마찰시키면 전기를 일으킬 수 있다는 사실을 알고 있었다.

syn knead, massage, stroke

123 **transport** [trænspɔ́ːrt] v. 수송하다, 운반하다, 추방하다

Such heavy items are expensive to transport by plane.
그렇게 무거운 물건은 비행기로 수송하는 데 비싸다.

The film transported us back to the New York of the 1950s.
그 영화는 우리를 1950년대의 뉴욕으로 거슬러 올라가게 해.

Thousands were transported to Australia.
수천 명이 호주로 추방되었다.

syn bring, carry, convey, ferry, move

1 2 3 4 5 6 7 8 9 10 11 12 13 14 15

32 **upcoming** [ʌ́pkʌ̀miŋ] a. 다가오는, 이번의, 곧 공개될

Tickets are selling well for the group's upcoming concert tour.
그룹의 곧 있을 연주회 투어 표가 잘 팔리고 있다.

The main purpose of the upcoming meeting is to provide the public with accurate information on our new product.
앞으로 열릴 회의의 주목적은 우리의 새 제품에 대한 정확한 정보를 대중에게 제공하는 것이다.

syn approaching, forthcoming, imminent, impending

5 **whimper** [*h*wímpər] n. 훌쩍거림, 낑낑거림

Although the stock market started off the week with a big bang, it ended in a whimper.
주식시장은 그 주간을 빅뱅으로 시작했음에도 불구하고 찔금찔금 하락하는 데 그쳤다.

syn cry, weep, whine

59 **decline** [dikláin] v. 떨어지다, 감소하다, 거절하다

Although the price of airline tickets suddenly increased, the number of travelers did not decline.
항공권의 가격이 갑자기 인상되었으나 여행객의 숫자는 줄어들지 않았다.

syn dismiss, refuse, reject, cheapen, decrease, drop, dwindle, weaken

23 **detailed** [dí:teild] a. 상세한, 자세한

We really need a detailed map of the area.
우린 이 지역의 상세한 지도가 절실히 필요하다.

A witness has given a detailed description of the suspect to the police.
목격자는 경찰에게 용의자의 생김새를 자세히 설명했다.

syn minute

diverse [divə́:rs] a. 다양한

37

You would be surprised at the diverse financial products available on the market.

시중에 다양한 금융 상품들이 있다는 사실에 놀라움을 금치 못할 것이다.

syn different, dissimilar, distinct, various

elicit [ilísit] v. 이끌어내다

7

The questions are designed to elicit their opinions of a product or product idea.

질문들은 상품이나 상품 아이디어에 대한 의견을 이끌어내기 위해 고안되었다.

syn draw, extract, invoke, rouse, summon

essential [isénʃəl] a. 필수적인, 본질적인 n.필수사항, 요점

103

It is essential that the community be protected against dangerous criminals and that they be protected from each other.

위험한 범죄자로부터 사회가 보호받는 것과 범죄자들간에도 서로 보호받는 것은 중요하다.

It is essential that we keep our lips sealed about this plan until after January 1st.

1월 1일이 지나기 전까지는 이 계획에 관해서 입을 다물고 있는 게 중요해.

syn basic, primary, crucial, imperative, indispensable, necessary, require, vital

exploit [éksplɔit] v. (이기적인 목적으로) 이용하다, 착취하다, 개발/개척하다

19

Laws exist to stop companies' exploiting their employees.

회사가 근로자들을 착취하지 못하도록 법이 존재한다.

We need to make sure that we exploit our resources as fully as possible.

우리는 우리의 자원을 최대한으로 이용해야 한다.

syn abuse, maneuver, manipulate, maximize, misuse, use, utilize

1 2 3 4 5 6 7 8 9 10 11 12 13 14 15

20 **isolate** [áisəlèit] v. 고립시키다, 분리시키다

Most reports of problems with today's cosmetics are usually isolated incidents of allergic or skin irritation reactions.

최근 화장품 문제를 다룬 대부분의 기사들은 알레르기나 피부 자극 반응 같은 문제는 거론하지도 않는다.

syn quarantine, seclude, segregate, separate, sequester

10 **literally** [lítərəli] ad. 글자 뜻대로

All languages around the world possess phrases that cannot be understood literally.

전세계의 언어에는 글자 뜻대로는 이해할 수 없는 구문이 있다.

syn exactly, precisely, accurately, matter-of-factly

ant approximately, inaccurately, figuratively

7 **millennium** [miléniəm] n. 천년간

In a show of optimism, most economists are predicting that most Asian economies will enjoy growth in the new millennium.

낙관적인 관점에서, 대부분의 경제학자들은 대다수의 아시아 국가 경제가 다가올 2000년대에는 발전할 것이라고 예언하고 있다.

15 **niche** [nitʃ] n. 적합한 지위, 적소, 활동 범위

It's up to each of us to find our own special niche without denying that opportunity to anyone else based on gender, race, religion or ethnicity.

성별, 인종, 종교나 민족에 근거해서 모두에게 주어진 기회를 부정하지 않고 자신만의 특별한 위치를 찾는 것은 우리 각자의 몫입니다.

syn calling, function, place, role

opt [ɑpt] v. 선택하다

27

I know men who have opted to stay home and keep house while their wives go to work.
나는 부인들이 나가서 일하는 동안 집에 남아서 집안일을 하기로 선택한 남자들을 알고 있다.

syn adopt, choose, determine, pick, select

reluctantly [rilʌ́ktəntli] ad. 마지못해, 싫어하면서

19

I reluctantly agreed, but on the way down I lost my balance and broke my leg.
나는 마지못해 동의하고 내려오는 도중 나는 균형을 잃고 다리가 부러졌다.

rubbish [rʌ́biʃ] n. 쓰레기, 폐물

23

As far as I'm concerned, it's a load of rubbish.
그것에 대해 말하자면, 쓰레기 더미에 불과합니다.

syn debris, garbage, litter, offal, refuse

specific [spisífik] a. 명확한, 특정한, 특수한, 특유한

56

Could you please be a little more specific about the time, please?
시간을 좀 더 구체적으로 말해 줄 수는 없습니까?

In truth, there are a variety of traditional dances, each of which serves a specific purpose, many of them performed for an all-female audience.
사실, 특수한 목적으로 추는 전통 춤이 여럿 있고, 그것들 중 상당수는 여성 관객들 앞에서만 공연됐다.

syn definite, exact, precise, certain, special, distinctive, unique

forbidden [fə*r*bídn] a. 금지된

27

The curator told us that touching the sculptures was forbidden.
박물관장은 조각품들에 손을 대는 것은 금지되어 있다고 말했다.

syn prohibited, proscribed, refused, taboo

12 **obligation** [àbləgéiʃən] n. 의무, 책무

If you are experiencing financial difficulties in making your payments, it is your obligation to contact us to discuss the matter.
만약 귀하가 재정상의 어려움을 겪고 있다면, 그 문제를 의논하기 위해 저희에게 알려주실 의무가 있습니다.

syn assignment, duty, responsibility, burden

37 **obviously** [ábviəsli] ad. 분명히, 명백히

M : I wonder why the manager changed his mind.
W : Obviously something happened.
M : 부장이 마음을 바꾼 이유가 뭔지 모르겠어.
W : 분명히 무슨 일이 생겼어.

syn apparently, evidently, manifestly, plainly, conspicuously, distinctly, noticeably, prominently, clearly, indisputably

5 **crack down** ~을 엄하게 단속하다, 엄하게 다스리다

The ministry of transportation has decided to crack down on harmful automobile emissions in order to reduce pollution in Seoul.
교통부는 서울의 공해를 줄이기 위해서 유해한 배기가스를 내뿜는 자동차들을 단속하기로 결정했다.

9 **fall for** 속아 넘어가다

She fell for the sales talk and agreed to buy a set of encyclopedias.
그녀는 판매원의 말에 넘어가 백과사전 한 질을 사기로 승낙했다.

I might have known she'd try a trick like this and that you'd fall for it.
그녀가 이런 트릭을 쓸 것이고, 네가 그것에 속아 넘어갈 것임을 나는 알 수 있었겠다.

13 **fall apart** 무너지다, 산산이 부서지다

Last year, my world seemed to be falling apart.
작년에 제 세상은 산산조각이 나는 줄 알았습니다.

break down — 부서지다, 고장나다

34

A : I can't believe my car broke down again!
B : I think it's time that you replace it with new one.
A : 내 차가 또 고장나다니 믿을 수가 없어.
B : 내 생각엔 새 차로 바꿔야 할 때인 것 같아.

Cliff and Al's car broke down again, but fortunately they knew how to fix it.
클리프와 알의 차가 또다시 고장났지만, 다행히도 이들은 그것을 고치는 방법을 알고 있다.

break up (with) — ~와 헤어지다, 청산하다, 끝내다

51

I see your point about adoption breaking up the family, but I still think it can be the best thing for the child.
입양이 가족을 헤어지게 한다는 네 말은 이해하지만, 입양되는 아이들에게는 이게 최선책이라고 생각해.

M : How are things going between you and Jason, Marie?
W : Not so good. In fact, I'm thinking about breaking up with him.
M : 마리, 제이슨하고는 잘 지내고 있니?
W : 그다지 좋지 않아. 사실, 헤어질까 생각 중이야.

break out — (전쟁, 화재, 전염병) 돌발하다

77

A storm broke out during the night.
폭풍우가 밤새 일어났다.

If a fire has broken out or you need emergency medical assistance, what should you do?
만일 화재가 발생했다든지 응급의료조치가 필요한 경우 당신은 무엇을 해야 할까요?

comply with — ~에 따르다, 응하다

11

Check if the voltage complies with that of your office.
전압이 사무실에 맞는지 확인하세요.

cool off
식히다

25

We need something cold to cool off the engine.
엔진을 식힐 차가운 것이 필요하다.

coop up
가두다, 감금하다

11

I think it's wrong to coop animals up in these tiny cages.
동물을 이렇게 작은 우리 안에 가두는 것은 잘못된 일이라고 생각해.

It's such a tiny office – don't you ever feel cooped up here?
정말 작은 사무실이군 – 여기에 갇혀 있다는 생각이 들지 않니?

The children were uncontrollable after being cooped up for five hours in the back of the car.
아이들은 차 뒤에 5시간이나 갇혀 있어서 가만히 있기가 어려웠다.

catch up in
말려들게 되다, 걸리다

10

The government got caught up in a bitter dispute between the miners and their employers.
정부는 광부들과 고용자들 간의 격렬한 분쟁에 말려들게 되었다.

He got caught up in the drug business.
그는 마약 사업에 말려들게 되었다.

Her hair got caught up in her hair dryer.
그녀의 머리카락이 드라이기에 걸렸다.(=become stuck in)

by a long shot
단연, 전혀

7

Bert was the best swimmer in the race, by a long shot.
버트는 단연 수영 경기를 잘 한다.

The problem isn't solved yet, not by a long shot.
그 문제는 아직도 전혀 풀리지 않았다.

by and large 대체로, 전체적으로

9

By and large, your plan is a good one.
대체로 자네 계획은 훌륭해.

By and large, women can bear pain better than men.
대체로 여자가 남자보다 고통을 잘 참는다.

syn on the whole, in general

make out 알아보다, 분간하다, 잘 해내다, 성공하다, 이해하다

233

I can't make out what he's doing; it's so dark down there and so far away.
나는 그가 무엇을 하고 있는지 알아볼 수가 없다. 저 아래는 너무 어둡고 멀리 떨어져 있다.

John's father wanted John to do well in school, and asked the teacher how John was making out.
존의 아버지는 존이 학교 생활을 잘 해내길 원했고, 선생님께 존이 얼마나 잘 지내는가를 물었다.

The business made out better than expected in 2008 and profits were slightly up.
사업은 2008년도에 예상한 것보다 성공적이었고 수익도 약간 올랐다.

I can't make out your writing.
난 네 글은 이해가 안가.

catch/follow one's drift 취지/의향/뜻을 이해하다

15

I'm sorry, I don't catch your drift.
죄송하지만 무슨 뜻인지 이해하지 못하겠군요.

I was able to follow his drift pretty well.
난 그의 취지를 분명히 알아들을 수 있었다.

syn understand

caught red-handed 현행범으로 잡히다

17

A : Did he get away with it?
B : No, he got caught red-handed.
A : 그는 도망쳤니?
B : 아니, 현행범으로 잡혔어.

chilled to the bone 추위가 뼛속까지 스며들다

20

You must be chilled to the bone after being out on such a cold day.
그렇게 추운 날에 바깥에 있었으니 굉장히 춥겠다.

After crosscountry skiing for two hours, we were both chilled to the bone.
크로스컨트리 스키를 두 시간이나 타고 나서, 우린 둘 다 뼛속까지 얼었다.

clear the air 의혹, 걱정 등을 일소하다

10

The President's statement that he would run for office again cleared the air of rumors and guessing.
대통령이 재출마하겠다는 성명서는 소문과 추측을 일소했다.

I had a massive argument with Kelly yesterday, but it has cleared the air.
난 어제 켈리와 대판 다퉜지만, 둘 사이의 나쁜 감정을 없앴다.

come under fire 비난하다, 집중 포화를 받다

4

The government has come under fire for its decision to import the beef.
정부는 소고기를 수입한다는 결정으로 비난을 받고 있다.

The city came under renewed fire from anti-government forces last night.
도시는 어젯밤 반정부군으로부터 다시 집중 포화를 받았다.

crack a joke 농담하다

3

He's got to crack a joke every other minute.

그는 매번 농담만 하죠.

cf. take a joke : 놀려도 화내지 않다, 농담을 웃으며 받아들이다

do the trick 목적을 달성하다, 뜻을 이루다

10

I need something to give this sauce a bit of flavor – ah, a lemon should do the trick.

이 소스에 맛을 내려면 뭔가 필요한데 – 아, 레몬이면 될 거야.

This medicine ought to do the trick.

이 약이면 아픈 게 나을 겁니다.

Daily Test

Review Test

빈칸에 적당한 단어를 보기에서 고르시오.

보기

bone large detailed specific advocates cool
upcoming broke apart fire special essential

1 나, 헬렌과 헤어졌어. 그녀도 날 사랑하지 않았고 나도 마찬가지였거든.
I _________ up with Helen because she didn't love me nor did I love her.

2 곧 있을 행사에 관해 궁금하신 점이 있으면 1번을 눌러 주십시오.
If you would like more information about _________ events, press one now.

3 그는 국방비 삭감을 주장하고 있다.
He _________ reducing military spending.

4 그녀의 발표는 대체로 성공적이었다.
Her presentation was, by and _________, a success.

5 등골이 오싹해지는 비명 소리를 들었다.
I heard a scream that chilled me to the _________.

6 잭의 신작 소설은 비평가들로부터 비난을 받았다.
Jack's new novel came under _________ from the critics.

7 의사들은 환자의 사생활을 보호하는 것에 대해 반드시 인식하고 있어야 한다.
It is _________ that doctors be aware of protecting patients' privacy.

8 특정한 책을 원한다면, 만나야 할 사람은 안경을 끼고 있는 사서이다.
If you want a _________ book, the person to see is the librarian who is wearing glasses.

Answers

1. broke 2. upcoming 3. advocates 4. large 5. bone 6. fire 7. essential 8. specific

Build-up Test

괄호 안에 들어갈 적절한 단어를 고르시오.

1 I'll get (along / around / away) from work as soon as I can.

2 I am not sure that Kelly will ever get (in / off / over) her sister's sudden death.

3 You'll never guess the answer. Do you give (in / back / off)?

4 My grandmother handed (back / down / up) this necklace to my mother.

5 If you promise not to do it again, I'll let you (off / down / up).

6 I've been looking (after / for / over) that address all week.

7 I can't make (out / in / up) your writing.

8 I feel I should point (out / to / up) how dangerous it is.

9 Billy, please put (in / away / off) your toys.

10 I can't put (back / off / on) going to the dentist any longer.

Answers

1. away	가능한 빨리 퇴근하도록 할게.
2. over	켈리가 여동생의 갑작스런 죽음의 충격에서 벗어날지 잘 모르겠어.
3. in	정답을 절대로 생각해 내지 못할걸. 포기할래?
4. down	할머니께서 이 목걸이를 어머니에게 유산으로 물려주셨다.
5. off	다시는 하지 않는다고 약속하면, 그냥 가게 해 주겠어.
6. for	저 주소를 일주일 내내 찾았어.
7. out	난 네 글은 이해가 안 가.
8. out	그것이 얼마나 위험한지 지적해야 되겠어.
9. away	빌리야, 제발 장난감 좀 치워라.
10. off	치과 의사에게 가는 걸 더 이상 미룰 수 없어.

DAY 22

V · O · C · A · B · U · L · A · R · Y

19 **fundamental** [fʌ̀ndəméntl] a. 기본적인, 기초적인

Roots carry the fundamental or core meaning of words in a language.
언어에서 어근은 단어의 기본 요소가 되거나 중요한 의미를 가진다.

syn elemental, integral, essential, key, vital, basic, primary, rudimentary

21 **harbor** [há:rbər] v. (배 등이) 항구에 피난하다, 정박하다 n. 항구

We are now entering the harbor area in the Blackstone district.
우리는 이제 블랙스톤 지구의 항구 지역으로 들어갑니다.

syn conceal, protect, secure, shelter

24 **immunization** [ìmjənaizéiʃən] n. (면역) 예방주사, 면역조치

Children need to be well-nourished with breast milk at first, if possible, and have regular check-ups and timely immunizations.
아이들은 가능하면 처음에는 모유로 충분히 영양을 섭취하고, 정기검진을 받고 정해진 기간에 예방접종을 맞을 필요가 있다.

Amish groups refuse to use modern technological conveniences, such as automobiles or electricity, and have resisted immunizations and mandatory schooling for their children.
암만파 신도들은 자동차, 전기 같은 현대 과학기술의 이기(利器)를 이용하는 것을 사양할 뿐만 아니라 자녀들에게 예방접종이나 의무교육을 시키는 것까지도 거부한다.

cf. mandatory schooling : 의무교육

17 **intrude** [intrú:d] v. 침입하다, 참견하다, 방해하다

I didn't realize your husband was here – I hope I'm not intruding.
네 남편이 여기 있는 줄 몰랐어 – 내가 방해가 되지 않았으면 해.

I don't want to intrude on you if you're busy.
네가 바쁘면 방해하지 않을게.

syn encroach, impose, invade, meddle, trespass, interfere, interrupt, intervene

23 **preliminary** [prilímənèri] a. 준비의, 임시의, 예비적인

All applicants who successfully completed their preliminary interviews will be notified within the next week.
사전 인터뷰를 성공적으로 끝마친 모든 지원자들은 다음주 안에 통지를 받을 것입니다.

syn beginning, introductory, opening, preparatory, foregoing, preceding, prior

25 **punctual** [pʌ́ŋktʃuəl] a. 시간을 잘 지키는

When you start a new job, it is important to be punctual.
새로운 일을 시작할 때는 시간을 엄수하는 것이 중요하다.

syn precise, timely, well-timed

13 **regain** [rigéin] v. 되찾다, 회복하다, 탈환하다

He did all the best he could to regain the market share, and now his efforts is bearing fruit after all.
그는 시장 점유율을 다시 회복하는 데 최선을 다했고, 현재는 그의 노력이 드디어 결실을 맺고 있는 중이다.

syn recapture, recover, repossess, retrieve

35 **stimulate** [stímjəlèit] v. 고무하다, 자극하다, 격려하여 ~을 시키다

We expect that the extensive advertising will stimulate sales of the waterproof camcoders.
대대적 광고가 방수 캠코더의 판매를 촉진시킬 것이라고 기대하고 있다.

syn activate, arouse, awaken, encourage, kindle, incite, inspire

1 2 3 4 5 6 7 8 9 10 11 12 13 14 15

10 **totalitarian** [toutæ̀lətɛ́əriən] a. 전체주의의, 일국 일당주의의

Neither of the great totalitarian political forces of the century, Fascism nor Communism, was a threat.

당시 거대한 전체주의 정치 세력인 파시즘이나 공산주의의 위협은 없었다.

syn fascist, autocratic, dictatorial, despotic, tyrannical

13 **courteous** [kə́ːrtiəs] a. 예의바른, 친절한

Our highly-experienced and extremely courteous staff will be at your beckon call to pamper your every needs.

경험 많고 아주 상냥한 직원들이 여러분들의 부름에 응해 필요한 것을 모두 제공해 드릴 겁니다.

syn civil, cultivated, gracious, mannerly, polite, refined

11 **daydreaming** [déidrìːmiŋ] n. 공상하는 것, 백일몽에 빠지는 것

Daydreaming is another internal distracting factor and you can get out of it with a strong internal command.

공상에 빠지는 것은 또 다른 내부적 산만 요인인데, 강한 정신력으로 벗어날 수 있다.

20 **despair** [dispɛ́ər] v. 절망하다, 단념하다 n. 절망, 자포자기

Don't despair – it just needs a bit of imagination!

너무 절망하지 마 – 약간의 상상력이 필요할 뿐이야!

The brain is the part of the body that allows us to feel joy or despair, to respond to others in a loving or an angry way, to use reason or simply to react.

두뇌는 우리에게 기쁨과 절망을 느끼게 하고, 타인에게 다정다감하게 혹은 성내도록 하며, 이성적으로 행동하거나 단순한 반응을 하도록 하는 신체의 한 부분이다.

syn desperation, hopelessness, resignation, depression, discouragement

10 **fibrous** [fáibrəs] a. 섬유질의, 섬유 모양의

One of the characteristics of leather is that it has a fibrous structure.
가죽의 특징들 중의 하나는 그것이 섬유질의 구조를 가지고 있다는 것이다.

7 **foul-mouthed** [fáulmáuðd] a. 추잡한 말을 사용하는, 욕을 해대는

They are the most impolite and foul-mouthed children I have ever come across.
그 아이들은 내가 여태껏 만나 본 아이들 중에 가장 무례하고 입이 험해.

When Jim is very angry, he becomes foul-mouthed.
짐은 화가 나면, 욕을 해댄다.

syn cursing, maledictory, profane, vile, dirty

11 **hair-raising** [hέərrèiziŋ] a. 소름이 끼치는, 머리끝이 쭈뼛해지는

He told us some hair-raising stories about his exploits as a mountaineer.
그는 산악인으로서 자신의 위업에 관한 머리끝이 쭈뼛해지는 이야기를 했다.

She gave a hair-raising account of her escape through the desert.
그녀는 사막을 지나서 탈출한 소름이 끼치는 이야기를 해 주었다.

syn terrifying, scaring, bloodcurdling

18 **hustle** [hʌ́səl] v. 밀고 나아가다, 난폭하게 밀다, 설득하다

After giving his speech, Johnson was hustled out of the hall by bodyguards.
연설을 마친 후에 존슨은 경호원들의 보호 아래 강당을 빠져나왔다.

She hustled the children off to school and started working.
그녀는 아이를 학교에 쉽어넣고 일을 하기 시작했다.

You've got to hustle if you want to get to the top.
최고가 되려면 사람들을 잘 설득할 줄 알아야 한다.

syn hasten, hurry, rush, scoot, scramble, elbow, push, shoulder, shove

inflate [infléit] v. (공기, 가스 등으로) 부풀게 하다, (물가를) 올리다, (통화를) 팽창시키다

15

Do not inflate the jackets until you leave the craft.

비행기를 떠나실 때까지는 구명재킷을 부풀리지 말아 주십시오.

syn blow up, fill, pump up, balloon, bloat, expand, swell, escalate, rise, skyrocket

aesthetics [esθétiks] n. 심미주의, 미학

25

Most aesthetics are unlikely to cause an allergic reaction.

대부분의 심미학이 신경과민적인 반응을 일으킬 것 같지는 않다.

appall [əpɔ́:l] v. 오싹 소름이 끼치게 하다, 섬뜩하게 하다

17

The thought of someone else driving my car appalls me.

누군가 내 차를 몬다는 생각을 하면 오싹 소름이 끼쳐.

I was appalled by the lack of staff in the hospital.

난 병원에 의료진이 부족한 것에 깜짝 놀랐다.

syn awe, shock, stun, horrify, repel

bold [bould] a. (선이) 굵은, 용감한

98

Some useful tips about making a speech are printed in bold lettering.

연설과 관련된 몇 가지 유용한 정보가 굵은 글씨체로 쓰여 있다.

syn brave, dauntless, fearless, daring, foolhardy

cardiovascular [kɑ̀:rdiouvǽskjələr] a. 심장혈관의

25

Carbon monoxide has been found to reduce the ability of red blood cells to carry oxygen to vital tissues, which in turn, can lead to major problems in the cardiovascular and nervous systems.

일산화탄소는 생명 유지에 필요한 조직에 산소를 공급하는 적혈구의 능력을 감소시킨다는 것이 발견됐고, 또한 그것은 심장혈관계 및 신경조직에 심각한 문제를 야기할 수도 있다.

dissertation [dìsərtéiʃən] n. 학술논문, 학위논문

9

Most Ph. D. programs in the United States require the writing of a doctoral dissertation.

미국에서 대부분의 박사학위 과정에는 박사 학위논문 작성이 요구된다.

investment [invéstmənt] n. 투자, 투자금

87

The board of directors held a meeting to discuss the investment.

이사회는 투자에 관해 논의하기 위해 회의를 열었다.

Currently, the country is under much pressure to seek foreign investment.

지금 그 나라는 외국인 투자를 유치하도록 많은 압박을 받고 있다.

syn contribution, risk, share, stake, venture

dependent [dipéndənt] n. 부양 가족, 종속물

48

She's in the fortunate position of having a large wage and no dependents to support.

그녀는 월급도 많고 부양할 식구도 없으니 운이 좋은 편이다.

syn hanger-on, adherent, follower

pitch [pitʃ] v. (야구) 공을 던지다 n. 음조

21

Though Abbot pitched really well, the Dodgers scored four runs in the ninth inning as a result of two Tiger errors.

애버트가 공을 정말 잘 던졌지만, 타이거의 두 번의 실수로 다저스가 9회에서 4점을 얻었다.

It is not the noise but the high pitch of the instrument that gets on their nerves.

부모님의 신경을 건드리는 건 소음이 아니라 악기의 고음입니다.

syn fling, hurl, lob, lurch, rock, tilt, drop, plunge, tumble

preoccupy [prìːákjəpai] v. 마음을 빼앗다, 몰두하다

19

Individuals with narcissistic personality disorder are preoccupied with fantasies of feel entitled to unlimited success, power, brilliance, or ideal love.

나르시시즘적 성격장애를 가진 사람은 끝없는 성공과 권력, 재기(才氣) 또는 이상적 사랑을 받을 권리가 있다는 환상에 사로잡혀 있다.

syn absorb, engage, engross, fascinate, immerse, obsess

revert [rivə́ːrt] v. 되돌아가다

15

Too many revert to a life of crime because they aren't equipped to do anything else.

너무나 많은 사람들이 다른 일을 할 수 있도록 갖춰지지 않아서 범죄 생활로 돌아간다.

syn backslide, lapse, regress, relapse, return, reverse

invalid [ínvəlid] a. 무효의, (증거 등이) 박약한, 가치 없는, 병약한

21

By next month, my driver's license will be invalid if I don't renew it.

내가 운전면허증을 갱신하지 않으면 다음달에는 무효가 될 것이다.

syn defective, erroneous, groundless, illogical, unconvincing, unsupportable

merely [míərli] ad. 단지, 그저

37

Day-care centers, on the other hand, are merely baby-sitting services.

반면, 주간 탁아소는 단지 아이를 돌봐주는 서비스만을 제공할 뿐이다.

Women prefer humorous and relaxed men to merely handsome men.

여자는 단지 잘 생긴 남자보다는 유머 감각이 있고 딱딱하지 않은 남자를 더 선호한다.

syn just, only, simply

momentous [mo*u*méntəs] a. 중요한, 중대한

9

Whether or not to move overseas was a momentous decision for the family.

해외로 이사를 갈지 안 갈지는 가족에게 중요한 결정이었다.

cf. momentary : 순식간의, 순간적인, 찰나의

syn consequential, decisive, important, pivotal, significant

on balance 모든 것을 고려하여 보면, 결국

20

I think, on balance, I did treat you unfairly.

이모저모 다 따져 보니, 자네를 공평하게 대한 것 같지 않군.

on behalf of ~를 대표해서

27

Ms. Kelly made a statement on behalf of our company.

Kelly 씨가 우리 회사를 대표하여 성명서를 발표했다.

shape up 잘 되어 가다, 바람직한 결과가 나오다, 잘 하다

31

How are your plans shaping up?

계획은 어떻게 되어 가니?

I've been told that if I don't shape up, I'll lose my job.

똑바로 하지 않으면, 일자리를 잃을 거라는 소리를 들었어.

Shape up or ship out!

열심히 하지 않으려거든 나가!

be oneself 자연스럽게 행동하다

7

Don't listen to others – be yourself.

다른 사람의 말에 귀기울이지 마 – 네 뜻대로 해.

For many adolescents, it is difficult to ignore all the peer pressure and just be themselves.

많은 사춘기 청소년들에겐, 또래 친구들로부터 받는 압력을 무시하고 자연스럽게 행동하는 것은 어렵다.

1 2 3 4 5 6 7 8 9 10 11 12 13 14 15

shut down
휴업하다, 폐점하다, (전원을) 내리다

19

I am sorry to announce that the company has no choice but to shut down the Drake Street assembly plant.
유감스럽게도 드레이크 가에 있는 조립공장을 폐쇄하지 않을 수 없게 되었습니다.

In an effort to cut costs, the company would like to ask all employees to please make sure that the machines have been shut down before the office is closed up.
비용절감 차원에서 회사측은 사무실을 닫기 전에 기계 전원이 꺼져 있는지를 확인할 것을 전사원에게 부탁드립니다.

better off
더 잘 지내다, 전보다 형편이 낫다

25

I'll tell you this: Jack would be better off without a wife than the way he lives now.
잭은 마누라가 없으면 지금 살고 있는 것보다 더 잘 지낼 거야.

French fries and mayonnaise are so unhealthy. I think you'd be better off eating a salad.
프렌치 프라이와 마요네즈는 정말로 건강에 나빠. 샐러드를 먹으면 더 좋아질거야.

close down
폐쇄되다

21

We're going to have to close down the building until further notice.
추가 통보를 받을 때까지는 건물 문을 닫아야 할 것 같아.

bad blood
반목, 불화, 나쁜 감정

18

I don't think they'll ever work together again – there's too much bad blood between them.
그들이 다시 일을 같이 할 거라는 생각은 들지 않아. 그들 사이엔 나쁜 감정이 너무 많거든.

There has been bad blood between the two families for years.
오랫동안 두 가문은 반목 상태가 지속되었다.

circumstantial evidence — 상황증거

11

The prosecutor relied entirely upon circumstantial evidence to prove the guilt of the defendant.

검사는 피고인의 유죄를 증명하기 위해서 상황증거에 전적으로 의존했다.

close call/shave — 위기일발, 구사일생

9

That was a close call – that car nearly hit us!

위기일발이었어 – 그 차가 우릴 거의 칠 뻔했거든.

Wow, that was a close shave.

와, 위기일발이었어.

cut above sb/sth — 한 수 위인

7

She thinks she's a cut above her neighbors.

그녀는 이웃들보다 자신이 한 수 위라고 생각한다.

Your shirt is beautiful, but mine is a cut above yours.

네 셔츠는 예쁘긴 하지만, 내 것은 네 것보다 한 수 위야.

cut out for — ~에 적격이다, 적임이다, 어울리다

5

You're a really great guy, but I really don't think we're cut out for each other.

넌 정말 괜찮은 친구야, 하지만 난 우리가 서로 어울린다고 생각하지 않아.

A : How do you like your job out at the farm?
B : I'm not really cut out for such work, I don't think.
A : 거기 농장에서 하는 일 어때요?
B : 나는 그런 일에는 정말 적합하지 않은 것 같아요.

dead tired — 녹초가 되어

15

I am dead tired; I wish I could get some rest sometime today.

나는 녹초가 됐다. 오늘 중에는 좀 쉬었으면 한다.

1 2 3 4 5 6 7 8 9 10 11 12 13 14 15

dead set against sb/sth 한사코 반대하는

6

They are dead set against the plans to close the local hospital.
그들은 지방 병원을 닫겠다는 계획에 결사 반대한다.

I'm dead set against the new rates proposal.
난 새로운 요금 제안에 결사 반대한다.

down in the dumps 우울한, 풀이 죽어 있는

5

She's a bit down in the dumps because she's got to take her exams again.
그녀는 재시험을 쳐야했기 때문에 약간 풀이 죽어 있다.

syn sad, depressed, gloomy

down the drain 허사로 돌아가다, 수포로 돌아가다

10

We don't want all their hard work to go down the drain.
우린 그들이 힘들게 일한 작업이 허사로 돌아가는 것을 원하지 않아.

Our plans to go swimming went down the drain when it rained.
수영하러 갈 우리의 계획은 비가 오자 수포로 돌아갔다.

fall flat on one's face 코가 납작해지다, 실패하다

6

The last time I wore high-heeled shoes I fell flat on my face outside a restaurant.
지난번에 하이힐을 신었는데 식당 밖에서 코가 납작하게 넘어졌다.

The play fell flat on its face.
그 연극은 실패작이었다.

far cry from 아주 다른

17

The present economic situation is a far cry from the one predicted by the previous government.
현재의 경제 상황은 이전 행정부가 예견한 것과 너무 다르다.

fed up with — 진절머리가 나는, 질린

44

Aren't you fed up with working at the same place for so long?
같은 곳에서 그렇게 오래 일하고도 지겹지 않나요?

I'm getting fed up with this weather. It's been raining for weeks.
난 이 날씨에 질렸어. 몇 주 동안 비가 오고 있어.

syn be sick of, have had it, be sick and tired of

few and far between — 아주 드문, 어쩌다 있는, 흔하지 않은

6

Flats which are both comfortable and reasonably priced are few and far between.
편안하고 가격도 적당한 흠 없는 구두는 흔하지 않다.

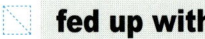

Daily Test

Review Test

빈칸에 적당한 단어를 보기에서 고르시오.

보기

appalled intrude preliminary cry courteous balance
fed cut drain purpose dumps lumps

1 난 도시 생활에 어울리지 못할 뿐이야.
I'm just not _________ out for city life.

2 지난 며칠간 난 풀이 죽어 있었다.
I've been down in the _________ for the past few days.

3 모든 것을 고려하여 보니 지난번 체제가 좋은 것 같아.
I think on _________ I prefer the old system.

4 사업의 성공은 사전 시장조사에 달려있다.
Success in starting a business depends on _________ market research.

5 이런 일이 일어날 수 있다는 게 간담이 다 서늘할 지경입니다!
I am _________ that something like this could happen!

6 이 일엔 질렸어, 내일 사표를 낼 거야.
I'm _________ up with this job, I'm handing in my notice tomorrow.

7 수년간의 작업 결과가 수포로 돌아갔다.
The results of years of work went down the _________.

8 네가 한 행동은 네가 하겠다고 말한 것과는 너무나 달랐어.
What you did was a far _________ from what you said you were going to do.

Answers

1. cut 2. dumps 3. balance 4. preliminary 5. appalled 6. fed 7. drain 8. cry

Build-up Test

괄호 안에 들어갈 적절한 단어를 고르시오.

Nanotechnology is the name given to the materials science specializing in assembling new kinds of materials from grains having sizes as small as several nanometers or less. A nanometer is (equal / same) to one billionth of a meter. These new materials possess (unique / uniquely) properties such as more strength and hardness than (controversial, conventional) materials made from coarser grains.

Answers

equal, unique, conventional

|해석| 나노테크놀로지는 10억 분의 몇 미터 혹은 그 이하 크기 만한 티끌 같은 것에서 만든 갖가지 종류의 신물질을 모아서 전문적으로 연구하는 재료과학에 주어진 이름이다. 1나노미터는 10억 분의 1미터와 동일한 개념이다. 이 신물질은 알이 굵은 종래의 재료들보다 훨씬 강도와 경도가 강한 아주 독특한 특성을 갖고 있다.

|어휘| specialize in 전공하다, 전문으로 삼다 grain 낟알 nanometer 10억분의 1미터(기호 nm) property 특질, 특성 coarse (알이) 굵은, 조제의

DAY 23

V · O · C · A · B · U · L · A · R · Y

seemingly [síːmiŋli] ad. 겉으로는, 표면상은
13

Experts at the Ministry of Economics said that the seemingly boundless growth has, in fact, slowed.

경제부에 속해 있는 전문가들은 겉으로 끝이 없을 것 같았던 성장이 사실상 둔해졌다고 말했다.

syn ostensibly, presumably, seemingly, conspicuously, visibly

slightly [sláitli] ad. 다소, 약간
23

It's land area of 38,000 square miles make it slightly larger than the state of Indiana.

3만 8천 제곱마일의 국토는 인디아나 주보다 약간 더 크다.

Compared with other life insurance policies, this policy works in a slightly different manner.

다른 생명보험들과 비교할 때 이 보험은 조금 다른 방식으로 작용한다.

syn moderately, partially, somewhat

stir [stəːr] v. 자극하다, 흥분하다
21

Her life of service truly stirred compassion in the hearts of many.

봉사로 살아간 그녀의 삶은 진실로 많은 이들의 마음속에 연민의 정을 불러 일으켰다.

syn awaken, excite, inspire, rouse, stimulate

31 **totally** [tóutəli] ad. 전적으로, 아주, 완전히, 모조리, 전혀

This was totally unplanned, they said.

이것은 전혀 계획에 없던 일이라고 그들이 말했습니다.

syn absolutely, completely, entirely, thoroughly, utterly, wholly

16 **undoubtedly** [ʌ̀ndáutidli] a. 의심할 여지없이

There are undoubtedly moments that arrive when we know we cannot endure alone.

우리가 혼자서 견딜 수 없다는 것을 알게 되는 순간이 확실히 있게 마련이다.

syn doubtless, beyond question, without doubt, undeniably, indubitably

14 **veto** [víːtou] v. 거부권을 행사하다

I was surprised when the committee vetoed my proposal.

난 위원회가 내 제의에 거부권을 행사했을 때 깜짝 놀랐다.

syn forbid, reject, turn down, void

23 **accompany** [əkʌ́mpəni] v. 함께 가다, 동반하다, 수행하다, 함께 일어나다

Would you like me to accompany you to your room?

네 방까지 같이 가도 되겠니?

Depression is almost always accompanied by insomnia.

우울증은 거의 항상 불면증과 함께 일어난다.

syn chaperon, escort, usher

23 **affordable** [əfɔ́ːrdəbəl] a. (가격이) 적당한

In the United States, bananas are the most popular and most affordable fruit on the market.

바나나는 미국에서 가장 대중적이고 시장에서 제일 부담 없는 가격에 살 수 있는 과일이다.

5 **coy** [kɔi] a. 부끄러워하는, 어려워하는

Most women are coy about revealing their age.
대부분의 여자는 자신의 나이를 밝히기를 수줍어한다.
syn bashful, modest, shy, timid, philandering

222 **dear** [diər] ad. 비싸게

The merchants buy the merchandize cheap and sell them dear.
그 상인은 물건을 싸게 사서 비싸게 팔았다.
syn costly, expensive, precious

17 **exacting** [igzǽktiŋ] a. 엄격한, 가혹한

We are now able to adhere to more exacting specifications than we were able to in the past.
현재 우리는 과거에 할 수 있었던 것보다 훨씬 더 엄격한 설계도 작성을 할 수 있게 됐습니다.
cf. adhere to : 집착하다, 고집하다
syn harsh, rigid, severe, stern, strict, arduous, demanding, difficult, hard, rigorous

16 **extraordinary** [ikstrɔ́:rdənèri] a. 비상한, 비범한

Computer graphic artists and movie makers have combined their talents to make visually extraordinary movies.
컴퓨터 그래픽 아티스트들과 영화 제작자들은 시각적으로 뛰어난 영화 제작을 위해서 서로의 재능을 한데 모아왔다.
syn bizarre, fantastic, inexplicable, wondrous, rare, uncommon, unique, unusual

11 **insistence** [insístəns] n. 강요, 고집

I thank God for my wife's insistence because those tests revealed cancer in my left kidney.
그 검사 결과 내 왼쪽 신장암이 밝혀졌기 때문에 아내의 성화에 감사하게 생각한다.
syn determination, importunity, obstinacy, persistence, resolution, tenacity

loosen [lúːsən] v. 완화하다, 풀다

17

As you exhale, think about loosening every muscle in your body.
숨을 내쉬면서 당신의 몸에 있는 모든 근육들이 이완된다고 생각해 보세요.
syn ease, relax, slacken, release, unfasten

moderately [mάdəritli] ad. 적당히, 알맞게

12

Owing to the high rate of unemployment and widespread crisis awareness, wages rose moderately in the early years of the 1990s.
높은 실업률과 확산된 위기 의식으로 인해 1990년대 초반에는 임금이 적당히 올랐다.
syn average, medium, middling, modest, rational, reasonable

precision [prisíʒən] n. 정밀

13

This precision instrument is capable of measuring humidity and temperature accurately.
이 정밀 도구는 습도와 기온을 정확하게 측정할 수 있다.
syn accuracy, correctness, exactness, rectitude

quest [kwest] n. 추구

25

The quest for beauty and truth is a path to liberation and joy.
미(美)와 진실에 대한 탐구는 자유와 환희에 이르는 길이다.
syn crusade, journey, pursuit, search, endeavor

restore [ristɔ́ːr] v. 재건하다, 복구하다, 복원하다, 부흥하다

12

Many downtown areas in old cities are being restored through government programs.
정부의 프로그램으로 옛 도시의 시가지 대부분은 활기를 되찾고 있습니다.
syn recondition, reconstruct, rejuvenate, refresh, renew, revitalize, revive, replace

1 2 3 4 5 6 7 8 9 10 11 12 13 14 15

scratch [skrætʃ] n. 긁힌 자국

11

If you look very carefully, the scratches on the car are clearly visible.

주의해서 보면, 차에 생긴 긁힌 자국은 분명히 보인다.

syn abrasion, scrape

swift [swift] a. 빠른, 신속한

17

A : Did you know that the Cheetah is the fastest land animal in the world?

B : Really? I didn't know it was that swift.

A : 치타가 육상에서 가장 빠른 동물이라는 거 알고 있었어?

B : 그래? 난 치타가 그렇게 빠른지 몰랐어.

syn brisk, fast, fleet, quick, rapid

fidelity [fidéləti] n. (부부간의) 정절, 성실, 충성

11

A discussion on fidelity has the potential to become a heated debate among those that are married and single alike.

부부간의 정절에 관한 토론은 기혼자나 미혼자에게 똑같이 열띤 논쟁거리가 될 가능성을 갖고 있다.

syn allegiance, devotion, faithfulness, loyalty, honesty

freight [freit] n. 화물

25

In North America, more freight moves by train than by any other method of transportation.

북미에서는 다른 어떤 수송 방법보다도 철도편으로 많은 화물을 운송한다.

syn cargo, load, shipment, goods, merchandise

habitat [hǽbətæ̀t] n. 서식지

27

Alligators can be considered extremely dangerous as far as we are concerned when we are in their habitat.

우리가 악어 서식지에 있는 한 악어는 아주 위험한 동물입니다.

syn abode, dwelling, home, lodging, territory

3

ignominious [ìgnəmíniəs]　a. 불명예스러운, 수치스러운

With the US troops' ignominious pullout and the Communist forces' subsequent victory, it revealed that the United States could be beaten.

불명예스러운 미군의 철수와 계속되는 공산군의 승리는 미국이 패배할 수도 있다는 사실을 입증해 주었다.

syn disgraceful, inglorious, shameful, disreputable, debasing, humiliating

17

initially [iníʃəli]　ad. 처음의, 최초의

Company losses have gotten worse than financial advisors had initially predicted.

회사의 손실은 재정 고문들이 예상했던 것보다 더 악화되었다.

syn beginning, first, introductory, opening, original, starting

19

peel [piːl]　v. 껍질을 벗기다

Tomatoes peel easily if you scald them in hot water.

뜨거운 물에 데치면 토마토 껍질이 잘 벗겨진다.

syn pare, shell, skin, strip, uncover

23

guardian [gáːrdiən]　n. 보호자

Children under thirteen must be accompanied by a parent or a guardian.

13세 이하의 어린이는 부모 또는 보호자를 동반해야만 합니다.

syn patron, caretaker, keeper, protector

35

imitation [ìmitéiʃən]　n. 모방, 흉내, 모조(품)

What few moviegoers knew was that all of the winter scenes were actually shot in the Mojave Desert using imitation snow.

모든 겨울 장면이 사실은 모하비 사막에서 인공 눈을 이용해 찍는다는 사실을 아는 영화팬들은 거의 없다.

syn emulation, facsimile, reproduction, simulation, mimicry, parody

heat [hi:t] n. 격노, 열, (토론의) 최고조

97

"No, I did not do it, and I deny absolutely all your accusations," he replied with heat.
그는 "아니, 난 하지 않았어, 그리고 네가 말한 죄명에 전적으로 부인하겠어,"라고 화를 내면서 대답했다.

In the heat of the argument I lost my self-control.
논쟁의 최고조에 나는 자제력을 잃었다.

syn warmth, excitement, fervor, passion, stress

intoxicated [intάksikèitid] a. 술 취한, 흥분한, 도취된

37

We were intoxicated with the beauty of the landscape.
우리는 그 아름다운 경치에 취했다.

syn drunken, inebriated, tipsy, loaded

close to 가까이

38

I wouldn't get too close to that dog if I were you.
내가 너라면 그 개한테 너무 가까이 가지 않을 거야.

It worries me when people stand too close to me.
사람들이 내 곁에 너무 가까이 있으면 불안해.

syn near

come in (밀물이) 들어오다

108

When the tide comes in, then the water reaches above the height of our car.
밀물일 때 파도의 높이는 자동차 높이만큼 솟아오른다.

come before ~ 앞에 나타나다

10

A : Did you feel nervous when you come before the judge?
B : No I didn't, because I knew that I had done nothing wrong.
A : 판사 앞에 서면 떨리나요?
B : 아뇨. 전 잘못한 게 없거든요.

come forward 앞으로 나서다

13

A : What am I going to do about the broken window?
B : I think you should come forward and tell the truth.
A : 깨진 창문을 어떻게 해야 하지?
B : 내 생각엔 네가 앞으로 나와서 사실을 얘기해야 할 거야.

come to 의식을 되찾다, 제 정신이 들다

27

A : Doctor, when do you think that the patient will come to us?
B : It is hard to tell when people gain consciousness again sometimes.
A : 의사 선생님, 환자가 언제쯤 의식을 되찾을 것 같습니까?
B : 언제 의식을 되찾을지 말하는 게 힘든 경우가 종종 있어요.

A : Has he gained consciousness yet?
B : No, but he will come to us soon.
A : 그가 아직도 의식을 되찾지 못했나요?
B : 아뇨, 하지만 곧 의식을 되찾을 겁니다.

come under ~의 항목에 들다, ~의 영향[지배]를 받다, ~에 지배되다

11

A : Do bridges come under the heading of 'architecture'?
B : No, there in the civil engineering section.
A : 다리는 '건축' 표제 아래에 있나요?
B : 아니요, 토목 기사 섹션에 있습니다.

Don't lose hope when you come under criticism. Everyone makes mistakes sometimes.
비난을 받았다고 희망을 잃지는 마. 사람은 모두 때때로 실수하니까.

dead against 절대 반대인

15

I'm dead against you marrying that man.
난 네가 그 남자하고 결혼하는 데 절대 반대야.

deal with
다루다, 처리하다, 대처하다

188

How do you intend to deal with this problem?
이 문제를 어떻게 대처하실 생각이십니까?

Three major ways we can deal with stress are: alter it, avoid it, or accept it.
스트레스에 대처하는 세 가지 주요한 방법은 스트레스를 변화시키거나, 피하거나, 받아들이는 것이다.

cosmetic surgery
미용수술, 성형수술

17

After $3,000 worth of cosmetic surgery, she appears quite different from the woman we had known.
3천달러나 들여 미용수술을 받은 후에, 그녀는 우리가 알고 있던 사람과 전혀 딴판으로 보인다.

syn plastic surgery

currency depreciation
통화가치 하락

15

Last year's currency depreciation is now beginning to feed through into higher raw material costs, thus squeezing our profit margins.
지난해 국내 통화의 평가 절하로 원자재 가격이 올라 회사의 이윤도 크게 줄었습니다.

first and foremost
맨 첫째로

20

We are the first and foremost providers of intranet software and support in Ventura county.
우리는 벤추라 카운티에서 업계 최초의 인트라넷 소프트웨어 공급업체이자 지원업체입니다.

for a change
여느 때와는 달리, 기분 전환으로

9

It's nice to see her smile for a change.
그녀가 오랜만에 웃는 것은 좋은 일이다.

for better or for worse 좋든 싫든

10

For better or for worse I boarded the train for New York.
좋든 싫든 난 뉴욕행 기차를 탔다.

I decided to follow her advice, for better or for worse.
좋든 싫든 그녀의 충고를 따르기로 결정했다.

for good measure 덤으로

13

He sold me the car at a cheap price and included the radio for good measure.
그는 나한테 자동차를 싸게 팔았고 라디오를 덤으로 달아 주었다.

I always put a little extra salt in the soup for good measure.
난 항상 수프에 약간의 소금을 더 넣는다.

syn additionally

from top to bottom 머리끝에서 발끝까지, 모조리, 완전히

17

They cleaned the house from top to bottom.
그들은 집을 속속들이 청소했다.

When I walked into the bar, that table of women looked at me from top to bottom.
내가 술집에 걸어 들어가자, 저 테이블에 있는 여자들이 나를 머리부터 발끝까지 쳐다보았다.

syn completely, thoroughly

hard on sb 가혹하게 대하다

6

Don't be too hard on them.
그 사람들한테 너무 가혹하게 대하지 말아요.

Don't be too hard on him – he's new to the job.
그에게 너무 가혹하게 대하지 말아요 – 그 일은 처음이거든요.

cf. I'm very hard on shoes.
난 신발을 험하게 신는다.

have a good head for sth
~을 잘 알고 있는

5

Jeff has a good head for directions – he never gets lost.
제프는 방향 감각이 뛰어나 – 길을 잃는 일이 절대로 없거든.

She always did have a good head for business. I'm not surprised she is now a vice-president.
그녀는 항상 사업 수완이 좋았어. 지금 부사장이 된 것도 놀랄 일이 아니야.

hold one's tongue
잠자코 있다

7

You must learn to hold your tongue, John. You can't talk to people that way.
존! 잠자코 있을 줄도 알아야 해. 사람들한테 그런 식으로 말해선 못 써.

in lieu of
~의 대신에

3

I just read in your newspaper that a suspect charged with 12 counts of kidnapping and murder was released from custody in lieu of $250,000 bail.
12건의 유괴와 살인혐의로 기소된 용의자가 25만 달러의 보석금을 내고 풀려났다는 기사를 신문에서 읽었습니다.

syn instead of

in one's shoes
~의 입장에서

21

If I were in your shoes, I think I'd write to her rather than try to explain over the phone.
내가 너라면, 전화로 설명하기보다는 편지를 쓸 거야.

If I were in your shoes I'd refuse.
내가 자네 입장이라면 거절할 거야.

Daily Test

Review Test

빈칸에 적당한 단어를 보기에서 고르시오.

보기

totally	dealt	accompany	head	ignominious	imitation
restored	loosen	shoes	measure	measure	change

1 기분 전환으로 영화나 보러 갑시다.
Let's go to the movies for a _________.

2 어려운 상황이었지만 그녀가 효과적으로 잘 처리했다.
It was a difficult situation, but she _________ with it effectively.

3 그 건물은 원래 모습으로 완벽하게 복원되었다.
The building was completely _________ to its original appearance.

4 그녀의 두 번째 남편은 마크와 완전히 다르다.
Her second husband is _________ different from Mark.

5 잠시만 내 입장이 돼 봐. 자넨 어떻게 할건가?
Put yourself in my _________ for a minute. What would you do?

6 사과 무게를 단 후에, 난 덤으로 한 개를 더 올려놓았다.
After I'd weighed the apples, I put in another one for good _______.

7 난 숫자엔 익숙하지 못해. 사실 미적분학도 간신히 통과했거든.
I don't have a good _________ for numbers. In fact, I barely passed calculus.

8 사람이 많은 지역의 특정 상점들은 짝퉁 가방과 신발을 판매하는데, 그것은 불법이다.
At certain shops in populous areas, they sell _________ bags and shoes, which is illegal.

Answers

1. change 2. dealt 3. restored 4. totally 5. shoes 6. measure 7. head 8. imitation

Build-up Test

괄호 안에 들어갈 적절한 단어를 고르시오.

1 Could I ask you to put (together / up / out) that cigarette?

2 I ran (about / down / into) Joe yesterday on Main Street.

3 I don't know what you see (about / in / on) him.

4 I'm completely sold (on / out / over) the idea; I think it's a brilliant suggestion.

5 Settle (in / down / with) on the sofa, and I'll bring you a cup of tea.

6 We need to set (about / in / up) a meeting to discuss the proposals.

7 Let me spell (backward / on / out) what I have in mind.

8 Do you want me to take (after / in / over) the digging if you're tired?

9 I just threw the cake (back / out / together) at the last minute.

10 Can you turn (around / down / on) the music? I can't hear myself think.

Answers

1. out	그 담뱃불 좀 꺼 주시겠습니까?
2. into	난 어제 조와 메인가에서 우연히 만났다.
3. in	그 사람의 어디가 좋아서 그런지 모르겠구나.
4. on	난 그 생각이 전적으로 마음에 들어; 훌륭한 제안이라고 생각해.
5. down	소파에 편히 쉬고 있어, 차를 갖다 줄게.
6. up	우린 그 제안을 토의하기 위해 회의를 소집할 필요가 있습니다.
7. out	내 생각을 분명히 말하죠.
8. over	땅을 파다가 지치면 내가 교대해 줄까?
9. together	난 마지막 순간에 케이크를 후다닥 만들었다.
10. down	음악 좀 줄여 줄래요? 너무 시끄러워서 집중할 수가 없어요.

DAY 24

V · O · C · A · B · U · L · A · R · Y

plea [pliː] n. 항변, 탄원, 청원

11

His plea of guilty to manslaughter was not accepted by the prosecution.

과실치사에 대한 그의 탄원은 검찰당국이 인정하지 않았다.

cf. the prosecution : 검찰당국, 기소자측

syn appeal, entreaty, petition, suit, supplication

pledge [pledʒ] v. 약속하다, 서약하다

18

The board of committee has pledged to make improvements in the working environment over the next three months.

위원회는 앞으로 세 달 동안 작업환경을 개선하겠다고 약속했다.

syn covenant, swear, vouch, vow

room [ruːm] n. 자리, 공간, 여지, 여유, 기회

339

How much room will the new desk take up?

새 책상이 얼마나 많이 자리를 차지하니?

Is there enough room for me in the car?

차에 내가 탈 자리가 있는 거니?

There is little room for doubt about what happened.

무슨 일이 일어났는지 의심할 여지가 없다.

syn area, capacity, space

4
small-time [smɔ́:ltáim] a. 3류의, 시시한, 중요치 않은

Alvin is not a major drug-dealer, but just a small-time one.
앨빈은 대형 마약거래상이 아니라 3류 마약상일 뿐이다.
syn insignificant, meaningless, minor, unimportant, trivial

4
toddler [tádlər] n. 아장아장 걷는 아이, 비틀비틀 걷는 사람

Last Thursday a pack of wild dogs attacked and killed a toddler outside the municipal swimming pool.
지난 목요일 한 무리의 들개들이 시립 수영장 밖에 있던 한 어린아이를 습격, 사망케 했다.

14
utterly [ʌ́tərli] ad. 완전히

We have recently conducted an investigation into The Sisco Co. and have concluded that it is utterly reliable.
우리는 최근에 Sisco사에 대해서 조사를 했고 그 회사는 아주 믿을 만하다는 결론을 내렸다.
syn completely, perfectly, positively, thoroughly, totally

86
earn [ə:rn] v. 벌다, 이익을 가져오다, 획득하다

How much do you earn, if you don't mind me asking?
실례가 되지 않는다면 수입이 얼마나 됩니까?

This month's pay increase means that I'll be earning $30,000 a year.
이번 달의 봉급 인상은 내가 연봉 3만 불을 벌게 된다는 것을 의미해.
syn acquire, gain, obtain, collect, win

14
escort [éskɔ:rt] n. 호위, 호송

Guests of employees are not permitted to enter the offices unless they are escorted by security.
직원의 손님은 보안직원이 동행하지 않으면 사무실에 들어갈 수 없다.

The chairman walked slowly down the hallway, escorted by security.
회장은 경비원들의 경호를 받으면서 복도를 천천히 걸어갔다.
syn attendant, companion, guide, cortege, entourage

extinct [ikstíŋkt] a. 사멸한, 절멸한

22

Because of a great demand for ivory, the elephant is in danger of becoming extinct.

상아에 대한 많은 수요 때문에 코끼리들이 멸종될 위기에 처해 있다.

syn dead, extinguished, perished, bygone, vanished

fiscal [fískəl] a. 회계의, 재정상의

11

A : Are you in charge of the supplies team?

B : Yes. I have got it under control since this fiscal year.

A : 당신은 자재부에 소속돼 있나요?

B : 그렇습니다. 이번 회계연도부터 자재부에 소속돼 일하고 있습니다.

syn budgetary, economic, financial, monetary

access [ǽkses] n. 접근

67

Apple has introduced a mobile phone which allows access to information on the Internet.

애플사는 인터넷으로 정보를 이용할 수 있는 휴대전화를 출시하였다.

syn approach, admittance

affirmative [əfə́ːrmətiv] a. 긍정적인

10

We hope to receive an affirmative answer from you.

귀하께 긍정적인 대답을 듣기 기대합니다.

syn approving, concurring, positive

appearance [əpíərəns] n. 외관, 외양, 용모

34

Please tell your readers never to assume a woman is pregnant because of her appearance or clothing.

여사님의 독자들에게 여자의 겉모습이나 옷차림으로 임신했다고 속단하지 말라고 말해 주세요.

syn aspect, image, look

assure [əʃúər] v. 보증하다, 안심[납득]시키다

110

This certificate assures the authenticity of this product.
이 증서는 이 제품이 진품임을 보증합니다.

We should assure the highest levels of quality work and productivity from employees.
우리는 직원들에게서 가장 높은 수준의 훌륭한 작업과 생산성을 이끌어내야 한다.

cf. assurance : 보장

syn guarantee, promise, vow, confirm, insure, comfort, reassure

backbone [bǽkbòun] n. 중추, 중축, 대들보

55

Farming and cattle-raising are the backbone of the country's economy.
농업과 목축업은 국가 경제의 중추이다.

syn spine, vertebrae, basis, foundation, mainstay

bonfire [bɑ́nfàiər] n. (축제의) 화톳불, 모닥불

8

On July 27th and 28th, the annual lake festival will be held with a huge bonfire and fireworks.
7월 27일과 28일엔 호수축제가 있는데 큰 모닥불과 불꽃놀이가 열릴 예정입니다.

corruption [kərʌ́pʃən] n. 부패, 타락

35

I can't approve of any form of corruption in government.
난 정부 내의 어떠한 부정부패도 용납하지 못해.

syn debauchery, evil, iniquity, adulteration, defilement, pollution, deterioration

dazzle [dǽzəl] v. 눈부시게 하다

19

The lights of the car in the opposite lane dazzled me.
반대편 차선의 자동차 불빛 때문에 눈이 부셨다.

syn amaze, awe, impress, overwhelm, blind, daze, stun

14 **exceptional** [iksépʃənəl] a. 뛰어난, 특별한, 예외적인, 드문

A : That was a wonderful fashion show! What beautiful outfits!
B : You're right. All of the designs were exceptional.
A : 정말 멋진 패션쇼다! 저 아름다운 옷들 좀 봐!
B : 맞아. 디자인이 모두 독특하네.

Come to E-Mart this weekend and take advantage of exceptional bargains throughout the store.
이번 주말 이마트에 오셔서 전 매장에서 실시하고 있는 파격적인 할인 기회를 이용하세요.

syn extraordinary, outstanding, superior, odd, peculiar, unusual, rare, scarce, unique

53 **fair** [fɛər] n. 전시회, 박람회

Some of the horses in the parade suddenly became excited when an airplane flew low over the fair grounds.
퍼레이드에 나온 말들 중 몇 마리는 비행기가 전시회장의 상공을 낮게 날 때 갑자기 흥분했다.

syn carnival, display, exhibition, exposition

15 **flunk** [flʌŋk] v. 낙제하다, (시험을) 잡치다

A : Why did you flunk the test, Greg?
B : If I had had enough time, I would have done better on the test.
A : Greg, 왜 시험에서 낙제했지?
B : 시간이 충분히 있었으면, 시험을 더 잘 봤을 거예요.

syn fail, not pass

13 **glamorous** [glǽmərəs] a. 매력에 찬, 매혹적인

A : Most people think a flight attendant is a very glamorous job.
B : Actually, it's a very physically demanding job, but it's very rewarding.
A : 대부분의 사람들이 비행기 승무원을 아주 매력적인 직업으로 생각해.
B : 사실, 신체적으로는 매우 힘든 일이지만 보람도 많아.

syn alluring, attractive, charming, enchanting, bewitching, captivating

1 2 3 4 5 6 7 8 9 10 11 12 13 14 15

homeliness [hóumlinis] n. 못생김, 수수함, 검소함

7

I just couldn't help myself falling in love with her, despite her homeliness.

그녀가 못생겼음에도 불구하고 나는 그녀와 사랑에 빠지지 않을 수 없었다.

syn ugliness, unattractiveness, unhandsomeness, inelegance, plainness

indecisiveness [ìndisáisivnis] n. 우유부단함

15

Her indecisiveness made it difficult to finish the work in time.

그녀의 우유부단함으로 일을 제시간에 끝내기가 힘들었다.

syn hesitation, indecision, reluctance, uncertainty

intentionally [inténʃənəli] a. 고의로, 계획된

27

Though the whale shark is the largest shark in the world, it wouldn't intentionally hurt a fly.

고래상어는 세상에서 가장 큰 상어이지만, 고의로 해를 입히지는 않는다.

cf. would not hurt a fly : 무섭게 보이지만 실제로는 온순한

syn purposely, purposefully, on purpose, deliberately, designedly, willfully, calculatedly

kindergarten [kíndərgὰːrtn] n. 유치원

31

She's from New York, but has lived in Chicago since she went to kindergarten.

그녀는 뉴욕 출신이지만, 유치원 때 이사를 온 이후로 시카고에서 살고 있다.

Thank goodness the kid just started kindergarten.

고맙게도 그 아이는 막 유치원에 들어갔다.

prescribe [priskráib] v. (약을) 처방하다

19

Many patients fail to follow the directions their doctors give when medicine is prescribed to them.

많은 환자는 의사가 처방전을 주며 내리는 지시를 제대로 따르지 못한다.

publicly [pʌ́blikli] ad. 공공연하게, 공개적으로

21

Ophrah Winfrey began speaking publicly in church at the age of two.

오프라 윈프리는 2살 때 교회에서 공공연히 연설하기 시작했다.

syn commonly, openly, generally, popularly

relevance [réləvəns] n. 적절, 적당, 타당성

17

Many students resist learning poetry in high school because at first it appears to have no relevance to their daily lives.

많은 학생들은 시가 처음엔 그들의 일상생활과는 무관해 보이기 때문에 고등학교 시절에 시를 배우는 것을 꺼린다.

syn pertinence, connection, correspondence, relationship

exotic [igzátik] a. 이국적인, 색다른, 외래의

29

I hear that Jeju island has such a exotic atmosphere.

제주도에는 이국적인 분위기가 풍긴다고 들었는데.

syn alien, foreign, fascinating, romantic, strange, unusual, wondrous

die out 사멸하다, 멸종하다

25

Dinosaurs died out millions of years ago.

공룡은 수백만년 전에 멸종했다.

The custom is dying out.

전통이 사라지고 있다.

dry up 말을 그치다, 침묵하다, 바싹 마르다, 바닥나다

13

He dried up three times in the second act.

그는 제2막에서 세 번이나 대사를 잊어버렸다.

The pond had dried up over the long hot summer.

길고 무더운 여름으로 연못이 바싹 말라 버렸다.

Our sources of information have dried up.

우리는 정보 소식통이 바닥났다.

1 2 3 4 5 6 7 8 9 10 11 12 13 14 15

edge out
~에 적은 차로 이기다

11

In the biggest NASCAR race of the season, Jeff Gordon edged out Earnhardt to win the Daytona 500.
시즌의 가장 규모가 큰 NASCAR 경기에서 제프 고든은 에른하르트를 근소한 차로 이겨서 Daytona 500을 차지했다.

even up
공평하게 하다

15

The whisky industry is campaigning for the taxes on different liquors to be evened up.
위스키 업체는 다른 주류 업체도 세금을 공평하게 내도록 캠페인을 벌이고 있다.

You've paid for the meal, so if I pay for the taxi that'll even things up.
네가 식사를 샀으니까, 내가 택시비를 내면 공평해.

flood into
쏟아져 들어오다

11

When he opened the curtains, light flooded into the room.
그가 커튼을 젖히자, 빛이 방안으로 쏟아져 들어왔다.

fuel up
연료/에너지를 보급받다

19

When you are on a long hike, be sure to stop periodically to fuel up.
오랜 시간 하이킹을 할 때는, 반드시 주기적으로 쉬어서 에너지를 보충하도록 해.

mouth off
지껄여 대다, 불평해 대다

8

She's always mouthing off, but no one listens to her anymore.
그녀는 항상 지껄여 대지만, 그녀의 말을 듣는 사람은 아무도 없다.

Greg is always mouthing off about being unemployed, but he hasn't even tried to get a job.
그렉은 항상 일자리가 없다고 불평하지만, 일자리를 구하려는 시도조차 하지 않는다.

13 **income level** 소득 수준

With a little homework, you should be able to find financial product that best suit your needs and income level.

조금만 검토해보면, 당신의 필요와 소득 수준에 가장 적합한 금융 상품을 찾을 수 있을 것이다.

11 **in-house sale** 실내 세일

For the next quarter of an hour, Speedy's will have a special in-house sale on all men's sportswear.

지금부터 15분간 Speedy's에서는 남성 스포츠웨어 코너에서 특별 실내 세일을 실시합니다.

cf. yard sale, garage sale : 마당(yard)이나 차고(garage)에서 싸게 처분하는 세일
fire sale : 상점이 불에 타서 남은 물건들을 싸게 처분하는 세일
white sale : 떨이 판매
going-out-of business sale : 폐업 정리 세일

9 **old timer** 고참

Jackson's one of the old-timers in this department.

잭슨은 이 부서에 있는 고참 중에 한 사람이다.

syn veteran, vet, old pro, old hand

5 **back sb into a corner** 궁지에 몰다

He got backed into a corner in the chess game and lost.

그는 체스 게임에서 궁지에 몰려서 졌다.

If you back him into a corner, he will get very angry.

그를 궁지에 몰면, 그는 몹시 화를 낼거야.

3 **come to grips with** 잘 맞서다, 처리하다, 다루다

He found it difficult to come to grips with his grandmother's death.

할머니의 죽음에 잘 맞서기가 어렵다는 것을 알았다.

beat sb to sth
~보다 선수치다

13

A : Eric wanted to volunteer to do the job for Mr. Raul, but I beat him to it.
B : You're always getting the jump on someone.
A : 에릭이 라울 씨를 위해 그 일을 하고자 자원했지만, 제가 먼저 선수를 쳤지요.
B : 너는 항상 한 발 앞서 가는구나.

come out of one's shell
이제는 수줍어하지 않다

12

A : Sara seems to be coming out of her shell lately.
B : I know. She used to be so shy and now she's the life of the party.
A : Sara는 요즘 들어 수줍음을 타지 않더군요.
B : 그래요. 그녀가 이전엔 그렇게도 수줍어하더니, 지금은 파티의 활력소가 되었어요.
cf. come out of one's shell은 좀처럼 입을 열지 않는 조개와 사람을 비교한 표현이다.
the life of the party : (파티에서) 활력을 넣는 사람

keep one in the dark
~가 모르게 하다

3

I'm amazed to hear they're getting a divorce, I was completely in the dark about their problems.
그들이 이혼을 했다고 해서 놀랐어, 그들의 문제는 전혀 모르고 있었거든.

knock one's block off
두들겨 패다

2

A : If he doesn't stop teasing me I'm going to knock his block off.
B : Come on. He's just joking.
A : 그 인간이 계속 날 놀리면, 머리통을 부셔 버리고 말겠어.
B : 자자, 그냥 농담이던데.

knock on wood
잘 되길 빌다

2

My house has never been burgled, knock on wood.
우리 집은 전혀 도둑이 들지 않았어,

You'd better knock on wood when you say that.
그런 말을 할 때면 잘 되길 바라야 할 거야.

not have a snowball's chance　가능성이 전혀 없는

3

If he can't afford a good lawyer, he doesn't have a snowball's chance in hell of winning the case.

유능한 변호사를 댈 여유가 없으면 소송에서 이길 기회가 전혀 없을 것이다.

not hurt a fly　파리 한 마리도 못 죽이는

7

All my friends were terrified by my landlord, but I knew he wouldn't hurt a fly.

친구들은 모두 우리 집주인을 두려워하지만, 난 그가 파리 한 마리도 못 죽인다는 것을 알고 있어.

Grandfather's often grumpy and short-tempered, but he wouldn't hurt a fly.

할아버지는 종종 심술을 부리고 화를 잘 내지만, 파리 한 마리도 못 죽이신다.

not lift/raise a finger　손가락 하나 까딱 않다

9

He just watches TV all evening and never lifts a finger when it comes to cooking or washing up.

그는 저녁 내내 TV만 보고 있고 요리나 설거지는 할 때에는 손가락 하나 까딱하지 않는다.

Daily Test

Review Test

빈칸에 적당한 단어를 보기에서 고르시오.

보기

finger extinct prescribed old-timer earn snowball
dazzle dark fuel oil backbone pledge

1 철인 3종 경기를 하기 전에 에너지를 보충해야 할거야.
You should __________ up before your triathlon.

2 그들은 오랫동안 지역 골프 클럽에서 중추 역할을 해 왔다.
They have been the __________ of the local golf club for years.

3 그들은 신형 미사일에 관해 국민이 모르게 했다.
They kept the public in __________ about new missiles.

4 당신의 능력에 따라서 많은 돈을 벌 수도 있습니다.
Depending on your abilities, you can __________ a great deal of money.

5 그는 뉴욕 경찰서의 20년 된 고참이다.
He's a 20-year __________ of the New York Police Department.

6 그가 그 일자리를 구할 기회라고는 전혀 없다.
He doesn't have a __________'s chance in hell of getting that job.

7 그가 희생자들을 도운 유일한 사람이다.
He was the only one who lifted a __________ to help the victims.

8 그 약을 복용한 사람들의 절반이나 부작용으로 고생을 했다고 연구 조사는 밝히고 있다.
Research suggests that up to half of those who were __________ the drug have suffered side effects.

Answers

1. fuel 2. backbone 3. dark 4. earn 5. old-timer 6. snowball 7. finger
8. prescribed

Build-up Test

괄호 안에 들어갈 적절한 단어를 고르시오.

보기

effects end checkup order fees crew envelope injuries blood pressure

1 Having failed to return the book in time, I had to pay 2 dollars for late __________.

2 She suffered minor __________ in the accident – a few cuts and bruises.

3 The pulse and blood __________ are key indicators of a patient's status.

4 The road came to a dead __________, so we couldn't go further.

5 Until the emergency __________ arrives, keep the sick or injured person quiet.

6 We accept payment by personal check, money __________ and major credit cards.

7 Mail the renewal form today in the postpaid reply __________.

8 The side __________ of the medicine are written on the side of the bottle.

9 There has been bad __________ between the two families for years.

10 It is not unusual to detect a serious disease during a routine __________.

Answers

1. fees	제시간에 책을 반납하지 못해서 나는 2달러의 연체료를 납부해야만 했다.
2. injuries	사고로 몇 바늘 꿰매고 멍이 드는 가벼운 상처를 입었다.
3. pressure	맥박과 혈압은 환자의 상태를 체크하는 중요한 지표이다.
4. end	길이 막다른 골목에 다다라서 우리는 더 이상 갈 수 없었다.
5. crew	구조대원이 도착할 때까지 환자나 부상자를 안정시키십시오.
6. order	개인수표, 우편환, 신용카드로 지불하실 수 있습니다.
7. envelope	무료 반송용 봉투에 오늘 재구독 서류를 넣어서 보내주십시오.
8. effects	약품의 부작용은 병의 측면에 쓰여 있다.
9. blood	오랫동안 두 가문은 반목 상태가 지속되었다.
10. checkup	일상적인 검사 도중에 심각한 질병을 발견하게 되는 것은 드문 일이 아니다.

DAY 25

V · O · C · A · B · U · L · A · R · Y

5 **whimsical** [*h*wímzikəl] a. 변덕스러운

Isn't the new director a little too whimsical?

새로 온 국장님 좀 변덕스럽지 않니?

syn capricious, erratic, fickle, inconsistent

7 **acquit** [əkwít] v. 무죄를 선고하다, 방면하다, 사면하다

A : What do you think about the big murder case in Los Angeles?

B : Just as I had expected: the guy's famous so he was acquitted of all charges.

A : 로스앤젤레스에서 일어난 대형 살인 사건에 관해서 어떻게 생각해요?

B : 예상했던 대로야. 그 친구는 유명인이라서 모든 혐의에서 무죄선고를 받은 거야.

syn clear, exculpate, pardon, vindicate

ant convict

15 **assault** [əsɔ́:lt] n. 폭행, 갑작스런 습격, 급습

Road rage is violent conduct by another driver which endangers the lives of others, and ranges from dangerous driving to actual physical assault on the other driver.

'도로의 분노'는 다른 사람들의 생명을 위협하는 운전자의 폭력적인 행동으로, 그 범위는 위험한 운전 형태에서부터 다른 운전자에게 실질적인 신체적 상해를 입히는 것까지 이릅니다.

syn attack, invasion, onslaught, mugging

26

attain [ətéin] v. 획득하다, 달성하다, 성취하다, 도달하다

A : What wouldn't I give to be famous?
B : You mean you'd do anything to attain stardom?
A : 유명해진다면 내가 무슨 짓을 못하겠어?
B : 너 지금, 스타덤에 오르려고 뭐든 하겠다는 말이야?

We will be working hard to attain your goals of becoming better public speakers.
우리는 당신이 더 나은 연설가가 되고자 하는 목표를 달성할 수 있도록 최선을 다 할 것입니다.

syn accomplish, achieve, earn, fulfill, acquire, gain, obtain

30

awkward [ɔ́:kwərd] a. 어색한, 거북한

W : This shirt is too small for me. I feel awkward wearing it.
M : Aren't you wearing it back to front?
W : 이 셔츠는 나한테 너무 작아. 이걸 입고 있으면 어색해요.
M : 당신 앞뒤를 바꿔 입지 않았어?

syn clumsy , inept, inexpert, cumbersome, unskillful

16

badmouth [bǽdmàuθ] v. 혹평하다, 헐뜯다, 중상하다

Gossips tend to badmouth the people they talk about; most gossips don't say anything nice about people.
험담은 화제에 오른 사람들을 중상모략하는 경향이 있다. 대부분의 험담은 사람들의 장점에 대해서는 이야기하지 않는다.

syn belittle, decry, deprecate, ridicule

6

callous [kǽləs] a. 냉담한, 무감각한

At the risk of seeming callous, I propose that we go straight on to the football match after the funeral.
무정하게 들리겠지만, 장례식이 끝나고 곧바로 축구 경기를 보러 가자고 제안할거야.

syn cold-hearted, heartless, stony, unfeeling

1 2 3 4 5 6 7 8 9 10 11 12 13 14 15

complications [kɑ̀mpləkéiʃən] n. 합병증

25

Please discontinue taking this medicine if complications develop.
합병증의 조짐이 보이면 이 약의 복용을 중단하십시오.

crook [kruk] n. 악한, 사기꾼, 도둑

10

Most of these politicians are just a bunch of crooks.
이 정치인들의 대부분은 단지 사기꾼 떼거리에 불과하다.

The city is full of crooked police officers taking bribes.
이 도시는 뇌물을 받는 부패한 경찰관들로 가득 찼다.

syn cheat, criminal, swindler, thief

curfew [kə́ːrfjuː] n. 야간 통행금지

7

The military imposed a strict curfew after they seized control of the government.
군부는 정부를 장악하자 엄격한 야간 통행금지를 실시했다.

I can't go with you to the disco, because my parents have a strict ten o'clock curfew for me.
너랑 디스코테크에 갈 수 없어, 부모님이 10시까지 엄한 통행 금지령을 내렸거든.

원래 전쟁이나 정치적인 혼란기에 있는 야간 통행금지를 의미하지만, 아이들에게 사용되면 집에 돌아와야 하는 귀가 시간을 의미한다.

deduction [didʌ́kʃən] n. 공제, 삭감

13

The penalty for turning in a late paper is a ten point deduction.
보고서를 늦게 제출하면 벌점으로 10점이 감점된다.

syn decrease, discount, rebate, reduction, subtraction

detest [ditést] v. 혐오하다, 몹시 싫어하다

8

I hate exams. I mean, I really, truly detest taking tests.
난 시험을 싫어한다. 내 말은 내가 정말 시험 보는 것을 싫어한다는 말이다.

syn abhor, despise, loathe

embroil [embrɔ́il] v. (분쟁에) 끌어들이다

7

Eventually, the Argentina and the England troops became embroiled in one of the most violent and brutal conflicts in England history.

결과적으로 아르헨티나와 영국 군대들은 영국 역사상 가장 폭력적이고 야만적인 분쟁 중 하나에 휩쓸리게 된다.

syn enmesh, entangle, involve, mix

exhale [eks*h*éil] v. 내쉬다, 내뿜다

11

First, take the deepest breath you can. Hold it in for a few seconds, then exhale.

우선, 최대한 숨을 깊이 들이쉬세요. 잠시 참았다가 숨을 내뿜으세요.

syn breathe, expire, blow, puff, sigh

goof [gu:f] v. 바보같은 실수를 하다, 망치다

15

If Tom hadn't goofed and missed that shot, we'd have won the game.

탐이 실수로 빗맞추지만 않았어도 우리가 게임을 이겼을 것이다.

Hey, you really goofed this time – that was the principal's daughter you just insulted.

이봐, 이번에 바보같은 실수를 했어 – 네가 방금 모욕준 게 학장 딸이라고.

syn bungle, mess up, ruin, screw up, spoil

impervious [impə́:*r*viəs] a. (물 · 공기 등을) 통과시키지 않는

6

A : This new camera bag is waterproof.

B : Do you mean that it's impervious to rain?

A : 이 새로 나온 카메라 가방은 방수가 됩니다.

B : 비가 새지 않는다는 말이죠?

syn impassable, impenetrable, airtight, impermeable, sealed, waterproof, watertight

15 **imperative** [impérətiv] a. 피할 수 없는, 필수적인, 강제적인

It is imperative that adjustments in domestic fuel prices be made sooner rather than later.

조만간 국내 연료 가격을 조정해야만 한다.

syn critical, crucial, essential, compulsory, mandatory, necessary, obligatory

19 **intermission** [ìntərmíʃən] n. (연극) 막간, 휴게시간

Latecomers are seated in the rear of the theater until the first intermission.

지각한 사람들은 첫 번째 휴식 때까지 극장 뒤에 앉는다.

syn break, interval, recess

31 **irritable** [írətəbəl] a. 화를 잘 내는, 신경질적인

People tend to be irritable when stress builds up.

사람들은 스트레스가 쌓일 때 신경질적으로 되는 경향이 있다.

cf. irritation : 짜증, 화

syn cantankerous, irascible, oversensitive, peevish, testy, touchy

12 **obese** [oubíːs] a. 지나치게 살찐, 뚱뚱한

I was obese as a child and as an adult had to work out and starve like crazy to stay slim.

전 어려서부터 뚱뚱했고 성인이 되어서 날씬한 몸을 유지하기 위해서 미친 듯이 운동을 하고 굶어야 했습니다.

syn corpulent, fat, overweight, portly, rotund

9 **outlandish** [autlǽndiʃ] a. 기이한, 이국풍의

The members of the punk band liked to perform in outlandish costumes so that the audience paid more attention to their appearance rather than the music.

펑크 밴드의 멤버들은 관객들이 음악보다는 용모에 더 많은 주목을 하도록 기이한 옷차림으로 연주하는 것을 좋아한다.

syn bizarre, curious, eccentric, incredible, peculiar, unusual

27 **outstanding** [àutstǽndiŋ] a. 뛰어난, 현저한, 눈에 띄는

It is a shame that anyone would speak of anything but his outstanding character.
누구든지 그의 뛰어난 인격 외의 것을 얘기하는 것은 유감스러운 일이다.

Bruce is one of the most outstanding lawyers in the world working on behalf of individual liberty and human rights.
브루스는 개인의 자유와 인권을 대변해서 일하는 변호사 중에 가장 뛰어난 변호사이다.

syn excellent, exceptional, striking, famous, notable, prominent, renowned

15 **overstep** [òuvərstép] v. 한도를 넘다

Where does one overstep the boundary of trying to be simply humanitarian?
단순히 인도주의적인 사람이 되려고 어디에서 경계선을 넘어야 하는가?

syn exceed, go beyond, surpass, transcend, encroach, infringe, trespass

352 **police** [pəlíːs] v. 통제하다, 단속하다

The use of these possibly dangerous chemicals must be carefully policed.
이런 위험 가능성이 있는 화학 약품의 사용은 조심스럽게 관리되어야 한다.

The military government closely policed the actions of the newspapers.
군사 정부는 언론의 행동을 면밀하게 통제했다.

syn control, guard, patrol, watch

5 **recapture** [riːkǽptʃər] v. 되찾다, 탈환하다

You'll surely recapture your boyhood fun this summer.
이번 여름엔 어린 시절의 즐거움을 되찾게 될 것이다.

syn recover, regain, retrieve, reclaim, reoccupy, retake

1 2 3 4 5 6 7 8 9 10 11 12 13 14 15

17 **recess** [ríːses] n. 휴게, 휴회

All the participants remained in their seats during the recess.
모든 참가자들은 휴식시간 동안 자리에 앉아 있었다.

You may leave your seat only during the 20-minute recess.
20분간의 휴식시간에만 자리에서 일어날 수 있습니다.

syn break, intermission, pause, respite

129 **solid** [sálid] a. 단단한, 견고한

A solid client base is essential for being successful as a stock broker.
단단한 고객 기반은 주식 중개인으로서 성공하는 데 필수적인 요소다.

syn concrete, substantial, fixed, stable, steady, dense, firm, hard

58 **starve** [stɑːrv] v. 굶주리다, 몹시 배고프다

Unless these people get food in the next two weeks they will starve to death.
두 주안에 식량을 구하지 못하면 이 사람들은 굶어죽게 될 거야.

Isn't lunch ready yet – I'm starving.
점심 아직 안됐어 – 배고파 죽겠어.

syn famish, fast, crave, desire, hunger, long, yearn

16 **unbeatable** [ʌ̀nbíːtəbəl] a. 탁월한, 패배시킬 수 없는

New Zealand offers you the widest choice of holidays at unbeatable prices.
뉴질랜드는 파격적인 가격으로 휴일을 다양하게 선택할 수 있게 해줍니다.

syn impregnable, impenetrable, invulnerable, invincible, unconquerable

25 **weird** [wiərd] a. 이상한, 기묘한

Hasn't the weather been so weird lately?
요즘 날씨가 정말 이상하지 않니?

syn bizarre, eccentric, odd, peculiar, strange

rely on 믿다, 의지하다

45

Don’t rely on finding me here when you get back.
돌아오면 날 찾으려고 하지마. (없을 테니까.)

You can always rely on him making a fool of himself.
그는 항상 바보같은 짓을 해.

sell out 매진(품절)되다

26

We are sorry to tell you that the items you have ordered have already sold out and that we are not able to order more, either.
귀하가 주문하신 품목이 이미 다 팔렸으며 더 이상 주문할 수도 없음을 알려드리게 되어 죄송합니다.

slow down 속도를 떨어뜨리다

15

Reminding her every 10 minutes to hurry up makes my daughter angry and actually slows her down.
10분마다 서두르라고 하면 딸아이는 화를 내며 더 늑장을 부리게 됩니다.

start out 시작하다

13

We’ll need to start out early because the journey takes six hours.
여행이 6시간이나 걸리기 때문에 일찍 출발해야 한다.

I started out studying philosophy, but then I changed business.
처음엔 철학을 했지만, 다음에 경영학으로 바꿨다.

apply for ~에 지원하다, 신청하다

27

M : I’m sorry you didn’t get the job you’ve applied for.
W : I was really disappointed. Should I apply to their competitor?
M : 당신이 지원한 곳에 떨어지다니 안타깝습니다.
W : 저도 정말 실망했습니다. 그 회사의 경쟁사에 지원해 볼까요?
cf. apply to + 장소, 기관

9
ascribe to
~에 속하는 것으로 생각하다, (결과 등을) ~의 탓으로 돌리다

All the religions in the world ascribe to one thing, faith.
세계의 모든 종교는 '믿음'이라는 한 가지로 귀착된다.

10
at best
기껏해야, 잘해야, 고작

This is, at best, only a temporary solution.
이건 기껏해야, 일시적인 해결책일 뿐이야.

The food was bland at best, and at worst completely inedible.
이 음식은 좋게 말해서 맛없는 거고, 나쁘게 말해서 전혀 먹을 수 없어.

16
at odds
사이가 좋지 않은, 싸우고 있는

Those two have been at odds for ages.
그 두 사람은 오랫동안 사이가 좋지 않았다.

He's been at odds with his brother ever since I've known him.
내가 그를 알고 있는 이래 그는 형과 사이가 좋지 않았었다.

7
red meat
소고기, 양고기

Almost all doctors use seat belts, know their blood pressure and are eating more fiber and less red meat.
거의 모든 의사가 자동차의 안전벨트를 매고, 자신들의 혈압을 알고 있으며, 야채를 많이 먹고 고기를 적게 먹고 있다.

A healthy diet shouldn't consist of too much red meat.
건강 식단은 너무 많은 육식으로 되어서는 안된다.

I used to be a vegetarian, but now I eat some white meat – chicken and seafood.
전에는 채식주의자였지만, 지금은 닭고기나 해산물을 먹는다.

red meat은 색깔이 빨간 소고기나 양고기를 가리키며, 닭고기나 생선같이 색깔이 하얀 고기를 총칭해서 white meat이라 한다.

red tape 형식적 절차

4

A : I'm glad that you made it to law school. Was it easy?

B : Well, I had to deal with a lot of red tape, but for the most part it wasn't too bad.

A : 로스쿨에 들어갔다니 기쁘구나. 어렵지는 않았니?

B : 형식적 절차가 많더군요. 하지만 대부분 그렇게 나쁘진 않았어요.

cf. make it to : ~에 이르다, ~까지 다다르다

no-win situation 승산 없는 싸움

3

I find myself in a no-win situation again.

또 다시 승산 없는 싸움에 말려들었어.

once and for all 틀림없이, 확실히, 분명히, 영원히

9

Our intention is to destroy their offensive capability once and for all.

우리의 의도는 적의 공격 능력을 완전히 파괴하는 데 있다.

Let's try to solve this problem once and for all.

이 문제를 마지막으로 (확실히) 풀고 넘어 갑시다.

on easy street 유복하게 지내다, 편하게 지내다

3

After years of hard work, the Grants found themselves on easy street.

몇 년간 열심히 일한 후에 그랜트 부부는 유복하게 되었다.

Since they inherited his aunt's fortune, they've been on easy street.

고모의 재산을 물려받았기 때문에 그들은 편하게 지내고 있다.

one for the road 마지막 한 잔

2

A : I think I'll be going home in a minute. What about having one for the road?

B : No, thanks, I'm driving.

A : 곧 집에 가야 할 것 같아. 마지막 한 잔 어때?

B : 아니 됐네, 운전을 해야 하거든.

one jump ahead of sb/sth

한 발 앞서다

The way to be successful in business is always to keep one jump ahead of your competitors.
사업에서 성공하는 길은 항상 자네의 경쟁자들보다 한 발 앞서가는 데 있네.

Try to stay one jump ahead of the customer.
고객보다 한 발 앞서려고 노력하시오.

on one's coattails

~의 (정치력) 덕분에, ~에게 편승하여

He was voted into the Assembly on Davidson's coattails.
그는 유력한 후보자인 데이비슨의 덕으로 하원에 당선되었다.

Bill isn't very creative, so he hangs on John's coattails.
빌은 전혀 독창적이지 못해서 존에게 편승한다.

sink or swim

죽든 살든, 되든 말든

The government's attitude to this company is to leave it to sink or swim without offering any help at all.
이 회사에 대한 정부의 태도는 아무런 지원을 하지 않고 망하든 말든 내버려두는 것이다.

My employer gave me no help when I started my new job – I was just left to sink or swim.
우리 사장은 내가 새로운 직장을 시작할 때 아무런 도움을 주지 않았다 – 난 죽든 살든 내버려졌다.

's- or s-' 로 시작되는 두운(alliteration)이다.
black and blue(시퍼렇게 멍든), dog days(삼복더위), fist and fight(주먹다짐), kith and kin(일가 친척)

speak of the devil

호랑이도 제 말하면 온다

A : Murphy is such a sweetheart. He helped me with my homework last night.
B : Well, speak of the devil ... Here comes Murphy.
A : 머피는 너무 착해. 어젯밤에도 내 숙제를 도와줬거든.
B : 음, 호랑이도 제 말하면 나타난다더니, 막 머피가 오네.

speak with a silver tongue 설득력이 있는

14

Even though she speaks with a silver tongue, you should not believe what she says.
비록 그녀가 설득적인 투로 말하지만, 그녀가 한 말은 믿으면 안돼.

You must be wary of attorneys or drug dealers – both can speak with a silver tongue.
변호사나 마약 업자들은 조심해야 해 – 둘 다 말을 잘하거든.

stay up all night 밤을 꼬박 새우다

20

I put off preparing for my mid term exam until the twelfth hour and had to stay up all night cramming.
나는 12시까지 중간고사 준비를 미뤘고 벼락치기를 하느라 밤을 꼴딱 새워야 했다.

A : Why did you stay up all night?
B : I had to finish the whole of ‘Faust’.
A : 왜 밤을 꼬박 새웠니?
B : 파우스트를 다 읽어야 했거든.

Daily Test

Review Test

빈칸에 적당한 단어를 보기에서 고르시오.

보기

jump with intermissions assaults intercessions road
crook embroil for obese badmouth grounded

1 부모님께서 일주일 동안 외출 금지령을 내리셨어.
My parents have __________ me for a week.

2 집에 가기 전에 그녀는 마지막 한 잔을 하자고 날 설득했다.
Before I went home, she persuaded me to have one for the __________.

3 그 연극은 매우 길었지만 두 번의 막간이 있었다.
The play was very long, but there were two __________.

4 넌 그 일에 지원해야 해. 뭘 두려워하는 거니?
You should apply __________ that job. What is there to be afraid of?

5 그는 너무 살이 쪄서 옷을 특별히 만들어야 한다.
He was so __________ he had to have special clothes made for him.

6 사장보다 한 발 더 앞서도록 해야 해.
You have to keep one __________ ahead of the boss.

7 간수들은 강간, 폭행 그리고 다른 범죄로부터 수감자들을 보호하면서 하루 종일 보낸다.
Guards spend 24 hours a day protecting inmates from rapes, __________ and other crimes.

8 저 중고차 판매상은 사기꾼에 불과해 – 차들은 훔친 차거나 운전하기에 안전하지 못해.
That second-hand car dealer is nothing but a __________ – his cars are either stolen or unsafe to drive.

Answers

1. grounded 2. road 3. intermissions 4. for 5. obese 6. jump 7. assaults 8. crook

Build-up Test

괄호 안에 들어갈 적절한 단어를 고르시오.

1 Have you seen my gloves? I've been looking (to / after / for) them all week.

2 That music was written (of / by / with) Mozart.

3 Her opinion differs (to / from / with) mine.

4 She is keen (on / of / for) playing tennis.

5 I'm still waiting (on / by / for) the letter to arrive.

6 I'm tired (of / on / with) learning Japanese.

7 People with asthma have difficulty (in / with / to) breathing.

8 He wasn't conscious (at / of / with) having offended her.

9 Is he aware (in / of / to) the price of shoes like those?

10 His parents were bitterly disappointed (on / of / in) him.

Answers

1. for	내 장갑 봤니? 이번주 내내 찾고 있어.
2. by	저 음악은 모차르트가 썼다.
3. from	그녀의 의견은 내 의견과 다르다.
4. on	그녀는 테니스 치는 데 열심이다.
5. for	난 아직도 편지가 도착하기를 기다리고 있다.
6. of	난 일본어 배우는 데 질렸다.
7. in	천식이 있는 사람은 호흡에 어려움이 있다.
8. of	그는 그녀의 기분을 상하게 한 것을 의식하지 못하고 있다.
9. of	걔는 그런 신발 가격이 얼만지 아는 거야?
10. in	그의 부모님은 그에게 크게 실망했다.

DAY 26

V · O · C · A · B · U · L · A · R · Y

7 **tout** [taut] v. 권하다, 몹시 칭찬하다

Before it was banned in the United States in the 1920s, cocaine was widely touted as a cure for everything from toothaches to timidity.

1920년대 미국에서 복용이 금지되기 전, 코카인은 치통에서부터 소심증에 이르는 모든 병의 만병통치약으로 널리 사용되었다.

syn extol, laud, praise, vaunt

ant belittle

5 **upstart** [ʌ́pstɑ́:rt] a. 갑자기 출세한, 거들먹거리는, 건방진

He had wanted to move to the upstart company because it had better benefits, but his current contract isn't up for another six months.

그는 복지 혜택이 더 좋기 때문에 갑자기 성장한 회사로 옮기고 싶었지만, 현재의 계약으로는 6개월 동안 옮길 수 없었다.

syn arrogant, bourgeois, conceited, presumptuous

11 **fraction** [frǽkʃən] n. 단편, 조금, 파편, 분수

I wish I could turn the clock back and give my mother a fraction of what she gave to me.

시계를 뒤로 되돌릴 수만 있다면 어머니가 제게 준 일부분이라도 드릴 수 있다면 좋겠습니다.

syn piece, portion, section, segment, proportion, fragment, particle

13 **head-on** [hédɑ́n] a. 정면으로, 정면 충돌의

The car crossed the road and hit a truck head-on.
자동차가 도로를 가로질러 트럭과 정면 충돌했다.

The government and the unions are set for a head-on confrontation.
정부와 노동조합들은 정면으로 대치하고 있다.

syn confronting, one-on-one, eyeball-to-eyeball

20 **impressive** [imprésiv] a. 강한 인상을 주는, 감명을 주는, 인상적인

The new coach made the team show impressive performance.
신임 감독은 팀이 놀라운 성과를 보이도록 했다.

There are some very impressive buildings in the town.
이 도시에는 아주 인상적인 건물들이 몇 개 있다.

syn awe-inspiring, moving, magnificent, majestic, splendid, striking

19 **intensive** [inténsiv] a. 집중적인, 철저한

The High Management Program is an intensive four-week program especially designed for chief executives, board directors.
고위 경영자 프로그램은 4주 과정의 집중 프로그램으로 최고경영자, 이사회 중역들을 위한 프로그램이다.

syn extreme, potent, powerful, profound, ardent, fervent, passionate, strong

23 **prevail** [privéil] v. 만연하다, (위기 · 색조 등이) 지배적이다

The idea prevails among many business people that the stock market will not recover quickly.
주식 시장이 곧 회복되지는 않을 것이라는 견해가 기업가들 사이에 지배적이다.

syn conquer, triumph, abound, predominate, spread

17

saint [séint] n. 인내심 많은 사람, 성인

She must be a real saint to stay with him all these years.
그 남자하고 그렇게 오래 같이 살다니 그녀는 자상하고 인내심이 많은 사람임이 분명해.

Oh you are a saint, fetching my slippers for me.
슬리퍼를 집어 주시니 정말 친절하시군요.

52

shift [ʃift] v. 바꾸다, 이동시키다 n. 교체, 교대, 순환

There will be major personnel shifts in the latter half of the year.
올 하반기에 주요 인사 이동이 있을 것이다.

You can change your life by shifting towards a healthier diet.
건강식으로 바꿈으로써 인생을 바꿀 수 있다.

syn change, move, switch

18

consistently [kənsístəntli] ad. 시종 일관하여, 견실히

Nutritionists agree that if you consistently eat food high in fat, you could develop heart disease.
영양학자들은 지속적으로 고지방 음식을 먹으면 심장 질환이 발병할 수 있다는 데 의견을 같이 한다.

People who regularly wear car seat belts are also likely to avoid casual sex and to use condoms consistently.
대체적으로 자동차 안전벨트를 매는 사람은 우발적인 섹스를 피하고 항상 콘돔을 사용한다.

cf. casual : 우연의, 우발적인, 즉석의

73

company [kʌ́mpəni] n. 동행, 동반

Darling, I'd rather you didn't mention my little problem when we're in company.
자기야, 우리가 다른 사람들과 같이 있을 때 내 사소한 문제는 얘기하지 않았으면 좋겠어.

You'll like Rosie – she's good company.
넌 로지가 좋아질 거야 – 같이 있으면 유쾌해지거든.

syn companionship, congregation, fellowship, gathering

contend [kəntend] v. 주장하다, 다투다, 싸우다, 투쟁하다

12

I would contend that emotions are the heart and soul of the human experience. Without emotions we would never experience joy, fear, sadness or love.

난 감정이 인간의 경험의 가슴과 정신이라고 주장하고 싶다. 감정이 없다면 우리는 결코 기쁨, 두려움, 슬픔, 사랑과 같은 것을 전혀 느낄 수 없다.

syn insist, argue, assert, battle, fight, struggle, compete

embrace [embréis] n. 채택하다, 기꺼이 받아들이다, 포옹하다, 껴안다

11

To ensure the preservation of the country's natural assets, Botswana's government has embraced a policy of courting only high-cost, low-impact tourism.

국가의 천연자원을 잘 보존하기 위해, 보츠와나 정부는 고비용, 자연에 영향을 적게 미치는 관광 정책을 채택했다.

syn hold, hug, squeeze, adopt, espouse, incorporate

expire [ikspáiər] v. 만기가 되다, (기간이) 끝나다

25

Could you tell me when this ticket expires?

이 표는 유효기간이 언제까지죠?

Does anyone know what's up with these airline tickets? When do they expire?

이 항공권이 어떻게 된 거죠? 언제 만기가 되죠?

syn conclude, discontinue, end, terminate

flatter [flǽtər] v. 알랑거리다, 마구 칭찬하다, 치켜세우다

27

I knew he was only flattering me because he wanted to borrow some money.

그가 돈을 빌리고 싶어서 치켜세우는 말을 하는 줄 알았어.

They were flattered to be invited to dinner by the mayor.

그들은 시장의 만찬에 초대받아서 아주 기뻐하고 있다.

syn adulate, compliment, extol, laud, deceive, delude, fool

74
ground [graund] v. (벌로) 외출 금지시키다

A : Unless we stick to our story, we all will be grounded.
B : Do you think it will work?
A : 우리가 꾸며낸 이야기를 끝까지 고수하지 못하면, 우리 모두 집에 감금될 거야.
B : 네 생각에 그 이야기가 통할 것 같아?

syn confine, restrict

106
impress [imprés] v. 감명을 주다, 감동시키다, 인상 지우다

I was really impressed to see the true movie about Malcom X.
나는 말콤엑스에 대한 영화를 보고 정말로 감명 받았다.

It never fails to impress me how elegant the people look in Paris.
파리 사람들의 우아한 모습을 보면 언제나 깊은 인상을 받아.

syn affect, influence, fascinate, overwhelm, instill, engrave, imprint, mark

37
intervene [ìntərví:n] v. 중재하다, 간섭하다, 사이에 들다, (어떤 일이) 방해하다

I didn't feel I could intervene in a family dispute.
집안싸움에 말려들고 싶은 생각은 없어.

The Central Bank intervened in the currency markets today to try to stabilize the exchange.
중앙은행은 환율을 안정시키려고 통화 시장에 간섭하게 되었다.

cf. intervention : 조정, 중재, 개입

syn arbitrate, intercede, mediate, negotiate, referee

13
lousy [láuzi] a. 형편없는

I thought that film was lousy.
그 영화는 형편없었어.

The food at that restaurant is really lousy.
저 식당 음식은 정말로 형편없어.

syn contemptible, horrible, offensive, inferior, terrible

mad [mæd] n. 화난, 성난

120

You'd better avoid him, he's mad as hell at you.
그 친구를 피하는 게 좋을 거야, 너한테 아주 화가 나 있다고.

She's so mad at me she won't even speak to me.
그녀는 나한테 너무 화가 나서 말도 하지 않으려고 해.

syn angry, enraged, furious, infuriated

must [mʌst] n. 필수

635

Learning to invest your money is a must for anyone that is serious about securing their financial future.
돈을 투자하는 법을 배우는 것은 보장된 미래의 재정에 관심을 갖고 있는 사람들에게 필수이다.

syn requisite

obvious [ábviəs] a. 명백한, 대번에 알 수 있는, 환히 들여다보이는, 뻔한

29

A : John, you seemed to be taking to that new girl in class.
B : You noticed? Gosh, I can't believe I was so obvious.
A : 존, 너 이번에 새로 전학 온 여자아이한테 반한 것 같던데.
B : 눈치 챘어? 어이구, 내가 그렇게 노골적이었나?

syn apparent, evident, manifest, plain, conspicuous, distinct, noticeable, prominent, clear, indisputable

overtake [òuvərtéik] v. 따라잡다, 따라붙다

15

Depression does not have to overtake your life.
우울증이 여러분의 삶을 압도할 필요가 없습니다.

syn exert, strain, overdo, overplay

perspective [pəːrspéktiv] n. 견해, 관점

18

Your parents' perspective may differ from yours.
너의 부모님의 견해는 너의 견해와 다를 수 있다.

syn attitude, outlook, position, viewpoint, landscape, panorama, vista

1 2 3 4 5 6 7 8 9 10 11 12 13 14 15

whole [houl] a. 완전한, 흠 없는, 온전한, 전체의

131

Your customers will surely go for its flavors so fresh, so full of whole fruit goodness.
당신의 고객들은 신선하고, 과일의 영양분을 그대로 간직한 이 맛에 확실히 반하게 될 겁니다.

The whole building was destroyed by fire in 2005.
건물 전체가 2005년 화재로 파괴되었다.

syn complete, entire, total, undivided

nag [næg] n. 잔소리꾼 v. 잔소리하다

11

She's such a nag. All she does is complain.
그 여자는 정말 잔소리가 심해. 불평밖에 안해.

I wish you'd stop nagging at me!
나한테 잔소리 좀 그만 했으면 좋겠어!

syn harpy, shrew, termagant

extinction [ikstíŋkʃən] n. 멸종, 단절

20

The audience found the documentary film on the extinction of dinosaurs to be fascinating.
관객들은 공룡 멸종에 관한 이 다큐멘터리 영화가 재미있음을 알았다.

cinch [sintʃ] n. 쉬운 일, 확실한 일, 우승 후보

10

They say it was the best choice they ever made, though most admit that keeping house was not the cinch they thought it would be.
이들은 자신이 내린 결정 중 최고의 선택이었다고 말하고 있지만, 대부분은 집 보는 일이 자기들이 생각했던 것만큼 쉽지 않았다고 인정합니다.

cinch는 말의 뱃대끈을 의미하는데, 경마에서 뱃대끈을 꽉 쥐고 달려서 우승하는 것처럼 '확실한 일' 또는 '쉬운 일'을 의미한다.

distinction [distíŋkʃən] n. 구별, 차별

42

The distinction is most clearly seen by comparing the poorer countries of the world with the wealthy ones.
가난한 나라와 부유한 나라를 비교해 보면, 그 차이는 확연히 드러난다.

syn differentiation, discrimination, separation,

domination [dàmənéiʃən] n. 지배, 권세

27

The film was about a group of robots set on world domination.
이 영화는 세계를 지배하려는 로봇 집단에 관한 것이다.

Domination of the compact car market is no longer certain for Japan.
일본이 앞으로도 계속 소형차 시장을 독점하게 될지는 확실치 않다.

syn authority, command, control, influence, rule

back up 후원하다, 지지하다, 정체하다, 막히다, (데이터 파일을) 백업하다

35

I would like you to back up John in this discussion.
이 토의에서 네가 존을 지지했으면 좋겠어.

Our sink is backing up – we'd better call a plumber.
우리 싱크대가 막혔어요 – 배관공을 부르는게 좋겠어요.

Make sure you back up before you turn the computer off.
컴퓨터를 끄기 전에 반드시 백업을 하세요.

blow up 몹시 화내다, 폭발하다

26

Her father blew up when she came home at 3 o'clock in the morning.
그녀의 아버지는 그녀가 새벽 3시에 집에 돌아오자 몹시 화를 내셨다.

The plane blew up in midair.
비행기가 공중에서 폭발했다.

7
botch up
망쳐 버리다

The funding was withdrawn after they botched up the first stage of the research.
그들이 연구의 첫 단계에서 실패한 후에 기금이 회수되었다.

I'm afraid I'd rather botched up the dinner tonight.
오늘 저녁식사를 아무래도 망친 것 같아.

21
bump into
오래간만에 마주치다, 부딪치다, 충돌하다

We bumped into Kate when we were in London last week.
우린 지난주 런던에 있을 때 케이트를 우연히 만났다.

She bumped into his tray, knocking the food onto his lap.
그녀는 그의 쟁반에 부딪쳐서, 음식을 그의 무릎에 쏟았다.

30
burn out
정력을 다 소모하다, 타서 작동을 멈추다, 다 태우다

Stop working so hard – you'll burn yourself out.
그렇게 죽어라 일하지마 – 완전히 녹초가 된다고.

It looks like the starter motor on the car has burnt out.
아무래도 시동 모터가 멈춘 것 같아.

The building was burnt out and only the walls remained.
건물이 다 타고 벽만 남았다.

47
check out
알아보다, 조사하다, 확인하다

They always check out candidates very thoroughly before interviewing them.
그들은 항상 입후보자들을 면담하기 전에 아주 면밀히 조사한다.

Let's go and check out the disco on Friday night.
가서 금요일 밤에 디스코 장에서 뭘 하는지 알아보자.

I checked out all of the DVDs, but I didn't see anything too impressive.
모든 DVD를 확인해 보았지만, 아주 인상적인 것은 보지 못했어.

dawdle away (시간을) 헛되이 보내다

9

She always manages to dawdle away the extra time.
언제나 남는 시간을 꾸무럭거리는데 써 버린다.

saturated fat 포화지방

12

The amount of saturated fat in your diet can have a negative effect on your health.
일상 음식에 포함된 포화지방 함유량은 건강에 나쁜 영향을 줄 수도 있다.

Nutritionists agree that a healthy diet must include foods that are low in saturated fat.
영양학자들은 건강한 다이어트에는 포화지방 수치가 낮은 음식이 포함되어야 한다는데 동의한다.

sexual harassment 성희롱

33

I'll be sending a memo out via email later today advising all employees of our policy on sexual harassment.
오늘 성희롱에 관한 회사의 방침을 모든 임직원에게 알리도록 나중에 이메일로 메모를 보내겠습니다.

spring chicken 햇병아리

7

Mr. Brown is no spring chicken, but he can still play tennis well.
브라운 씨는 나이가 들었지만 여전히 테니스를 잘 친다.

The coach is no spring chicken, but he can show the players what to do.
그 코치는 나이가 들었지만 선수들에게 무엇을 해야 하는지 보여줄 수 있다.

turn one's back on 등을 돌리다

15

He's always been kind to me – I can't just turn my back on him now that he needs my help.
그는 항상 친절하게 대해 주었어 – 내 도움을 필요로 하는 지금 등을 돌릴 수가 없어.

take one's lumps 톡톡히 혼나다

9

You know you shouldn't have skipped school like that, now you'll just have to take your lumps.
이렇게 학교를 빠지면 안 된다는 걸 알고 있지, 이제 톡톡히 혼나게 될 거야.

I hate taking my lumps. I'd rather pretend nothing had happened.
난 혼나는 게 싫어. 아무 일도 일어나지 않은 척하는 게 낫겠어.

you can't win them all 모든 것을 다 가질 수는 없다

3

A : My girlfriend left me for another guy.
B : That's too bad. I guess you can't win them all.
A : 애인이 다른 남자가 생겨서 날 떠났어.
B : 그것 참 안됐구나. 다 잘 되라는 법은 없는 것 같다.

have a score to settle with 앙갚음할 게 남아 있는

2

You have a score to settle with her, I can tell you.
분명히 너는 그녀한테 앙갚음할 게 남아 있어.

in shape (몸이) 아주 좋은 상태인, 최상의 상태인

11

She had a major operation last week, so she's not in very good shape at the moment.
그녀는 지난주에 대수술을 해서 지금 몸이 좋지 않다.

All our bags are packed, and we don't have to leave for another hour, so we're in good shape.
가방은 모두 쌌고, 한시간 동안은 떠날 필요가 없으니, 좋은 상황이군.

in the flesh 실제로, 실물인

5

I've seen her perform on television, but never in the flesh.
난 그녀가 텔레비전에서 연기하는 것은 보았지만 실제로 보지는 못했다.

She's even more beautiful in the flesh than in photographs.
그녀는 사진보다 실물이 훨씬 아름답다.

leave a bad/bitter taste in one's mouth
뒷맛이 씁쓸하다, 나쁜 인상을 남기다

3

A : What do you think about latest political scandal?
B : The whole thing leaves a bad taste in my mouth.
A : 최근의 정치 스캔들에 대해 어떻게 생각하십니까?
B : 영 뒷맛이 좋지 않습니다.

Seeing a man beat his horse leaves a bitter taste in your mouth.
자기 말을 때리는 남자를 보면 뒷맛이 씁쓸하다.

let the cat out of the bag
비밀을 누설하다

2

I'm sorry. Jim knows about last week's party. I'm afraid I let the cat out of the bag.
미안해. 짐이 지난주 파티에 대해 알고 있어. 내가 비밀을 말한 것 같아.

It's a secret. Don't let the cat out of the bag.
이거 비밀이야. 비밀 얘기하면 안돼!

lie through sb's teeth
입술에 침도 안 바르고 거짓말을 하다

3

He's lying through his teeth – he says he's never cheated anyone, but I've seen him steal several times.
그는 입술에 침도 안 바르고 거짓말을 하더군 – 더 이상 커닝하지 않겠다고 말했지만 여러 번 하는 걸 난 봤어.

like a fish out of water
뭍에 오른 물고기, 환경의 차이로 제구실을 못 하는 사람

3

I felt like a fish out of water the first time I tried rollerblades.
롤러블레이드를 처음 탔을 때는 굉장히 이상했어.

My wife goes to some very aristocratic parties, but I always feel like a fish out of water at those fancy occasions.
내 마누라는 상류층이 여는 파티에 가지만, 난 그런 고급스런 파티엔 전혀 안 맞는 것 같아.

16 17 18 19 20 21 22 23 24 25 26 27 28 29 30

Daily Test

Review Test

빈칸에 적당한 단어를 보기에서 고르시오.

보기

back	contended	bumped	expires	obvious	company
shape	taste	dragging	flattered	prevail	nagging

1 많은 사람들이 파티에 참석해서 우린 우쭐한 기분이 되었다.
We felt _________ that so many people came to our party.

2 엄마는 항상 머리를 자르라고 잔소리야.
My mom's always _________ me to get my hair cut.

3 그는 같이 있으면 재미없어 – 말을 별로 안해.
He's poor _________ – he doesn't say much.

4 선생님에 대한 그의 무례함은 씁쓸한 뒷맛을 남겼다.
His rudeness to the teacher left a bad _________ in my mouth.

5 분명히 넌 그들에게 등을 돌리지 못할거야.
Surely you won't turn your _________ on them.

6 내 비자는 다음주에 기간이 만료된다.
My visa _________ next week.

7 몇 주 동안 운동을 하지 않았더니 몸이 좋지 않아.
I haven't had any exercise for weeks, and I'm really out of _________.

8 난 식당에서 오래된 대학 친구를 만났다.
I _________ into an old college friend in the restaurant.

Answers

1. flattered 2. nagging 3. company 4. taste 5. back 6. expires 7. shape
8. bumped

Build-up Test

괄호 안의 단어와 반의어인 단어를 보기에서 고르시오.

보기

drawbacks	predicament	coy	artificial	strenuous
awkward	obese	flammable	fraudulent	compliment

1 This shirt is too small for me. I feel (comfortable) _________ wearing it.

2 Most women are (bold) _________ about revealing their age.

3 The key message is that (honest) _________ telemarketers are criminals.

4 I must (belittle) _________ you on your handling of a very difficult situation.

5 It seems the advancement in medicine does have major (benefits) _________.

6 If I hadn't listen to him, I wouldn't have been in this (solution) _________.

7 (Genuine) _________ flavors are widely used in a variety of food products.

8 Climbing hills is (light) _________ work.

9 Leaving chemical products near (fireproof) _________ items is very dangerous.

10 He was so (skinny) _________ he had to have special clothes made for him.

Answers

1. awkward	이 셔츠는 나한테 너무 작아. 이걸 입고 있으면 어색해요.
2. coy	대부분의 여자는 자신의 나이를 밝히기를 수줍어한다.
3. fraudulent	중요한 것은, 사기를 치는 텔레마케팅 업체는 범죄자라는 것입니다.
4. compliment	자네가 아주 어려운 상황을 처리한 것을 칭찬하네.
5. drawbacks	의학계의 발달은 많은 약점을 갖고 있는 것 같다.
6. predicament	그의 말을 듣지 않았더라면 이런 지경까지 이르진 않았을 텐데.
7. artificial	인공향료는 다양한 식품에 사용된다.
8. strenuous	언덕을 올라가는 것은 힘든 일이다.
9. flammable	인화성 물질 가까이 화학 제품을 놓는 것은 매우 위험하다.
10. obese	그는 너무 살이 쪄서 옷을 특별히 만들어야 한다.

DAY 27

V · O · C · A · B · U · L · A · R · Y

19 **drastic** [drǽstik] a. 과감한, 철저한, 격렬한

If something is not done in a major way and soon, there will come a day when we will have to take drastic measures.

빠른 시일 내에 눈에 띄는 변화가 일어나지 않는다면 과감한 조치를 취해야 하는 날이 올 것이다.

syn extreme, immoderate, outlandish, dreadful

56 **exclude** [iksklúːd] v. 배제하다, 제외하다, 차단하다

All the suggestions were first reviewed to exclude those which did not meet minimum profit rates.

최소 이윤율에 부합하지 않는 제안들을 제외시키기 위해 우선 모든 제안들을 검토하였다.

cf. excluding : prep. ~을 제외하고

syn bar, blackball, boycott, ostracize, prohibit, eliminate, except, omit

20 **frustrate** [frʌ́streit] v. 좌절시키다, 방해하다

Most tourists feel that the poor quality of roads in Vietnam makes it difficult and frustrating to travel around the country.

대부분의 관광객들은 도로 상태가 엉망이라서 베트남을 둘러보는 것을 어렵고 당황스럽다고 생각한다.

syn baffle, foil, hinder, stymie, thwart, disappoint, discourage, upset

heredity [hərédəti] n. 유전

13

They result from the interplay between a child's heredity and the experiences he or she has during childhood.

그것들은 유전적인 것과 아이가 어린 시절에 겪었던 경험 사이의 상호작용으로 얻어진다.

incredible [inkrédəbəl] a. 믿어지지 않는, 놀라운

27

A : Incredible! I can't believe what you just did.

B : Why? What did I just do?

A : 믿어지지 않아! 네가 방금 한 것을 믿을 수가 없어.

B : 왜 그래? 내가 방금 뭘 했는데?

syn implausible, impossible, improbable, amazing, awesome, extraordinary, fantastic, remarkable

into [íntu] ad. 관심이 있는, 빠져 있는

921

What sort of music are you into?

어떤 음악에 관심이 있으시죠?

I've never been able to get into classical music.

난 고전 음악엔 관심을 기울인 적이 없다.

syn enthusiastic about, interested in

lemon [lémən] n. 재미없는 것, 시시한 것, 불쾌한 것

9

That car he sold me turned out to be a real lemon; it hasn't got an engine!

그가 나한테 판 자동차는 정말로 형편없는 것이야; 엔진이 없다고!

Only one of his inventions turned out to be a lemon.

그의 발명품 중에 단지 하나만 별볼일없는 것으로 밝혀졌다.

syn bomb, clunker, dud, flop, washout

1 2 3 4 5 6 7 8 9 10 11 12 13 14 15

21 **moist** [mɔist] a. 축축한, 습기 있는

When you slow-roast fish, the end result is a piece of seafood so moist that it melts in your mouth and falls apart when you touch it.
생선을 천천히 구우면, 결과물은 생선토막을 입에 넣고 살짝 건드리기만 해도 산산조각날 정도로 수분이 많은 해산물이 된다는 것이다.
cf. fall apart : 산산조각나다, 못쓰게 되다
syn clammy, damp, dank, humid, wet

17 **run-down** [rʌ́ndáun] a. 지친, 황폐한

A : I've been feeling so tired and run-down this week.
B : You should get a checkup.
A : 이번 주는 너무 피곤하고 지쳐 있어.
B : 건강진단을 받아봐.

What happened to your house? It looks really run-down.
아니 집에 이게 뭐냐? 정말 너무 많이 낡았다.
syn dilapidated, shabby, tumbledown, debilitated, exhausted, fatigued, weary

58 **sharp** [ʃɑːrp] ad. 정각에

He wants to see you and me in his office at 9 a.m. sharp tomorrow morning.
그가 우리를 내일 아침 9시 정각에 사무실에서 보길 원해.
syn accurate, exact, precise

13 **stabilize** [stéibəlàiz] v. 안정시키다, 고정시키다

Although the political situation had stabilized, analysts predicted that it would be not a long time before there was a return to democracy.
정치적 상황이 안정됐다 하더라도 분석가들은 민주주의가 도래하기 전에는 오래 지속되지 못할 것이라고 예언했다.
syn balance, brace, secure, steady

21 **sweep** [swiːp] v. 청소하다, 쓸다

The floor was swept when I arrived in the morning.
내가 아침에 도착했을 때 바닥이 청소되어 있었다.
syn broom, brush, brush off, whisk

32 **tuition** [tjuːíʃən] n. 수업료

Write this off as tuition in the School of Experience, and consider yourself lucky to be free of the crook.
인생 학교의 수업료라고 생각하고, 사기꾼에게서 벗어난 걸 다행으로 생각하십시오.

39 **vote** [vout] v. 투표하여 의결하다

The jury at the County Circuit Court voted ten to two for the death sentence.
카운티 순회 법원의 배심원들은 10대 2로 사형을 구형했다.
cf. Circuit Court : 순회 법원
syn choose, elect, poll

13 **accusation** [æ̀kjuzéiʃən] n. 고발, 고소

Murata has been focusing with a government investigation ever since the accusations of corruption first came forward.
무라타는 부패 고발이 나온 이래 정부 수사와 같이 초점을 맞추고 있다.
syn allegation, charge, indictment, reproach

17 **agony** [ǽgəni] n. 심한 고통, 고민, 고뇌

The agony the patient felt after the car crash is unequaled to any discomfort she has ever felt before.
차가 충돌한 후에 환자가 느꼈던 극심한 고통은 그녀가 전에 느껴봤던 불쾌한 감정과는 필적할 수 없는 것이었다.
syn affliction, pain, suffering, misery

1 2 3 4 5 6 7 8 9 10 11 12 13 14 15

awesome [ɔ́ːsəm] a. 아주 좋은, 훌륭한, 두려운, 무서운, 경외하는

25

He looks totally awesome in his new suit.
그는 새 옷을 입으니까 정말로 멋있어 보여.

We would then face the awesome prospect of nuclear war.
우리는 핵전쟁이 일어날 무서운 가능성에 직면하게 될 것이다.

syn impressive, majestic, inspiring, wondrous, amazing, shocking, appalling, dreadful, terrific, wonderful

chronically [kránikəli] ad. 만성적으로

17

My daughter is driving me crazy. She is chronically late for everything.
제 딸 때문에 미칠 것 같습니다. 걔는 모든 일에 만성적으로 늦어요.

syn lasting, persistent, habitual, inveterate, periodic, recurrent

delinquent [dilíkwənt] a. 체납하는

9

Most credit card companies will consider your account delinquent if you are more than 60 days behind in your payments.
당신이 납입 대금을 60일 이상 연체한 적이 있다면, 대부분의 신용카드 회사들은 당신의 계좌를 체납 계좌로 간주할 것이다.

syn neglectful, negligent, remiss, slack, late, overdue, tardy

distort [distɔ́ːrt] v. (얼굴을) 찡그리다, 비틀다

13

One side of his face was distorted, and his eye was almost closed.
한쪽 얼굴이 일그러져 있었고, 눈은 거의 감겨 있었습니다.

syn deform, twist, warp, wrench

embezzlement [embézəlmənt] n. 횡령, 착복

6

This embezzlement case has taken a lot out of me.
이 횡령 사건은 기운을 쏙 빼네.

syn stealing, purloining, graft, filching, swindle

7 **incarcerate** [inkɑ́ːrsərèit] v. 감금하다, 투옥하다, 유폐하다

We were incarcerated in that broken elevator for four hours.

우린 저 고장난 엘리베이터에 4시간이나 갇혔었다.

syn cage, confine, imprison, lock up, put in jail

25 **intention** [inténʃən] n. 의향, 목적, 취지

The intention of city governments is to bring the center areas back to life so that there will be more economic activity.

시당국의 의도는 중심부에 활력을 주어 경제활동을 활성화하는 것이다.

syn meaning, plan, aim, end, goal, purpose

238 **lecture** [léktʃər] v. 훈계하다, 나무라다, 설교하다, 강의하다

Whenever I got bad grades at school, my father would lecture me for hours.

학교 성적이 나쁠 때면, 아버지는 몇 시간이고 설교를 하시곤 했다.

I can't see you now. I'm lecturing at ten.

지금 자넬 만날 수 없어. 10시에 강의가 있거든.

syn admonish, reprimand, scold, upbraid

20 **persist** [pəːrsíst] v. 고집하다, (계속) 주장하다

Certain groups of people in the United States persist on maintaining their own cultural beliefs and practices.

미국 내 특정 집단들은 자기들만의 독특한 문화적 신념과 관습을 고집스럽게 지켜 나간다.

syn continue, endure, linger, outlive, remain, assert, insist, maintain

6 **smolder** [smóuldər] v. 연기만 피운 채 타버리다, 연기 피우다

After a tremendous surge in popularity in the early and middle nineties, cigar smoking has at last begun to smolder.

1990년대 초반과 중반에 굉장히 인기를 누렸던 시가의 열기가 마침내 사그라들기 시작했다.

syn stagnate, vegetate, hang fire, idle

63 **reliable** [riláiəbəl] a. 믿을 수 있는, 믿음직한, 신뢰할 만한

A : What do you want from an assistant?
B : Basically, someone reliable and hard-working.
A : 어떤 보조자를 원하시는데요?
B : 기본적으로 믿음직하고 성실해야 합니다.

If our products were not as reliable as we advertise, we wouldn't have such a large market share.
우리 제품이 우리가 광고한 대로 신뢰할 만하지 않다면, 우리는 그렇게 큰 시장 지분을 갖지 못할 것이다.

syn conscientious, faithful, trustworthy, credible, dependable, reputable, responsible

38 **successive** [səksésiv] a. 연속하는, 잇따르는

After working late for three successive weeks, my back started to ache.
연속 3주간의 야근 이후에, 허리 통증이 시작되었다.

Having been weakened by successive storms, the bridge was no longer safe.
잇따른 폭풍으로 약해졌기 때문에, 그 다리는 더 이상 안전하지 않았다.

syn consecutive, ensuing, succeeding

19 **convicted** [kənvíktid] a. 유죄를 선고받은

The convicted robber was sentenced to a prison term of two years.
유죄를 선고받은 도둑에게는 2년형이 선고됐다.

5 **discrepancy** [diskrépənsi] n. 모순, 불일치

This discrepancy may be due to the technological advances over the last decade.
이런 모순점은 지난 10년 동안 이룩된 과학기술의 진보 때문인 것 같다.

syn contradiction, difference, divergence, incongruity, inconsistency

5 flip through
페이지를 휙휙 넘기다, 후딱 훑어보다

Flipping through the pages of the newly arrived cable TV guide, I came across a sports section.

새로 배달된 케이블 TV가이드를 대충 훑어보다가 난 스포츠 코너를 발견했다.

19 go around
돌아다니다, 순회하다

We used to see a lot of each other, but we don't go around together much these days.

우린 예전에 서로 자주 보았는데, 요즘엔 같이 돌아다니지 않아.

I don't want you going around with people like that.

난 네가 그런 애들하고 같이 어울려 다니는 걸 원하지 않아.

23 go for
공격하다

He was walking through the park when a strange dog suddenly went for him.

그는 공원을 가로질러 걷고 있었는데 갑자기 낯선 개가 그를 공격했다.

54 go on
생기다, 계속하다

What on earth's been going on here? This room looks like a bomb's hit it!

도대체 여기서 무슨 일이 일어나고 있는 거야? 방이 폭탄에 맞은 것처럼 보이는데.

Please go on with what you're doing and don't let us interrupt you.

하던 일 계속하세요, 우리 때문에 방해받지 마세요.

73 go out
외출하다, 데이트하다

They've been going out together for two years.

이들은 2년 동안 데이트를 해 왔다.

I guess you don't have time to go out now that you have young children.

넌 어린아이들이 있어서 지금 외출할 시간이 없을 거야.

1 2 3 4 5 6 7 8 9 10 11 12 13 14 15

take up
(시간 · 장소 따위를) 잡다, 차지하다, 시작하다, 종사하다

41 Candy bars don't take up much space in the bag, so I decided to put more in the camping sack.
막대 사탕은 가방 속에서 많은 공간을 차지하기 않아서 나는 캠핑 배낭에 더 많이 넣어 가기로 결정했다.

My doctor advised me to take up tennis as it is such good exercise.
의사는 내게 테니스가 좋은 운동이므로 시작해 볼 것을 권유했다.

A : Why did you take up teaching as a career?
B : I wanted to be a professor, but I had to settle to a high school teacher instead.
A : 왜 교사가 되었습니까?
B : 교수가 되고 싶었지만, 고등학교 교사로 자리를 잡아야 했습니다.

walk away/off with
쉽게 이기다

7 German teams walked away with gold medals.
독일이 금메달을 쉽게 땄다.

He walked off with first prize.
그는 1등상을 손쉽게 땄다.

screw up
망치다, 결딴내다

11 If he screws up at work one more time, his boss will most likely fire him.
그가 한번 더 일을 망쳐놓으면, 사장은 가장 먼저 그를 해고할 것이다.

wisdom teeth
사랑니

13 A : I've got a terrible toothache. I think one of my wisdom teeth has to come out.
B : You should see someone. You can't let your teeth go.
A : 치통이 무척 심해요. 사랑니를 하나 빼야 할 것 같아요.
B : 진찰을 받으세요. 혼자서 이를 뺄 수는 없거든요.
cf. molar (어금니), incisor (앞니), canine tooth (송곳니)
cf. let teeth go : pull out teeth 이를 빼다

mood swing — 술에 취해서 기분이 오락가락 하는 것

3

The next day is spent dealing with her hangover and mood swings.
다음날은 여자 친구의 숙취와 오락가락 하는 기분을 뒤처리나 하며 보내게 됩니다.

My boss is very difficult to work for, since he has such violent mood swings.
우리 사장은 같이 일하기가 쉽지 않아, 기분이 급격히 바뀌거든.

con artist — 사기꾼

7

This con artist doesn't deserve your generosity, but be generous anyway.
이런 거짓말쟁이에게 당신의 아량은 가당치도 않지만, 아무튼 아량을 베푸세요.

make a beeline for — 곧장 가다, 직행하다

5

The children ignored all the other food and made a beeline for the cakes.
아이들은 다른 모든 음식들은 무시하고 케이크로 곧장 달려들었다.

When we arrived at the hotel, the children made a beeline for the swimming pool.
우리가 호텔에 도착하자마자, 아이들은 수영장으로 직행했다.

make a difference — 중요하다, 문제가 되다, 좋아지다, 차이가 나타나다, 효과[영향]가 있다

31

Exercise can make a big difference to your state of health.
운동을 하면 건강 상태를 좋게 할 수 있다.

In the larger scheme of things, perhaps it doesn't make any difference what one person does with his or her life.
큰 계획에서는 한 사람이 뭘 하는지는 중요하지 않을 것이다.

Everyone who cares for young children – parents, family, friends, neighbors, child care providers can make a difference.
어린아이를 돌보는 모든 사람들, 즉 부모, 가족, 친구, 이웃, 보육사들은 중요한 영향을 미칠 수 있다.

cf. child care provider : 보육사

make ends meet
살림을 꾸리다, 빚 안지고 살아가다

21

At present it's hard to make ends meet, but we'll be better off when Helen starts her new job.
지금은 살림을 꾸리기가 힘들지만 헬렌이 직장을 갖게 되면 나아질 거야.

She scarcely earns enough money to make ends meet.
그녀는 살림을 꾸릴 만큼 충분한 돈을 벌지 못한다.

on one's feet
서 있다

13

I've been on my feet all day and I'm exhausted.
하루종일 서 있어서 녹초가 되었다.

I like my job, but I don't like to be on my feet for so long.
난 내 직업을 좋아하지만 그렇게 오랫동안 서 있는 것은 좋아하지 않아.

on one's mind
마음속에 갖고 있는

33

She looks very worried; I wonder what's on her mind.
그녀가 아주 걱정하고 있는 것 같아; 무슨 생각을 하고 있는지 궁금해.

What's on your mind?
무슨 꿍꿍이속이야?

on one's toes
준비를 갖추어, 대비하여, 조심하고 있는

13

I think the key to our success in this competitive market is that our designers are always on their toes.
이런 경쟁적인 시장에서 성공하는 열쇠는 우리 디자이너들이 항상 대비를 하는 거라고 생각합니다.

or so 쯤, 대략

23

I'm almost ready. Just give me another minute or so.
거의 다 됐어. 1분 정도만 더 줘.

They raised two hundred dollars or so for charity.
그들은 자선금으로 2백 달러 정도를 모았다.

syn about, approximately

우리말로 '대략, 가량, 어림잡아'에 해당하는 말은 about만 있는 게 아니라, 구어체에서는 or so, some, estimated, roughly, approximately 등을 더 자주 사용한다.

put one's head together 머리를 맞대고 의논하다

3

We put our heads together and decided to have a picnic.
우리는 머리를 맞대고 의논한 끝에 소풍을 가기로 결정했다.

I'm sure that if we put our heads together, we can think of a solution to the problem.
우리가 머리를 맞대고 의논하면, 이 문제에 대한 해결책을 생각해 낼 것이라고 확신해.

run out of steam 기진맥진하다

2

He started off with great enthusiasm, but now he's beginning to run out of steam.
왕성한 의욕으로 시작했지만 지금은 기진맥진하고 있다.

The home team seemed to run out of steam well before the game was over.
경기가 끝나기 훨씬 전인데 홈팀이 기진맥진하는 것 같다.

Daily Test

Review Test

빈칸에 적당한 단어를 보기에서 고르시오.

보기

stabilize agony so straight difference into smolder
beeline toes frustrate lecture embezzlement

1 20명 정도가 파티에 올 것이다.
There will be twenty or _________ people at the party.

2 황박사는 횡령 미수죄로 재판 중에 있다.
Dr. Hwang is on trial charged with attempted _________.

3 이 업계에서 살아 남으려면 항상 정신차리고 있어야 해.
You have to be on your _________ if you want to be in this business.

4 케이트가 그런 것에 관심이 있는 줄은 몰랐어.
I'd no idea Kate was _________ that sort of thing.

5 그는 아이에게 시간 엄수의 중요성을 훈계했다.
He gave the child a _________ on the importance of punctuality.

6 그는 파티에서 항상 방에 있는 가장 예쁜 여자에게 직행한다.
At parties he always makes a _________ for the prettiest woman in the room.

7 네가 가든지 남든지 나한텐 중요하지 않아.
It doesn't make any _________ to me whether you go or stay.

8 난 무엇이 잘못되었는지 몰랐지만, 이런 끊임없는 고통 속에서 계속 살아 갈 수는 없었다.
I didn't know what was wrong with me, but I couldn't continue to live in such constant _________.

Answers

1. so 2. embezzlement 3. toes 4. into 5. lecture 6. beeline 7. difference 8. agony

Build-up Test

괄호 안에 들어갈 적절한 단어를 고르시오.

1 If you don't know what the word means, look it (on / over / up) in a dictionary.

2 How on earth could you do such a thing? I'm so ashamed (to / of / from) you.

3 My father and I don't agree (on / with / by) very much.

4 He felt he wanted to contribute something (in / at / to) the community.

5 Did you know that Emily has got engaged (with / to / by) Philip?

6 The institute will invest 5 million (to / in / at) the project.

7 Even a low level of noise interfere (with / between / to) my concentration.

8 I'm a little short (in / on / of) time over the next few days.

9 He just lies on his bed all day listening (to / on / at) loud music.

10 Divide the pastry (with / on / into) four equal parts.

Answers

1. up	단어가 무슨 의미인지 모르면 사전을 찾아봐.
2. of	어떻게 그런 짓을 할 수가 있어? 네가 정말 부끄럽구나.
3. on	아버지랑 나는 별로 의견일치에 도달하지 못한다.
4. to	그는 지역 사회에 뭔가를 기여하고 싶다고 느꼈다.
5. to	에밀리가 필립하고 약혼했다는 거 알고 있어?
6. in	학회는 5백만불을 그 계획에 투자할 것이다.
7. with	아주 낮은 수준의 소음도 집중하는 데 방해가 된다.
8. of	앞으로 며칠은 시간이 좀 부족합니다.
9. to	그는 시끄러운 음악을 들으면서 하루종일 침대에 누워 있다.
10. into	이 페스트리를 똑같이 사등분하세요.

DAY 28

V · O · C · A · B · U · L · A · R · Y

18 **vulnerable** [vʌ́lnərəbəl] a. 상처 입기 쉬운, 비난받기 쉬운

In California, Mexican Americans were outnumbered and vulnerable to discrimination.

캘리포니아에는 멕시코계 미국인들이 그 수가 많은데도, 차별대우 받기가 쉬웠다.

cf. outnumber : ~보다 수적으로 우세하다

syn defenseless, exposed, susceptible, unprotected, guileless, innocent, naive

15 **willingly** [wíliŋli] ad. 자발적으로

This would include charges for the adoptive parents who gave so willingly.

여기에는 양부모가 자발적으로 쓴 비용도 포함해야 합니다.

syn voluntarily, eagerly, readily

13 **alienate** [éiljənèit] v. 멀어지다

By adopting this policy, they risk alienating many of their supporters.

이 정책을 채택함으로써, 그들은 많은 지지자들과 멀어지는 것을 감수해야 한다.

syn distance, divorce, estrange, separate

15 **designation** [dèzignéiʃən] n. 명칭, 호칭

One thing that most of the favorite books have in common is their designation as "popular" reading.

많은 사람들이 즐겨 읽는 책들 속에 공통적으로 포함돼 있는 한 가지 요소는 '통속적인' 읽을거리란 명칭이 붙었다는 것이다.

27 **argumentative** [àːrgjəméntətiv] a. 시비를 좋아하는, 까다로운, 논쟁적인

Don't be so argumentative.
그렇게 따지려 들지마.

The girl was known for being irritable and argumentative.
그 여자아이는 신경 과민이고 트집잡기를 좋아하는 것으로 알려져 있다.

syn combative, contentious, polemic, quarrelsome, irritable

ant agreeable, congenial

86 **claim** [kleim] n. 요구, 청구, 주장 v. 주장하다

Since you are not able to produce the necessary papers, your claim to American citizenship cannot be recognized.
당신이 적절한 서류를 제시할 수 없으므로, 미국 시민권에 대한 당신의 요구는 인정될 수 없습니다.

The astrophysicist claimed that in about a million years the sun would die.
천체물리학자는 약 백만년 안에 태양이 사라질 것이라고 주장했다.

syn demand, right, declaration, proclamation

3 **condescending** [kɑ̀ndiséndiŋ] a. 생색을 내는 듯한

A : How can you be so condescending?
B : I'm sorry, I didn't mean to hurt your feelings.
A : 어떻게 그렇게 생색을 낼 수 있니?
B : 미안해. 감정을 상하게 할 생각은 아니었어.

syn disdainful, patronizing

39 **convenient** [kənvíːnjənt] a. 편리한

It's very convenient that you live so close to each other.
너희 둘이 그렇게 가깝게 사니 아주 편리하겠구나.

I didn't really want to go out, and the fact that it was raining gave me a convenient excuse for not doing so.
밖에 나가고 싶지 않았는데, 비가 내리고 있어서 좋은 핑계거리가 되었다.

syn accessible, available, handy, advantageous

1 2 3 4 5 6 7 8 9 10 11 12 13 14 15

disturb [distə́ːrb] v. 방해하다, 소란하게 하다, 불안해하다, 마음을 어지럽게 하다

42

I can call back later if I'm disturbing you.
방해가 된다면 나중에 다시 전화하겠습니다.

I was disturbed by the letter from the woman who had her husband arrested for molesting their daughter.
딸을 성추행한 건으로 남편을 고발한 부인의 편지에 저는 당황했습니다.

syn bother, distress, upset, annoy, interrupt, irritate, vex

existential [ègzisténʃəl] a. 실존주의의

9

Early existential analysts sought an "aesthetic dimension" in their relationship with patients.
초기의 실존주의 분석가들은 환자들과의 관계에서 '심미학적인 특질'을 찾았다.
cf. aesthetic dimension : 심미적 차원

flabby [flǽbi] a. (근육이) 축 늘어진, 흐느적흐느적한

3

Her body was getting old and flabby.
그녀의 몸은 늙어서 축 늘어졌다.

John's flabby white thighs wobbled like jellies as he walked across the beach.
존의 축 늘어진 하얀 허벅다리는 해변을 가로질러 걷는 동안 젤리처럼 흔들거렸다.

syn baggy, drooping, flaccid, limp, soft

gigantic [dʒaigǽntik] a. 거대한, 거창한

11

On June 30, 1908, a gigantic object headed toward Earth and exploded in a great ball of fire near the Yenisey River in Siberia.
1908년 6월 30일, 거대한 물체가 지구를 향해 돌진하더니 시베리아에 있는 예니세이 강 근처에서 커다란 불덩어리를 일으키며 폭발했다.

syn colossal, enormous, gargantuan, immense, monstrous

hunger [hʌ́ŋgər] n. 굶주림, 기아

60

The sight of so many people dying from disease and hunger is something I will never forget.

그렇게 많은 사람들이 질병과 기아로 죽는 모습은 결코 잊지 못할 것이다.

syn famine, starvation, craving, desire, passion, urge, yearning

instantly [ínstəntli] ad. 즉석에서

23

Sue hadn't seen her sister for twenty years and yet they recognized each other instantly.

수는 자신의 여동생을 20년 동안 보지 못했지만, 그들은 즉시 서로를 알아보았다.

syn at once, straightaway, without delay

itching [ítʃiŋ] n. 가려움

5

This product may cause irritation, characterized by redness, burning, itching, peeling or possible swelling.

이 약품은 홍조, 화상, 가려움, 허물 벗겨짐, 종기 등의 염증을 유발할 수 있다.

cf. redness : 홍조
burning : 화상
peeling : 껍질을 벗김
swelling : 부풀어오름, 종기

acupuncture [ǽkjupʌ̀ŋktʃər] n. 침술

16

Acupuncture and other forms of Eastern medicine are slowly gaining acceptance in the West.

침술을 비롯한 다른 형태의 동양 의술이 서양에서 서서히 수용되고 있다.

ordinance [ɔ́ːrdənəns] n. 법령, (지방 자치체의) 조령

3

All fans entering Bush Stadium are prohibited by city ordinance from taking any alcoholic beverages beyond the gate area.

부시 구장에 입장하시는 팬 여러분, 시의 조례에 따라 출입구 내에 알코올 음료를 들고 오는 것은 금지돼 있습니다.

syn edict, law, mandate, regulation

17 **pertinent** [pə́ːrtənənt] a. 관련된

The lawyer asked several pertinent questions to the eyewitness.
변호사는 목격자에게 관련된 여러 질문들을 했다.
syn applicable, appropriate, apropos, fitting, germane, relevant

32 **preference** [préfərəns] n. 더 좋아하는 것, 선택물, 우선권, 선취권

Infants can't use words to communicate their moods, preferences, or needs, but they send many signals to the adults who care for them.
아기들은 자신의 기분, 기호, 욕구를 전달하는 데 말을 사용할 수 없지만, 아기들은 자신을 돌봐주는 어른들에게 많은 신호를 보낸다.
syn choice, favorite, selection, advantage, edge, priority

44 **prize** [praiz] v. 소중히 하다, 높이 평가하다

Since I cared for her very much when she was alive, I prize my mother-in-law's photograph and I wouldn't sell it for all the money in the world.
장모님이 살아 계실 때 잘 보살펴 드렸기 때문에, 장모님의 사진을 소중히 생각해서 세상의 모든 돈을 준다고 해도 팔지 않을 것이다.

41 **restrict** [ristríkt] v. 제한하다, 한정하다

In 1964, a subway was built under the harbor in order to restrict the use of cars on the island.
1964년, 섬에서 자동차의 사용을 제한하기 위해 항구 아래에 지하철이 건설되었다.
syn confine, contain, control, limit, restrain

40 **bother** [báðər] v. (부정문) 일부러 ~하다, ~하도록 애쓰다, 고민하다, 걱정하다

She opened the letter without bothering to read the address on the envelope.
그녀는 봉투에 적힌 주소를 읽으려고도 하지 않고 편지를 뜯었다.
syn annoy, molest, pester, harass, tease, aggravate, agitate, exasperate

26

subsidiary [səbsídièri] n. 자회사

The management has met with the board of directors, and we have decided that the company has no choice but to sell off a few of its remaining subsidiaries.

경영진은 이사회와 만나 남아있는 자회사 중 몇 개를 매각하는 것 외에는 선택의 여지가 달리 없다고 결정을 내렸습니다.

syn affiliate, branch, division

21

thoroughly [θə́:ro*u*li] ad. 완전히, 철저하게, 충분히

The nuclear power plant will not become operational until all the safety equipment has been thoroughly tested.

그 핵발전소는 모든 안전 장비가 철저하게 테스트되기 전까지는 가동되지 않을 것이다.

Cleanse the skin thoroughly before applying medication.

약을 바르기 전에 피부를 깨끗이 씻는다.

cf. apply medication : 약을 바르다

syn completely, fully, perfectly, entirely, utterly

10

uncover [ʌ̀nkʌ́və*r*] v. 발견하다, 적발하다

Archaeologists have uncovered vases from ancient Greece with pictures of a person playing with what appeared to be a yo-yo.

고고학자들은 요요처럼 생긴 것을 가지고 놀고 있는 사람의 모습이 그려진 고대 그리스의 항아리를 출토했다.

syn disclose, expose, reveal, unearth, unveil, unwrap,

112

crime [kraim] n. 범죄, 유감된 일, 안되는 일

A knife was found at the scene of the crime.

범죄 현장에서 칼 하나가 발견되었다.

It would be a crime to spend such a beautiful day inside – let's go for a long walk somewhere.

이렇게 좋은 날에 집안에서 보내면 안되지 – 어디 산책이나 가자.

syn offense, violation, misdeed, iniquity

1 2 3 4 5 6 7 8 9 10 11 12 13 14 15

18 **defective** [diféktiv] a. 결함이 있는, 불완전한, 모자란

The defective gene interferes with normal body processes.
결함 있는 유전자는 정상적인 신체 작용을 방해한다.

Damaged or defective goods should be replaced with new ones immediately.
손상되거나 결함이 있는 물품은 즉시 새것으로 교체되어야 한다.

syn abnormal, faulty, flawed, impaired, imperfect, marred, substandard

10 **discouragement** [diskə́:ridʒmənt] n. 낙담, 실의

Please do not take this as a discouragement for writing to us in the future.
이번 일로 다음 번에 저희에게 글을 보내주시는 것을 그만두지 않기를 바랍니다.

syn dejection, disheartenment, dispiritedness

24 **fatal** [féitl] a. 치명적인

Though not fatal, a brown viper sometimes bites stray hikers who step into the marshy area where the vipers have their nests.
치명적이진 않지만 길을 잃은 산책객이 독사의 둥지가 있는 습지로 들어가면 간혹 갈색 독사에게 물리기도 합니다.

syn catastrophic, deadly, lethal, mortal, terminal

11 **buck** [bʌk] n. 달러, 책임

She left home with a couple of bucks in her pocket and the shirt on her back.
그녀는 걸친 옷하고 주머니에 2달러만 달랑 갖고 집을 떠났다.

I don't know enough about it to decide, so I'll pass the buck to you.
결정할 정도로 알지 못하기 때문에, 너한테 책임을 넘기는 거야.

syn dollar, responsibility

consequence [kánsikwèns] n. 결과

81

Well, if you insist on eating so much, you'll have to suffer the consequences!

네가 그렇게 많이 먹는데 집착한다면, 그것 때문에 고생하게 될 거야.

syn aftermath, effect, result

take one out 불러내다, 끌어내다

4

Why don't you take the children out?

아이들을 데리고 나가는 게 어때요?

He offered to take her out for a meal.

그는 그녀에게 식사를 대접하겠다고 제의했다.

take out ... on ~ ~에게 화풀이하다

3

Don't take out all your frustrations on your friends.

네 친구들에게 너의 모든 욕구불만을 토로하지 말아라.

tear down (건물 등을) 헐다, 해체하다

3

These old houses are going to be torn down soon.

이 오래된 집들은 곧 헐릴 것이다.

thumbs down 거부하다, 불만을 나타내다, 헐뜯다

2

After seeing the movie, I had to give it a thumbs down, even though it had my favorite actress in it.

영화를 본 후에, 비록 내가 좋아하는 여배우가 나왔지만 재미없었다고 인정해야만 했다.

ant thumbs up

The chairman has given our plan the thumbs up.

회장님께서 우리의 계획을 찬성했습니다.

tighten up
9
팽팽해지다, 엄해지다, 강화되다, 죄다

Are there any plans to tighten up control of advertising?
누구 광고 규제를 강화할 계획을 갖고 있나?

As he struggled, the ropes tightened even more.
몸부림칠수록 밧줄은 더욱더 조여졌다.

vouch for
5
보증하다, 보장하다, 단언하다, 따끔하게 타이르다

I've read this report carefully and I can vouch for its correctness.
제가 이 보고서를 주의 깊게 읽어보아서 정확성을 보장할 수 있습니다.

As a medical examiner I can vouch from experience that his death was accidental.
검시관의 경험으로 단언하건대 그 남자의 죽음은 사고였다.

I'll vouch for my son, officer.
제 아들을 따끔하게 타이르겠습니다, 경찰관 나으리.

wrap up in
7
~에 열중하다, ~에 정신을 빼앗기고 있다

I got so wrapped up in the detective story that I didn't notice the time.
난 탐정 이야기에 너무 열중한 나머지 시간 가는 줄도 모르고 있었다.

He's completely wrapped up in her.
그는 완전히 그녀한테 빠져 있다.

catch up with
21
체포하다, 따라잡다

The police caught up with the gang in a disused warehouse.
경찰은 폐기된 창고에서 갱단을 체포했다.

I ran after her and managed to catch up with her.
난 그녀를 쫓아가서 간신히 따라 잡았다.

black sheep 말썽꾸러기, 두통거리

10 He's the black sheep of the family.

그 녀석은 집안의 두통거리야.

I never heard anyone mention my uncle – I think he was a bit of a black sheep.

누구도 삼촌에 대해 말하는 것을 듣지 못했어 – 골칫거리였던 것 같아.

quality time 가족과 함께 보내는 시간

3 If you want to succeed with your family, you must make sure that you spend quality time with your family members.

가족과 잘 지내길 원한다면 가족과 함께 시간을 보내야 한다는 것을 명심해야 한다.

step on one's toes 남의 발끝을 밟다, 기분을 상하게 하다

5 A : Watch what you say when you're around my family. They're very sensitive.

B : Thanks for the warning. I wouldn't want to step on anyone's toes.

A : 우리 식구와 같이 있을 때는 말을 좀 조심해 줘. 상당히 예민하거든.

B : 미리 말해 줘서 고마워. 난 남의 신경을 건드리는 것은 하기 싫거든.

syn offend, outrage

take someone under sb's wing ~의 보호하에 두다

2 When our new worker arrives, I'll let Jack take him under his wing for a few days to show him what to do.

신입 직원이 도착하면, 잭에게 맡겨서 며칠 동안 뭘 할지를 보여주게 할 작정이야.

Helen took the new puppy under her wing.

헬렌은 새로 들여온 강아지를 자신의 보호하에 두었다.

2
get sth off one's chest
걱정 등을 털어놓고 마음의 짐을 덜다, 가슴속에서 덜어내다

I had spent two months worrying about it and I was glad to get it off my chest.
이것에 대해 두 달 동안이나 걱정을 했는데 가슴속에서 덜어내게 되어 기쁘다.

After Dave told the principal that he had cheated on the test, he was glad because it was off his chest.
데이브가 교장 선생님께 커닝했던 것을 말한 후에, 데이브는 마음속의 짐을 덜어내어 기뻤다.

3
go by the book
규칙/기준대로 행동하다

Everyone insisted that the chairman go by the book on and on.
모든 사람들은 의장이 계속해서 규칙대로 행동했다고 주장했다.

3
go into a tailspin
급강하하다, 급히 무너지다

The plane took off, shook suddenly and then went into a tailspin.
비행기가 이륙했으나, 갑자기 기체가 흔들리더니 급강하했다.

syn nose dive

3
look like a drowned rat
물에 빠진 생쥐 꼴인, 흠뻑 젖은

Neither of us had taken an umbrella and we arrived at the party looking like a pair of drowned rats.
우리는 아무도 우산을 갖고 오지 않아서 파티에 도착했을 때 우린 물에 빠진 한 쌍의 생쥐꼴이 되었다.

5
lose one's head
자제력을 잃다, 당황하다, 흥분하다

Even though they were under threat, they didn't lose their heads.
비록 협박을 받고 있지만, 그들은 자제력을 잃지 않고 있다.

After waiting for two hours in line for tickets, he left before he bought them – I guess he lost his head.
그는 표를 사려고 2시간이나 기다리다 사기 전에 떠났다 – 자제력을 잃은 것 같아.

rest on one's laurels 이미 얻은 명예에 만족하다

3

Just because you've got your degree doesn't mean you can rest on your laurels.

학위를 받았다고 거기에 만족해서는 안돼.

Jason never rests on his laurels; as soon as he achieves one award, he begins working for the next.

제이슨은 얻은 명예에 전혀 만족하지 않는다; 상을 받자마자, 다음 작업을 시작했다.

승리의 월계관(laurel)을 얻고 나서 더 이상 아무것도 하지 않는 것을 의미한다.

across the board 일률적으로, 전면적으로

3

If you ask me, higher taxes across the board is the only way to balance the budget.

내 의견은, 일률적인 고율의 세금이 예산안을 맞추는 유일한 방법입니다.

Daily Test

Review Test

빈칸에 적당한 단어를 보기에서 고르시오.

보기

thumbs vouch alienated catch crime flabby
convenient defective tighten rat disturbed fatal

1 자동차 소음이 수면을 방해했다.
My sleep _________ by the noise of the traffic.

2 그는 물에 빠진 생쥐 마냥 흠뻑 젖었다.
He looks like a drowned _________.

3 그는 행정부를 강화할 조치를 취할 것이라고 말했다.
He said he would take steps to _________ up the administration.

4 자전거가 여행하는 데 아주 편리한 것임을 알게 되었다.
I find my bike a very _________ way of getting around.

5 그들은 우리의 계획을 거부했다.
They've given our plan the _________ down.

6 이 음식을 낭비하다니 유감스러운 일이야.
It's a _________ that this food should be wasted!

7 감옥에서의 10년은 그를 가족으로부터 멀어지게 했다.
Ten years in prison have _________ him from his family.

8 그녀는 밀린 보고서를 작성하느라 사무실에 늦게까지 있다.
She's staying late at the office to _________ up with some reports.

Answers

1. disturbed 2. rat 3. tighten 4. convenient 5. thumbs 6. crime 7. alienated 8. catch

Build-up Test

다음 지문을 읽고 잘못 사용된 곳을 모두 찾아서 바르게 고치시오.

1 The federal government of the United States is divided from three branches: the executive branch, legislation branch, and the judicial branch. Each branch is able to check the other two branches so that power can be divided equality. This system of checks and balances is imperative in preventing tyranny.

2 Please save your sales receive. Refunds and/or exchanges cannot be given despite merchandise is accompanied with the sales receipt. Merchandise must be in original condition with the original packaging. There will be a 15% restocking fee if original packaging is not inclusion.

Answers

1. divided from ⇨ divided into, legislation ⇨ legislative, equality ⇨ equally

|해석| 미국 연방 정부는 행정부, 입법부, 사법부 등 3부로 나뉘어 있다. 각 부는 권력이 동등하게 분배될 수 있도록 나머지 두 부를 견제할 수 있다. 이런 견제와 균형 원리는 전제를 막는 데 필수적이다.

|어휘| be divided into ~으로 분리되다 executive 행정상의, 집행력이 있는 legislative 입법상의, 입법부의 judicial 사법의, 재판상의 imperative 필수적인, 긴요한

2. receive ⇨ receipt, despite ⇨ unless, inclusion ⇨ included

|해석| 구입 영수증을 잘 보관해 주십시오. 상품과 영수증을 같이 보관하지 않으면 환불이나 교환이 불가합니다. 상품은 처음 포장돼 있던 상태로 온전히 보존돼야 합니다. 상품을 처음 구입할 때의 포장 상태가 훼손되면 새로 구입하는 비용에서 15%를 물게 됩니다.

|어휘| sales receipt 판매 영수증, 계산서 refunds 환불, 상환

DAY 29

V · O · C · A · B · U · L · A · R · Y

sensation [senséiʃən] n. 느낌

6

I had the odd sensation that someone was following me.

누군가 날 쫓아온다는 이상한 느낌이 들었다.

syn feeling, impression, perception, sense, hint, intuition

ruin [rú:in] v. 파멸시키다, 못쓰게 만들다

21

Mr. Hush smokes too much, which can seriously ruin his health.

Hush씨는 담배를 너무 많이 피워서 그의 건강을 심각하게 해칠 수 있다.

syn annihilate, demolish, destroy, ravage

solidly [sálidli] ad. 견고하게

4

The apartment building down the street may be larger and modern, but ours is much more solidly built.

길 아래 아파트 건물이 우리 아파트보다 더 넓고 현대식일지 모르지만, 우리 아파트는 더욱 견고하게 지어졌다.

syn concretely, substantially, firmly, hard

unanimously [ju:nǽnəməsli] ad. 만장일치로

8

The executives unanimously agreed that the first suggestion was the better of the two.

경영진은 만장일치로 두 제안 중 처음 것이 더 낫다고 동의했다.

syn as one, with one voice, harmoniously, concordantly, by consensus

32 **submit** [səbmít] v. 제출하다

Because of the long holiday weekend it will be necessary to submit the standard weekly reports earlier than usual.
주말을 포함한 긴 연휴가 이어지는 관계로 이번주 표준 주간 보고서를 평상시보다 일찍 제출해야 합니다.

After carefully reviewing the submitted application, the manager picked 5 candidates to interview.
접수된 지원서를 신중하게 검토한 후에 부장은 인터뷰할 5명의 후보자들을 선택했다.

syn hand in, give in

16 **testimony** [téstəmòuni] n. (법정에서의) 증언, 공술서

A : When can I give my testimony?
B : Thursday at two in the afternoon, you can come before the judge and jury.
A : 제가 언제 증언을 하게 되나요?
B : 목요일 오후 2시에 판사와 배심원단 앞에 서게 됩니다.

syn statement, confirmation, documentation, evidence, witness

26 **virtually** [vɔ́ːrtʃuəli] ad. 사실상, 실은

Perhaps the best way to deal with test anxiety is to realize that virtually no test is the end of the world.
아마도 시험에 대한 걱정을 대처하는 가장 좋은 방법은 시험이 없는 게 세상의 끝이라고 인식하는 것이다.

syn basically, essentially, fundamentally, practically, substantially

2 **dub** [dʌb] v. (이름, 별명, 명칭) ~이라고 부르다, 주다

The 2000's has been dubbed the decade of the brain, and much research has been presented in the last several years that attempts to explain human behavior.
2000년대는 '두뇌 혁명 10년' 으로 불려지고 있고, 지난 몇 년간 인간의 행위를 설명하려고 시도한 많은 연구 결과가 발표됐다.

syn name, denominate, call

1 2 3 4 5 6 7 8 9 10 11 12 13 14 15

7 **faint** [feint] a. (색, 소리, 빛깔, 생각, 희망 등이) 희미한, 가냘픈, 엷은

When she spoke over the telephone, her voice was so faint that I could hardly hear her.

그녀가 전화 통화를 할 때면, 그녀의 목소리는 너무 희미해서 거의 들을 수가 없었다.

syn dull, faded, imperceptible, indistinct, inaudible, muffled, muted, soft

15 **forgetful** [fərgétfəl] a. 잊기 쉬운, 건망증이 있는

You're too forgetful. You should always carry an extra car key.

넌 건망증이 너무 심해. 항상 여분의 자동차 열쇠를 가지고 다녀.

syn absent-minded, distracted, dreamy, inattentive, oblivious

12 **hazard** [hǽzərd] n. 위험

Every man, woman, and child in this community is now aware of the serious hazards of the habit of drinking.

이 지역사회의 모든 남녀, 아이들은 음주 습관의 심각한 위험을 인식하고 있다.

syn danger, jeopardy, menace, peril, threat

11 **inappropriate** [ìnəpróupriit] a. 부적절한, 타당치 않은

What you said to Laura was clearly inappropriate and unprofessional.

네가 로라에게 한 말은 분명 부적절하고 프로답지 않았다.

syn improper, inapplicable, unfit, unseemly, unsuitable

122 **career** [kəríər] n. 경력, 이력

She began her modelling career right after school.

그녀는 학교를 졸업한 직후 모델로서의 경력을 쌓기 시작했다.

syn occupation, profession, pursuit, vocation

compatibility [kəmpæ̀təbíləti] n. 호환

11

The Windows operating system is superior to a Macintosh in terms of its compatibility.

윈도우 운영체계는 호환성 면에서 매킨토시보다 뛰어나다.

syn affinity, congeniality, rapport, concord, harmony

conservative [kənsə́ːrvətiv] a. (옷차림이) 수수한, 보수적인

42

Career counselors stress the importance of a well tailored suit and an overall conservative appearance.

경력 카운슬러들은 단정한 옷차림과 전체적인 용모의 중요성을 강조하고 있다.

syn orthodox, right-wing, traditional, discreet, moderate, restrained

countless [káuntlis] a. 셀 수 없는, 무수한

18

There have been countless occasions when I just look at his life and shake my head in disbelief.

그의 일생을 보면 의혹으로 고개를 젓게 만드는 일이 수도 없이 많았다.

cf. shake one's head : 고개를 젓다

syn endless, immeasurable, infinite, myriad

expend [ikspénd] v. 소비하다, 소진하다

8

Kids are normally energetic and enjoy expending their energy.

아이들은 보통 때는 원기 왕성하고 에너지를 소비하면서 논다.

syn consume, dissipate, drain, exhaust, spend, squander

firm [fəːrm] a. 딱딱한

46

You can make your cake soft or firm by increasing the amount of milk you add to the batter.

밀가루 반죽에 첨가하는 우유의 양을 증가시킴으로써 케이크를 부드럽게 할 수도 있고 딱딱하게 할 수도 있다.

syn hard, rigid, stiff, compacted, dense, solid

2 **fumigate** [fjú:məgèit] v. (연기로) 그을리다, 훈증 소독하다, 향을 피우다

The language laboratory will not be open next week. It will be fumigated by the exterminators.

언어 연구소는 다음주에 문을 열지 않을 것이다. 해충 구제 회사에서 소독하게 될 것이다.

syn decontaminate, disinfect, disinfest, sanitize, sterilize

16 **offense** [əféns] n. 범죄

The offense of the judge is almost as bad as the offense of the abuser.

판사의 죄는 가해자의 범죄와 다를 바가 없을 만큼 나쁩니다.

syn crime, misdeed, transgression, violation

11 **pension** [pénʃən] n. 연금

The department manager encouraged employee participation in the pension plan.

부서장은 그 연금 안에 대한 직원 참여를 독려했다.

syn annuity, payment, retirement, support, grant, reward, stipend

21 **preserve** [prizə́:rv] v. 보존하다, 보전하다, 지키다, 유지하다

The ancient Egyptians knew ways to preserve dead bodies from decay.

고대 이집트인들은 사체를 부패시키지 않고 보존하는 방법을 알고 있었다.

I think these interesting old customs should be preserved.

이런 재미있는 오랜 전통은 보전돼야 한다고 생각해.

syn conserve, reserve, save, spare, maintain, perpetuate, sustain, uphold

3 **rap** [ræp] n. 아주 조금

I don't care a rap for him.

그 남자가 어떻게 되든 조금도 관심 없어.

She doesn't care a rap for what her father says.

그녀는 자기 아버지가 뭐라 하든 조금도 개의치 않는다.

3 **spunky** [spʌ́ŋki] a. 혈기 찬, 용감한

After doing an all-nighter to study for final exams, David still remained spunky and full of life.

기말 고사를 준비하느라 밤을 샜지만, 데이비드는 여전히 혈기 차고 활기에 넘쳤다.

148 **suffer** [sʌ́fər] v. 경험하다, 입다, 받다

The government have suffered one of their worst setbacks since they came to power.

행정부는 권력을 잡은 이래 가장 심한 패배를 겪었다.

My grandmother suffers from memory loss. Sometimes she can't remember her address.

우리 할머니는 건망증으로 고생하신다. 이따금 집주소도 기억 못하신다.

syn bear, endure, tolerate, withstand

16 **threshold** [θréʃhòuld] n. 시발점, 문턱, 입구

Scientists are now on the threshold of a better understanding of how the human brain works.

과학자들은 지금 인간의 두뇌가 어떻게 작용하는지 더 잘 이해하려는 시발점에 있다.

We are on the threshold of a new era of European relations.

우리는 유럽과의 관계에서 새로운 시대의 문턱에 있다.

syn brink, verge, edge, beginning, start, starting point

91 **unique** [juːníːk] a. 유일무이한, 독특한

Dexter Gordon was an American jazz musician who achieved fame in the 1940s for his unique saxophone playing.

덱스터 고든은 1940년대에 자신만의 독특한 색소폰 연주로 인기를 끌었던 미국의 재즈 뮤지션이었다.

cf. achieve fame : 명성을 얻다, 유명해지다

syn rare, unusual, singular, distinctive, incomparable, unrivaled, matchless, exceptional

1 2 3 4 5 6 7 8 9 10 11 12 13 14 15

1674 **well** [wel] ad. 꽤, 상당히, 훨씬

The coat was expensive and well out of my price range.
이 코트는 비싸서 내 형편으로는 어림도 없다.

The results are well above / below / beyond what we expected.
결과는 우리가 기대했던 것보다 훨씬 이상/이하/초월한다.

syn considerably, exceedingly, highly, quite

36 **barely** [bέərli] ad. 거의 ~아니다, 간신히, 겨우, 가까스로

I'm so angry I can barely see to type this.
너무나 화가 나서 이 편지를 간신히 타이핑하고 있습니다.

For example, barely cooking a piece of fish can take as long as 20 to 30 minutes.
예를 들어, 겨우 생선 한 토막을 요리하는데 20 ~ 30분씩이나 소요될 정도다.

syn almost, hardly, only, scarcely

37 **beat** [biːt] v. 이기다, 패배시키다, 물리치다

A : If I had practiced harder, I could have beaten him in the match.
B : Yeah right! In your dreams.
A : 내가 조금 더 열심히 연습을 했다면, 시합에서 그를 이길 수 있었을 텐데.
B : 그래 맞아! 꿈에서나 있을 법한 일이지!

Simon always beats me at tennis.
사이먼은 테니스 경기에서 날 항상 이겨.

syn conquer, defeat, batter, vanquish, whip

2 **whip up** (요리를) 재빨리 만들다

I think I've just about got enough time to whip up an omelette.
오믈렛을 재빨리 만드는 데 충분한 시간이 있는 것 같아.

It's not much of a meal; I just whipped it up in a few minutes.
대단한 식사도 아니야. 몇 분 안에 만들었거든.

worse off — 나빠지다, 안 좋아지다

5

I've only broken a leg. There are patients far worse off than me in here.
난 단지 다리가 부러졌을 뿐이야. 여긴 나보다 더 상태가 나쁜 환자들도 있다고.

You believe the world to be worse off because of Kennedy's death.
자넨 케네디가 죽었다고 세상이 더 나빠진다고 믿는 모양이군.

write off — (실패, 무용지물 등으로) 간주하다

3

I may have been beaten in this fight, but don't write me off yet – I'll be back!
이번 싸움에는 졌을지는 모르지만, 아직 날 끝난 것으로 보지마 – 난 돌아올 거야!

She'd been written off as a failure at the age of eleven.
그녀는 11살에 구제 불능으로 간주되었다.

take against — 반항하다, 반감을 갖다

7

The bus driver takes against the group of tourists when they refuse to act decently on the tour.
버스 운전기사들은 여행 중 관광객들이 점잖게 행동하는 것을 거부할 때 반감을 갖는다.

take to — ~하게 되다, 시작하다, 습관에 젖다

2

We should take to wearing our seat belts when we are driving.
우리는 운전할 때 안전벨트를 매는 습관을 들여야 한다.

tough out — 참고 견디다

2

I know that it is hard for you to live without air conditioning in this hot weather, but you just have to tough it out.
이 더운 여름에 에어컨 없이 살기 힘들 거라고 알고 있지만, 넌 참고 견뎌야 한다.

attribute to
(결과를) ~에 돌리다

62

The weak spending has been chiefly attributed to a marked drop in the consumption of durable goods and women's clothing.
소비가 늘지 않은 것은 주로 내구 소비재와 여성복 소비가 크게 떨어졌기 때문이다.

back down
주장을 굽히다, 철회하다

6

Although he had been obstinate in the beginning, the board member eventually backed down from his position on the merger.
비록 처음에는 완고하게 나섰지만, 그 이사회 임원은 결국 합병에 관한 자신의 입장을 철회했다.

regular customer
단골 고객

11

The new mileage system is offered to regular customers only.
새로운 마일리지 시스템은 단골 고객에게만 제공된다.

school reunion
동창회

3

He was accompanying his girlfriend to her 20th high school reunion.
그는 여자 친구의 20회 고등학교 동창회에 함께 가는 길이었다.
cf. class reunion : 동기 동창회 (같은 학번의 동기생들의 모임)
alumni association : 같은 학교 출신의 졸업생 모임

kick up a fuss
야단법석을 떨다

5

He kicked up a tremendous fuss about not being given the best table at the restaurant.
그는 식당에서 가장 좋은 테이블에 앉지 않은 것에 대해 야단법석을 떨었다.

Hold your horses!
잠깐만!

9

Hold your horses! We might get this cheaper somewhere else.
잠깐만! 다른 곳에서 싸게 살 수 있을 거야.

haven't got a clue ~에 관해서 아는 게 없는

2

Don't ask your father which key to press – he hasn't got a clue about computer.

네 아버지에게 어떤 키를 눌러야 하는지 묻지 마 – 컴퓨터에 관해선 아는 게 없어.

I haven't got a clue how I will finish all of these reports before next Monday.

이 모든 보고서들을 다음주 월요일까지 어떻게 해야 끝낼지 알 수가 없어.

go all out 전력을 다하다, 있는 힘을 다하다

2

His parents went all out to make his birthday party special.

그의 부모는 특별한 생일 파티가 되도록 온 힘을 다했다.

The team went all out for a win.

팀은 승리를 위해 있는 힘을 다했다.

go around/round in circles 뱅뱅 헛돌다

5

I think we're lost. We've just been going around in circles for the last half hour.

아무래도 우리가 길을 잃은 것 같아. 30분 동안 뱅뱅 돌고 있어.

get on one's feet 재기하다

3

I'm hoping to do much better once I get on my feet again.

일단 재기해서 예전보다 더 잘하고 싶습니다.

make it snappy 빨리 하다

2

I'd like my bill please, waiter, and make it snappy – I've already been waiting half an hour for it.

웨이터, 계산서 빨리 갖다 줘요 – 벌써 30분은 기다렸소.

on one's own — 스스로, 혼자 힘으로, 혼자서

7

I don't need your advice, thanks. I can do it on my own!
고맙지만 자네 충고는 필요치 않네. 혼자서 할 수 있다고!

I like living all on my own.
난 혼자 사는 게 좋다.

give/hand in one's notice — 사표를 내다

4

I've decided to hand in my notice.
사표를 내기로 결정했어.

My boss has given me a month's notice.
사장은 나한테 한달 후에 나가라고 통고했다.

born out of wedlock — 사생아로 태어난

2

In many European countries children are increasingly being born out of wedlock.
많은 유럽 국가에서 사생아로 태어나는 아이들이 늘고 있다.

One hundred years ago, it was very insulting to say that someone was born out of wedlock.
100년 전에는, 누구를 사생아라고 말하는 것은 모욕이었다.

Daily Test

Review Test

빈칸에 적당한 단어를 보기에서 고르시오.

보기

circles expend forgetful snappy suffered spunky
inappropriate fumigated unique faint barely fuss

1 우리는 연설자의 말을 거의 들을 수 없었다.

We could _________ hear the speaker's voice.

2 스타일이 독특한 그 전등은 내가 구입한 것이다.

The electric lamp, the style of which is _________, is the one I bought.

3 그는 집에 돈을 두고 왔다. 그는 항상 잘 잊어버린다.

He's left his money at home; he's always so _________.

4 그는 부서진 가구에 관해 야단법석을 떨었다.

He kicked up a _________ about the broken furniture.

5 올해 업계는 심한 감원 조치를 겪었다.

The industry has _________ severe job losses this year.

6 토론이 뱅뱅 헛돌고 있다.

The discussion kept going round in _________.

7 서두르지 않으면 영화상영 시간에 맞추지 못할 거야.

We'd better make it _________ or we'll never make the movie on time.

8 부적절한 행동으로 고소당한 누구도 해고당하지 않을 것입니다.

Nobody is going to be fired for being accused of _________ actions.

Answers

1. barely 2. unique 3. forgetful 4. fuss 5. suffered 6. circles 7. snappy
8. inappropriate

Build-up Test

괄호 안에 들어갈 적절한 단어를 고르시오.

1 He apologized publicly to me (on / for / with) his mistake.

2 My brother specializes (of / on / in) Chemistry.

3 I was always very good (in / at / on) Mathematics when I was at school.

4 The surgeon was accused (to / of / with) negligence.

5 I don't approve (with / of / in) smoking in public places.

6 Who is responsible (on / to / for) the fire?

7 She is charged (with / into / for) murdering her husband.

8 We arrived (at / on / in) Seattle at 2:30 in the morning.

9 I was annoyed (at / with / in) him because he kept interrupting.

10 Three staff simply can't cope (on / with / in) such a heavy work load.

Answers

1. for 그는 공개적으로 나에게 자신의 실수를 사과했다.
2. in 내 동생은 화학을 전공한다.
3. at 난 학교에 다녔을 적에 항상 수학을 잘했다.
4. of 그 의사는 과실로 고소를 당했다.
5. of 난 공공장소에서의 흡연을 찬성하지 않는다.
6. for 이 화재는 누가 저지른 거죠?
7. with 그녀는 남편을 살해한 혐의로 고발당했다.
8. in 우리는 새벽 2시 30분에 시애틀에 도착했다.
9. at 난 그가 계속 방해해서 그에게 화났다.
10. with 세 명의 직원으로는 그렇게 많은 일을 처리할 수 없다.

DAY 30

V · O · C · A · B · U · L · A · R · Y

respective [rispéktiv] a. 저마다의, 각각의

11

Supervisors should take notice of the respective merits of each employee.

상사는 각 직원의 개개인의 장점을 인지해야 한다.

syn particular, personal, singular, special

skyrocket [skáiràkit] v. 급상승하다

5

The value of this land is low now, but take my word for it, it will skyrocket in the next five years.

지금 이 대지의 가치는 낮지만, 내 말을 믿어 봐, 5년 안에 쭉 올라갈 거야.

After he became a star soccer player on the winning team, his self-esteem skyrocketed.

승리 팀의 유명 축구 선수가 되자, 그의 자존심은 쭉 올라갔다.

syn fly, climb, increase, mount, soar, spiral

turnaround [tə́ːrnəràund] n. 선회, 전향, 180도 전환

8

What a turnaround – at halftime they were losing 3-0, but in the end they won 4-3.

정말 대단한 역전극이야 – 전반전까지 3대 0으로 지고 있었는데, 결국 4대 3으로 이겼어.

Ashley Bart has sure made a complete turnaround, now he's doing the dishes!

애쉴리 바트는 태도를 완전히 바꾸었어, 지금 설거지를 하고 있거든!

syn about face, reversal, turnabout, U-turn

variable [vέəriəbəl] a. 변하기 쉬운, 변덕스러운

52

I recall the chilly wind coming off the water last spring and predict that the weather is as variable this year.

지난봄에 호수에서 불어오던 쌀쌀한 바람을 잊을 수가 없는 데다가 올해 날씨가 변덕스러울 것으로 예상한다.

syn alterable, changeable, mutable, unstable, capricious, inconstant, mercurial

discreet [diskríːt] a. (언어, 행동 등이) 신중한, 조심스러운, 분별 있는

11

They're very good assistants, very discreet – they wouldn't go shouting to the press about anything they discovered while working for you.

이들은 아주 유능한 조수들이고, 입도 아주 무거워 – 자네를 위해 일하는 동안 알게 된 어떤 것도 언론에 불지 않을 걸세.

syn careful, cautious, circumspect, discriminating, prudent

draw [drɔː] n. 무승부

41

A : Who won the chess game?
B : No one – the players agreed to a draw.
A : 체스 경기에서 누가 이겼니?
B : 아무도 이기지 못했어. 선수들이 무승부로 하기로 결정했어.

syn deadlock, stalemate, standoff, tie

frugal [frúːgəl] a. 검소한, 소박한, 절약하는

5

We are in a period of economic crisis, so be sure to be frugal.

경제 위기 시기를 맞고 있으므로 검소하게 생활하도록 하여라.

syn economical, saving, thrifty, moderate, miserly, stingy, tight

handicap [hǽndikæ̀p] n. 신체장애, 불이익, 곤란

21

A : Excuse me, ma'am. This is a handicap parking space.
B : Oh, I'm sorry. I didn't notice the sign.
A : 죄송하지만, 부인. 이곳은 장애자 전용 주차장입니다.
B : 오, 죄송합니다. 표지판을 미처 보지 못했어요.

cf. the handicapped : 장애인

syn affliction, disadvantage, impairment, barrier, hindrance, limitation, obstacle, penalty

impending [impéndiŋ] a. 금세 일어날 것 같은, 임박한

4

All of the impending changes are described in the attached chart, and those taking effect immediately are highlighted.

모든 임박한 변화들이 첨부된 차트에 설명되어 있으며, 곧 효력을 발생할 것들은 강조되어 있다.

syn approaching, forthcoming, imminent, nearing, upcoming, looming

integral [íntigrəl] a. 없어서는 안 될, 절대 필요한

6

We must make a concerted effort to keep the arts an integral part of our lives.

우리는 예술이 우리 삶에서 없어서는 안 될 부분이 되도록 일관된 노력을 해야 한다.

cf. concerted effort : 일관된/일치된 노력

syn essential, indispensable, inherent, necessary

juror [dʒúərər] n. 배심원

5

A : The jurors clearly think the criminal is innocent.
B : No way. The juror's uncertainty was clearly evident in their 50-50 vote.
A : 배심원들은 분명히 범인이 결백하다고 생각하고 있어.
B : 그렇지 않아. 배심원들의 불확실성은 50:50 표결로 명백히 드러났어.

11 **accommodate** [əkámədèit] v. 숙박시키다, 수용하다

We have 371 luxurious bedrooms, 6 elegant suites, and 14 meeting rooms which can each accomodate 75 people.
우리 호텔에는 371개의 호화로운 침실과 6개의 우아한 스위트룸, 각각 75명을 수용할 수 있는 회의실이 14개 있습니다.
cf. suite : (침실 · 욕실 · 거실 등이 구비된) 스위트룸

76 **affect** [əfékt] v. ~에 영향을 미치다

Her sudden fame has affected her view of herself.
그녀의 갑작스런 명성은 그녀가 자신을 보는 시각에 영향을 미쳤다.

Don't worry. I'm sure it won't affect you directly.
걱정 마세요. 당신에게 직접적인 영향은 없을 겁니다.
syn influence, impress, inspire

33 **appeal** [əpí:l] v. 마음에 들다, 호감을 사다

The main reason why the new product failed to appeal to customers is not its price, but its quality.
그 신제품이 소비자의 관심을 끄는 데 실패한 주된 이유는 가격이 아니고 품질이다.
syn beseech, attract, entice, tempt

3 **assessable** [əsésəbəl] a. 사정[평가]할 수 있는

As the crunch for assessable land comes, many suburbanites are again looking to the city as a place to invest and revitalize.
투자가치가 있는 땅이 나온다는 결정적인 때가 오면, 많은 교외에 사는 사람들은 다시 투자와 재산을 불릴 장소로 도시에 눈을 돌린다.
cf. the crunch : 결정적인 시기, 요긴한 점
syn evaluable, measurable

compliment [kάmpləmənt] v. 칭찬하다 n. 칭찬

24

A : What a lovely dinner it was!
B : Thank you for your compliment.
A : 정말 멋진 저녁 식사였어요.
B : 칭찬해줘서 고마워요.

syn commend, extol, flatter, laud, praise

contain [kəntéin] v. 억누르다, 담고 있다, 포함하다, 품다

54

In central and eastern Europe governments hostile to the Soviet Union continued to contain Communism.
소련에 적대적이었던 중앙 유럽과 동유럽 국가들에서는 계속 공산주의를 억누르고 있었다.

The sea contained many thousands of fish.
바다에는 수천 종류의 어류가 있다.

syn accommodate, hold, receive, control, enclose, include

eloquent [éləkwənt] a. 달변의, 달콤한 말을 하는

13

I discovered that my fiance was charming and eloquent but was a skilled liar.
전 제 약혼자가 매력적이고 달콤한 말을 늘어놓지만 능수능란한 거짓말쟁이라는 것을 알게 되었습니다.

syn articulate, expressive, fluent, rhetorical, well-spoken

ethnic [éθnik] a. 인종의, 민족의

47

Did you hear about the ethnic Albanians being forced out of their homes?
고향에서 강제로 쫓겨나고 있는 알바니아계 민족에 대해 들어본 적 있어?

syn cultural, national, native, racial, religious

fabulous [fǽbjələs] a. 굉장한, 전설적인, 믿어지지 않는, 거짓말 같은

10

The following are just some of the fabulous recipes from Good Morning America.

다음의 것들은 단지 굿모닝 아메리카에서 발췌한 굉장한 조리법일 뿐입니다.

cf. Good Morning America : ABC 방송국에서 진행하는 TV 프로그램 중 하나

syn marvelous, superb, wonderful, amazing, astonishing, fantastic, incredible, legendary, imaginary

genuine [dʒénjuin] a. 순종의, 진짜의

13

Now, we are growing tobacco in Honduras which comes from genuine Cuban seeds.

요즘은 쿠바산 순종 담배 종자를 들여와 온두라스에서 그 담배를 재배하고 있습니다.

syn authentic, original, veritable, guileless, natural, sincere, unfeigned

hinder [híndə*r*] v. 방해하다

11

A : What is hindering you from making your decision?

B : Well, it comes down to whether I want to move abroad or not.

A : 네가 결정을 내리는 데 뭐가 장애가 되는 거야?

B : 글쎄. 그건 말야, 지금 내가 외국으로 이사가는 것을 원하는지 아닌지에 관한 거야.

syn foil, frustrate, hamper, obstruct, thwart, inhibit, limit, restrain

infect [infékt] v. 감염시키다, 오염시키다

18

The engineers are looking for possible ways of restoring the infected program files.

기술자들은 감염 프로그램 파일을 복구하기 위한 가능한 방법들을 찾고 있다.

cf. infection : 감염, 오염

syn contaminate, corrupt, damage, defile, poison, spoil, taint

10 **invariably** [invɛ́əriəbli] ad. 늘, 변함없이, 일정 불변하게

Buying cars can be a long drawn-out process which invariably may lead the customer nowhere but a dead end.
자동차를 구입하는 것은 항상 고객을 막다른 길로만 인도하는 길고 지루한 절차일 수도 있다.
cf. drawn-out : 질질 끄는, 지연시키는

syn always, constantly, repeatedly, without exception
ant occasionally

15 **outrage** [áutrèidʒ] v. 화나게 하다, 격분하게 하다

She was outraged by his rude manners on their first date.
첫 번째 데이트에서 그 남자의 무례한 행동에 그녀는 화가 치밀었다.

syn anger, enrage, incense, infuriate, madden

62 **perform** [pərfɔ́ːrm] v. 연주하다, 연기하다, 상영하다

He performs on a regular basis giving concerts throughout the United States.
미국 전역을 돌면서 정기 연주회 활동을 해 오고 있습니다.

syn dramatize, impersonate, play, portray, render

3 **poke** [pouk] v. 내밀다

I woke up, rolled out of my sleeping bag, shivered a bit, and poked my head out of the tent.
잠에서 깨자 난 침낭에서 나와, 추위로 약간 몸을 떨면서 텐트 밖으로 머리를 내밀었다.
cf. roll out : 일어나서 나오다

syn jab, nudge, prod, thrust

2 **proxy** [prάksi] n. 대리인, 대용품, 대리 자격, 위임장

If you are unable to attend the meeting personally, you may appoint another shareholder as your proxy.
직접 회의에 참석하실 수 없다면 다른 주주를 귀하의 대리인으로 임명하실 수 있습니다.

syn replacement, representative, surrogate

release [rilíːs] v. 발표하다

41

The Family Court has released some astounding statistics on the number of divorced suits.

가정법원은 이혼 소송에 관련된 놀라운 통계를 발표했다.

syn free, open, unfasten, air, circulate, distribute

attraction [ətrǽkʃən] n. 사람의 마음을 끄는 것, 인기거리

34

A : How about taking your girlfriend to the amusement park?

B : Thanks! I am sure she'll love all the attractions.

A : 여자친구를 놀이공원에 데려가는 게 어때요?

B : 고마워! 분명히 모든 것들을 좋아할 거야.

syn allure, appeal, enticement, charm, temptation

bar from ~못하게 하다, 방해하다, 막다

5

The incident led to him being barred from the country.

그 사건으로 그는 조국에서 추방되었다.

He has been barred from playing for two weeks because of bad behavior.

좋지 못한 행동으로 2주간 경기를 못하게 됐다.

on behalf of ~의 대신으로, ~을 대표해서, ~을 위하여

27

On behalf of the company as a whole, I would like to thank you for all your work.

회사 전체를 대표해서, 당신의 업적에 감사를 드리고 싶습니다.

On behalf of everyone here, I'd like to thank our special guest for his entertaining speech.

여기 계신 모든 분들을 대신해서, 초청 연사의 재미있는 연설에 감사를 드립니다.

syn in place of, as a representative of

be inclined to　~하는 경향이 있다, ~하기 쉽다

37

The employer is more inclined to hire an applicant that looks responsible as opposed to someone who cared less about how they looked.
고용주는 용모에 관심이 없는 사람보다는 책임감이 있어 보이는 응모자를 고용하는 경향이 있다.

Children today have become less interested in physical activity and are more inclined to engage in activities that require minimum physical exercise.
요즘 아이들은 몸을 움직여 하는 놀이에는 관심이 적어지고, 몸을 최소한으로 움직여 할 수 있는 놀이에 흥미 있어 하는 경향이 농후하다.

be tampered with　변경한 흔적이 있다

12

Due to the increased threat of terrorist activities, we are required to check all luggage that were tampered with or packed by persons other than the passenger.
테러리스트 활동의 위협이 증가되고 있어서 개봉된 흔적이 있거나 탑승객 외에 다른 사람이 포장한 수하물은 모두 조사될 것이다.

come out in　(얼굴 등이 부스럼 따위로) 뒤덮이다

9

His body has come out in rashes and bumps all over.
그의 몸 여기저기가 발진과 뾰루지로 뒤덮였다.

distinguish oneself　이름을 떨치다, 눈에 띄게 하다

11

He distinguished himself in British theater at a very early age.
그는 영국 연극계에서 젊은 나이에 이름을 떨쳤다.

During the war, he distinguished himself as a brilliant and compassionate leader.
전쟁 중에, 그는 뛰어나고 인정 많은 지도자로 이름을 떨쳤다.

get out of 모면하다

5

If I can get out of going to the meeting tonight I will.
오늘밤 모임에 빠질 수 있으면 그렇게 할게.

I suspect that her backache was just a way of getting out of the housework.
난 그녀의 요통은 단지 집안일에서 빠져나오려는 것이라고 생각해.

get to 도착하다, 이르다

128

If you get to the restaurant before us, just wait at the bar.
식당에 우리보다 먼저 도착하면 바에서 기다려.

Call me when you get to Dick's. If I'm not here, leave a message.
딕 상점에 도착하면 전화해 줘. 내가 없으면 메시지를 남기고.

syn reach, arrive

live through 살아남다, 목숨을 부지하다

5

Of the three plants Julie had in her apartment, only the ivy, which is the hardier, lived through the long winter.
줄리가 아파트에서 기른 세 가지 식물 중에, 가장 억센 담쟁이만 긴 겨울 동안 살아남았다.

wake up 깨닫다, 정신차리다, 깨우다

26

Governments are finally waking up to the fact that the environment should be cleaned up.
각 나라들은 마침내 환경을 깨끗이 해야 한다는 사실을 깨닫게 되었다.

Wake up, Daniel! It's your turn.
정신차려, 다니엘! 네 차례야.

pitch in sth 거들다

5

If we all pitch in and help we should get the job finished this afternoon.
우리 모두가 거들면 오늘 오후까지 이 일을 마칠 수 있을 거야.

set one's minds on　열중하다, 전념하다

4

If he's set his mind on doing it, nothing will stop him.
그가 만약 이걸 하는 데 전념하면, 누구도 그를 막을 수 없을 것이다.

I've set my mind on this plan and I don't want to give it up.
난 이 계획에 전념하기로 마음을 먹었고, 포기하고 싶지 않다.

lion's share of　가장 좋은 부분, 최대의 몫, 대부분

2

My older brother was always sure to get the lion's share of any treats our mother gave to us.
형은 언제나 엄마의 사랑을 독차지해.

Tim was supposed to divide the cake in two equal pieces, but he took the lion's share.
팀은 케이크를 공평하게 2등분해야 하는데, 훨씬 더 많이 가졌다.

sing one's praises　칭찬하다

3

Everyone's singing the praises of his new film, but I didn't think much of it.
모두가 그 사람의 새 영화를 칭찬하지만, 난 대단한 것으로 생각하지 않는다.

The boss is singing the praises of his new secretary.
사장은 자신의 신임 비서를 칭찬하고 있다.

steer sb clear of the rocks　암초가 없는 곳으로 인도하다, 위험한 상황을 피하게 하다

2

His wise advice steered the rookie clear of the rocks.
그의 현명한 조언은 신입생들을 위험에서 구해 주었다.

In a divorce it is difficult to steer clear of the rocks of a courtroom battle.
이혼을 할 때 법정 싸움을 피하기는 어렵다.

venture forth into 위험을 무릅쓰고 나가다, 과감히 나서다

2

As we set off into the forest, we felt as though we were venturing forth into the unknown.

숲으로 들어가면서, 우린 마치 미지의 세계로 들어가는 것처럼 느꼈다.

Before we venture forth into a discussion on the budget, we had better get some lunch.

예산안에 관한 토의를 시작하기 전에, 점심을 먹는 게 좋겠습니다.

with the best will in the world 세상없는 뜻을 갖고 있어도

1

He tries hard but, with the best will in the world, he'll never make a good teacher.

그는 열심히 노력은 하지만, 세상없는 뜻을 갖고 있어도, 좋은 선생은 되지 못할 거야.

wolf in sheep's clothing 양의 탈을 쓴 늑대

3

Bob's a real wolf in sheep's clothing. He is charming to Mary only because he wants to borrow money from her.

밥은 정말로 양의 탈을 쓴 늑대야. 메리한테서 돈을 빌리려고 접근하고 있어.

miss the point 이해하지 못하다

7

I think you missed the point of what Bruce was saying.

브루스가 말한 것을 네가 잘 이해하지 못한 것 같아.

I'm afraid you missed the point. Let me explain it again.

네가 잘 알아듣지 못한 것 같아. 다시 설명할게.

load on one's shoulder 어깨에 무거운 부담을 지다

3

He has a load on his shoulders; he has a wife and three children to take care of and he is out of a job.

그는 양어깨가 무겁다; 아내와 돌봐야 할 아이들이 3명이나 있는데 직장에서 쫓겨났다.

Daily Test

Review Test

빈칸에 적당한 단어를 보기에서 고르시오.

보기

discreet accomodate outraged pitch contain compliment
declined invariably frugal inclined draw wolf

1 병원의 폐쇄는 여론을 격분하게 했다.

The closing of the hospital had __________ public opinion.

2 경기는 무승부로 끝났다.

The game ended in a __________ .

3 경찰 서장을 조심해. 예의 바른 것 같지만 양의 탈을 쓴 늑대야.

Beware of the police chief. He seems polite, but he's a __________ in sheep's clothing.

4 딸아이는 변함없이 마지막 순간이 되어야 숙제를 냅니다.

She __________ waits until the last minute to hand in work.

5 대부분의 성직자들은 전쟁 중에는 신중하게 침묵을 지킨다.

Most church leaders have kept a __________ silence during the war.

6 자네가 아주 어려운 상황을 처리한 것을 칭찬하네.

I must __________ you on your handling of a very difficult situation.

7 아시아권 아이들은 10진법에 근거해 복잡한 자릿수까지 머릿속에 그리는 경향이 있다.

It has been found that Asian children are more __________ to represent multidigit numbers in a base-ten fashion.

8 우리 모두가 거들면 오래 걸리지 않을 거야.

If we all __________ in, it shouldn't take too long.

Answers

1. outraged 2. draw 3. wolf 4. invariably 5. discreet 6. compliment 7. inclined 8. pitch

Build-up Test

문장 안에서 잘못 타이프된 단어를 찾아서 바르게 고치시오.

1 Whenever her bother played a trick on her, she would spend hours thinking up wicked ways in which to retaliate.

2 Because I find the hot and humid summer whether enervates me and leaves me very tired, I try to leave the city every July.

3 The waiters at the new cafe have not received proper training in flood service.

4 I fail to understand why you are seeking my counsel after the way you ignored my advice last weak.

5 Tolerance is especially necessary when a pat owner is allergic to his or her companion animal.

6 Another reason is that we felt that the United Nations had a lofty purpose: to poster peace and to be above the petty political squabbles of people and nations.

Answers

1. bother ⇨ brother	오빠가 그녀에게 장난을 칠 때마다 그녀는 더 심하게 복수할 방법을 몇 시간씩 생각하곤 했다.
2. whether ⇨ weather	나는 덥고 습한 여름 날씨가 내 기운을 빼고, 피곤하게 만드는 것을 알기 때문에 매년 7월이면 이 도시를 떠나려고 한다.
3. flood ⇨ food	그 새 식당의 웨이터들은 음식 서비스에 대한 적절한 훈련을 받지 않았다.
4. weak ⇨ week	지난주엔 내 충고를 그렇게 무시하더니 이제 와서 왜 내 의견을 구하는지 이해할 수가 없다.
5. pat ⇨ pet	애완동물 주인이 그 동물에 대한 알레르기 체질이면 특별한 인내가 필요하다.
6. poster ⇨ foster	또 다른 이유는 국제 연합이 고귀한 목적, 즉 평화를 사랑하고 개인이나 국가간의 사소한 정치적 다툼을 넘어서는 것이라고 우리가 생각하기 때문이다.

TEPS VOCA

Snowballing

Actual Test Index

Actual Test 1

Part I Questions 1 - 25

Choose the best answer for the blank.

1 A : How do you like Pusan?
B : I love it. It couldn't be ______.

(a) greater
(b) better
(c) worse
(d) bigger

2 A : Would you like to have dinner with me tomorrow?
B : Yes, but I'm afraid I can't ______ it tomorrow.

(a) have
(b) take
(c) make
(d) get

3 A : Wow! Is that your new digital camera?
B : Yeah, I got it yesterday. It has a whole bunch of high-tech ______.

(a) fundamentals
(b) functions
(c) looks
(d) procedures

4 A : Did you hear about Nancy?
B : I know. It breaks my ________ every time I think about it.

(a) mind
(b) chest
(c) soul
(d) heart

5 A : How was your stay in New York?
B : Fantastic. Everybody ________ me very well.

(a) treated
(b) greeted
(c) received
(d) dealt with

6 A : You look upset today.
B : I've been in a bad ________ all day long.

(a) feeling
(b) taste
(c) mood
(d) condition

7 A : What's wrong with this sentence?

B : It doesn't make any ________ to me.

(a) meaning
(b) sense
(c) understanding
(d) importance

8 A : So far I have given you general information on the project.

B : Thank you. Now please go ________ the details.

(a) on
(b) about
(c) with
(d) into

9 A : I see that your hands are full with this new business of yours.

B : I got more than I ________ for when I started this whole thing.

(a) wanted
(b) bargained
(c) dreamed
(d) counted

10 A : Could you give me the time?

B : Oh, it's too late. I'd better ________ now.

(a) take off
(b) run over
(c) set on
(d) kick out

11 A : I don't think I could ________ my notebook.

B : Yeah, it's become a must these days.

(a) look up to
(b) do without
(c) get down to
(d) watch out for

12 A : ________ out is a must for being healthy.

B : So, tell me, what kind of exercises do you do regularly?

(a) Running
(b) Stepping
(c) Walking
(d) Working

13 A : She seemed to be quite serious about her offer.
B : Yes, I'm sure she had ________ intentions to help us.

(a) irrelevant
(b) malicious
(c) suspicious
(d) genuine

14 A : How's your new motor car?
B : It has not much ________, because it's a 800cc engine.

(a) power
(b) stamina
(c) finesse
(d) endurance

15 A : It's raining like hell out there!
B : You're right. It hasn't ________ like this for a long time.

(a) sprinkled
(b) drizzled
(c) poured
(d) watered

16 A : You were very ________ back there, helping that boy from the danger.
B : I couldn't just ignore what was happening.

(a) conspicuous
(b) courageous
(c) congenial
(d) carnal

17 A : I hate to ________ in, but can someone tell me where the bathroom is?
B : Go down the hall and turn left. The bathroom is on the right.

(a) butt
(b) interfere
(c) interrupt
(d) intrude

18 A : You sure are coughing badly.
B : Yeah. I have a lung ________.

(a) inspection
(b) infection
(c) intervention
(d) inception

19 A : I changed our furniture, and tried to keep the conservative look. What do you think?
B : It has a very nice and ________ look.

(a) commercial
(b) established
(c) traditional
(d) ancestral

20 A : I'm going to get ________ with my roommate for putting a rubber snake in my bed.
B : You guys never stop, do you?

(a) through
(b) away
(c) even
(d) straight

21 A : Those athletes sure are amazing!
B : Exactly. It takes tremendous ________ to swim cross the river.

(a) stiffness
(b) sophistication
(c) stamina
(d) tendon

22 A : You sure know how to ________ a great party.
B : Well, I' ve always liked being the life of party. It makes me feel good.

(a) break
(b) embark
(c) turn
(d) throw

23 A : You know what? I finally got the raise!
B : That's wonderful. Now you'll have the salary you ________.

(a) deserve
(b) sanctioned
(c) established
(d) descend

24 A : How much can you ________ from being a professor?
B : I'd say you can make up to at least $30,000 a year.

(a) output
(b) earmark
(c) earn
(d) convert

25 A : Come ________ it! Stop lying!
B : It's no joke. I am telling you the truth!

(a) to
(b) off
(c) about
(d) up

Part Ⅱ Questions 26 - 50

Choose the best answer for the blank.

26 Please ________ me of more details with regard to your questions about budget.

(a) consult
(b) say
(c) inform
(d) call

27 I'll ________ you to the airport tomorrow morning.

(a) send
(b) take
(c) put
(d) pick

28 Would you like to ________ an order?

(a) give
(b) have
(c) place
(d) take

29 I'm trying to persuade her to come but I'm getting ________.

(a) around
(b) everywhere
(c) nowhere
(d) somewhere

30 Carrie asked Janice to ________ the mosquito spray for the camping trip.

(a) take along
(b) take after
(c) go along
(d) make along

31 The Senator's speech was not very ________.

(a) constant
(b) corrupt
(c) coherent
(d) consolidatory

32 The judge refused to ________ the fraud charges.

(a) obliterate
(b) eliminate
(c) pass
(d) dismiss

33 Spanish food culture has ________ around strong regional cuisines and representative elements.

(a) evolved
(b) involved
(c) revolved
(d) resolved

34 As the streets are slippery from the overnight snowfall, drivers should ________ carefully.

(a) go
(b) proceed
(c) precede
(d) run

35 David's ________ personality helps him in his job as a insurance salesperson.

(a) apathetic
(b) languid
(c) torpid
(d) vivacious

36 One out of every ten middle school students are ________ overweight.

(a) examined
(b) considered
(c) probed
(d) resolved

37 I'll need ________ one hundred copies for tomorrow's meeting.

(a) adjacent
(b) approximately
(c) closely
(d) somewhat

38 Of the estimated 10 million suffers, more than 1 million require medical ________ for marked mood and behavioral changes.

(a) coverage
(b) insurance
(c) training
(d) treatment

39 Charlie's Tailors boast that they have over 100 years of ________ in custom tailoring.

(a) experience
(b) knowledge
(c) maturity
(d) seasoning

40 The weather forecast for today calls for mostly cloudy skies with a slight ________ of showers in the afternoon.

(a) chance
(b) reluctance
(c) nuance
(d) luck

41 Your tests will be graded tomorrow, and you should receive your ________ by Wednesday.

(a) consequences
(b) ends
(c) outcomes
(d) results

42 Nothing is as ________ as a cold drink on a hot day!

(a) fragrant
(b) balmy
(c) refreshing
(d) exclusive

43 The new edition of *Roget's International Thesaurus* ________ more than 325,000 words.

(a) conceals
(b) constrains
(c) contains
(d) connotes

44 The lack of national health insurance in the United States is one of the President's biggest ________.

(a) benefits
(b) concerns
(c) privileges
(d) proceedings

45 The discovery of helicobacter pylori came ________ by accident.

(a) around
(b) about
(c) back
(d) to

46 The doctor mended the boy's broken leg, and put it in a ________.

(a) case
(b) cast
(c) mold
(d) die

47 The priest performed the wedding ceremony from the church ________.

(a) balcony
(b) pew
(c) shrine
(d) altar

48 Last month, the University of Wisconsin broke ________ for it's new state-of-the-art biochemical research facilities.

(a) dirt
(b) air
(c) ground
(d) floor

49 NASA scientists claim to have ________ evidence of life on the surface of Mars.

(a) invented
(b) rescued
(c) inquired
(d) discovered

50 It's still a lie even though you ________ the truth a little.

(a) bend
(b) sell
(c) share
(d) tell

Actual Test 2

Part I Questions 1 - 25

Choose the best answer for the blank.

1 A : I made a reservation yesterday.
B : I'm sorry, but we don't have a(n) ________ of it.

(a) evidence
(b) name
(c) rain-check
(d) record

2 A : This ________ juice tastes so good!
B : Thanks for the compliment. I picked the oranges myself.

(a) fresh-squeezed
(b) concentrated
(c) homogenized
(d) sauted

3 A : Let's meet again some time next week.
B : Could you be more ________ about the time, please?

(a) vague
(b) specific
(c) alert
(d) quick

4 A : Hey, David. Are you going to ________ me around down town this afternoon?
B : Why not. I'll pick you up at two.

(a) make
(b) show
(c) go
(d) take

5 A : This embezzlement case has taken a lot ________ of me.
B : So, that's why you look so tired.

(a) around
(b) against
(c) in
(d) out

6 A : New legislation came ________ effect after the votes won a majority.
B : So, tell me, how will the new law affect the public?

(a) into
(b) onto
(c) on
(d) in

7 A : How about earings for your birthday present?

B : Well, that's very nice of you, but my ears aren't ________.

(a) holed
(b) tapered
(c) perforated
(d) pierced

8 A : I'm going to ________ him back for what he did to me.

B : I know how you feel but, that isn't the right way to deal with things.

(a) give
(b) bring
(c) pay
(d) take

9 A : Do you have something ________ me?

B : Of course not. Why should I.

(a) about
(b) against
(c) in
(d) with

10 A : I heard the bar was shut down for hiring teenagers.

B : I heard it too. They'll have to close down the bar until ________ notice.

(a) advanced
(b) overt
(c) further
(d) farther

11 A : How much did you pay for that notebook?

B : Only $700. I really got a great ________ on it.

(a) bargain
(b) theft
(c) dealing
(d) budget

12 A : If Peter doesn't shape up he'll find himself back at home with his father.

B : When Ralph started ________ up with me, I sent him packing.

(a) mixing
(b) catching
(c) acting
(d) laying

13 A : Would you please wash and wax the car this morning?

B : It's as good as ________.
I love spending time cleaning up the car.

(a) finished
(b) achieved
(c) gold
(d) done

14 A : It looks like rain.

B : A cold ________ is supposed to sweep through tonight.

(a) line
(b) pressure
(c) front
(d) air raid

15 A : I was so busy that I ________ my lunch.

B : So did I. I'm almost starved to death.

(a) dashed
(b) bypassed
(c) skipped
(d) seized

16 A : Why are you here ________?

B : My husband is out of town.

(a) escorted
(b) chaperoned
(c) unfrequented
(d) unaccompanied

17 A : I wonder if John would be interested in working with us.

B : Let's ________ him out. I'll plan a lunch for three of us.

(a) psyche
(b) consult
(c) reach
(d) cheat

18 A : I'm terribly sorry. I will take full ________ of my action.

B : I will forgive you only this time. Don't let this happen again.

(a) respectability
(b) denunciation
(c) responsibility
(d) impudence

19 A : What will your dad do when he hears that you totaled the car?

B : He will go through the ______.

(a) space
(b) rocket
(c) roof
(d) ceiling

20 A : Do you know what time the sun will ________ out this morning?

B : I think at about 5 o'clock

(a) rise
(b) come
(c) light
(d) stretch

21 A : Come in. Have a seat and take the ________ off your feet.

B : Thanks a million. I've been on my feet all day long.

(a) pressure
(b) dust
(c) load
(d) burden

22 A : Don't forget to open the windows so that the air can ________.

B : Don't worry about it. I won't forget it.

(a) invigorate
(b) ventilate
(c) purify
(d) exhale

23 A : Does the Jackson river intersect with the Elm river?

B : No, it doesn't. Jackson river runs ________ with Elm river.

(a) sideways
(b) vertical
(c) parallel
(d) upright

24 A : Can you get some tylenol from the medicine ________?

B : Why? Are you coming down with something?

(a) cabinet
(b) platform
(c) shelf
(d) wardrobe

25 A : That woman is something else. She takes my ________ away every time I see her.
B : She does have a way about her that is very attractive.

(a) heart
(b) gasp
(c) eyes
(d) breath

Part Ⅱ Questions 26 - 50

Choose the best answer for the blank.

26 Despite being ________ with most chores, Daniel had the ability to produce beautiful poetries.

(a) proficient
(b) clumsy
(c) average
(d) skillful

27 Because of the intense competition, many qualified applicants had to be ________.

(a) absent
(b) exchanged
(c) neglected
(d) rejected

28 Advanced technology in golf equipment has led to ________ distance and accuracy.

(a) increased
(b) incurred
(c) enlarged
(d) expanded

29 Most people think that a fitness program must ________ pricey health clubs and expensive equipment, but this just isn't so.

(a) consist
(b) include
(c) embrace
(d) exclude

30 What's with Jessica today? She _________ at me for no reason.

(a) jerked
(b) snapped
(c) nipped
(d) yanked

31 A recent study showed that there is big _________ between smoking and miscarriage.

(a) affiliation
(b) attornment
(c) correlation
(d) ordination

32 Most travel agents will provide you with a detailed _________ when you plan a honeymoon.

(a) analysis
(b) itinerary
(c) resolution
(d) agenda

33 Although the stock market started off the week with a big bang, it ended in a _________.

(a) whimper
(b) sob
(c) jumble
(d) candor

34 I agree in principle, but your new engine doesn't _________ into account the new exhaust laws.

(a) give
(b) keep
(c) pay
(d) take

35 The painting was thought to be a genuine until a professor proved it was a _________ masterpiece.

(a) copied
(b) genuine
(c) imposter
(d) forged

36 I waited for the bus for so long that I was frozen to the _________ when it arrived.

(a) inside
(b) end
(c) skin
(d) bone

37 The prime minister paid a visit to the area _________ by the recent tsunami.

(a) affected
(b) enormous
(c) sick
(d) injured

38 Domestic violence is the _______ of injury to women between the ages of 12 and 45 in the United States.

(a) result
(b) outcome
(c) objective
(d) cause

39 Joan wanted to have someone take her _______ for prom.

(a) in
(b) over
(c) out
(d) with

40 Maverick magazine will no longer be in _______ after this month.

(a) circumspect
(b) circulation
(c) goods
(d) jail

41 A _______ has been proposed to increase the number of available embryos.

(a) behavior
(b) process
(c) motion
(d) thought

42 Archaeologists have just discovered 500-year-old Peruvian mummies that were almost perfectly _______.

(a) artificial
(b) faulty
(c) inorganic
(d) preserved

43 A solid client base is _______ for being successful as a real estate broker.

(a) essential
(b) forcing
(c) primitive
(d) requisite

44 The World Health Organization presents plan to _______ bird flu spread.

(a) construct
(b) include
(c) contain
(d) involve

45 Mark pulled at the rope and the strands began to _______ apart.

(a) tie
(b) make
(c) come
(d) comb

46 Computer graphic artists and movie makers have _______ their talents to make visually extraordinary movies.

(a) contrived
(b) combined
(c) prepared
(d) replaced

47 Because Wednesday is a holiday, we will have to _______ our meeting to Tuesday.

(a) reschedule
(b) alleviate
(c) reiterate
(d) suppress

48 The researcher put _______ his ideas that countered the evolution theory on paper.

(a) towards
(b) forth
(c) around
(d) upon

49 My personal secretary is leaving this month because she is getting _______.

(a) traveled
(b) schooled
(c) engaged
(d) married

50 Because of the increased cost of housing, more and more people are forced to spend a greater _______ of their income on housing.

(a) section
(b) partition
(c) portion
(d) compartment

정답 및 해설 Actual Test 1

1. (b)	**2.** (c)	**3.** (b)	**4.** (d)	**5.** (a)
6. (c)	**7.** (b)	**8.** (d)	**9.** (b)	**10.** (a)
11. (b)	**12.** (d)	**13.** (d)	**14.** (a)	**15.** (c)
16. (b)	**17.** (a)	**18.** (b)	**19.** (c)	**20.** (c)
21. (c)	**22.** (d)	**23.** (a)	**24.** (c)	**25.** (b)
26. (c)	**27.** (b)	**28.** (c)	**29.** (c)	**30.** (a)
31. (c)	**32.** (d)	**33.** (a)	**34.** (b)	**35.** (d)
36. (c)	**37.** (b)	**38.** (d)	**39.** (a)	**40.** (a)
41. (d)	**42.** (c)	**43.** (c)	**44.** (b)	**45.** (b)
46. (b)	**47.** (d)	**48.** (c)	**49.** (d)	**50.** (a)

1

|해석| A : 부산이 어떠세요?
B : 정말 좋아합니다. 더 이상 좋을 수가 없어요.

|해설| 'It couldn't be better.'는 빈번히 사용되는 일상 표현으로 '더할 나위 없이 좋다'라는 의미이다. 비교급 형용사가 부정어 not, never와 어울리면 최상급을 나타낸다.

|어휘| It couldn't better. 더할 나위 없이 좋다.

|정답| (b)

2

|해석| A : 내일 저와 저녁식사 같이 하시겠어요?
B : 유감스럽지만 그럴 수 없을 거 같아요.

|해설| make it은 구어체에서 다양한 의미로 사용된다. '해내다, 성공하다, 도착하다, 성관계를 갖다' 등의 의미로 사용된다. 또한 'afraid + 부정어구'는 '유감스럽게도 ~할 수 없다'라는 관용적인 표현이다.

|어휘| make it 해내다, 성공하다, 도착하다, 성관계를 갖다 get it 이해하다

|정답| (c)

3

|해석| A : 와! 이게 새로 산 디지털 카메라니?
B : 응, 어제 샀어. 첨단 기능들이 잔뜩 내장돼 있어.

|해설| 디지털 카메라의 외장에 대해서 만족하는 내용이라면 "It has good looks."가 되겠지만, '많은'이란 의미를 지니고 있는 whole bunch of를 볼 때 쉽게, 여러가지 첨단기능을 갖추고 있음을 시사하는 표현이 들어간다는 것을 알 수 있다.

|어휘| a bunch of ~의 다발[송이]
fundamental 기본적인, 기초의 procedure 절차, 수속, 소송절차
|정답| (b)

4

|해석| A : 낸시에 대해서 이야기 들었어요?
B : 알아요. 그녀를 생각할 때마다 마음이 아픕니다.
|해설| break one's heart는 '남의 마음을 아프게 하다' 라는 숙어적 표현이다.
|어휘| break one's heart 마음을 아프게 하다
|정답| (d)

5

|해석| A : 뉴욕에서는 잘 지내셨나요?
B : 정말 좋았습니다. 모두가 아주 잘 대접해 주었습니다.
|해설| '접대하다' 에 해당하는 동사로는 treat가 쓰인다. '식사를 사다' 는 의미로도 쓴다.
|어휘| treat 대접하다
|정답| (a)

6

|해석| A : 기분이 언짢아 보이네요.
B : 하루종일 기분이 별로 안 좋았어요.
|해설| 한국어를 생각해서 feeling을 골라선 안 된다. bad mood는 하나의 덩어리로 알아두어야 한다. 참고로 be in good condition은 '건강한' 을 의미한다.
|어휘| upset 불편한, 엉망인 taste 맛, 미감
|정답| (c)

7

|해석| A : 이 문장이 뭐가 잘못됐지요?
B : 저도 도무지 이해가 되지 않는군요.
|해설| make sense는 자주 사용되는 관용어구로 '뜻이 통하다, 이해되다' 는 의미이다.
|어휘| make sense 뜻이 통하다, 이해되다
|정답| (b)

8

|해석| A : 지금까지 그 프로젝트에 대한 기본 정보를 드렸습니다.
B : 고맙습니다. 자 이제 세부사항으로 들어가 봅시다.
|해설| '~에 들어가다' 는 의미로 쓰이는 구동사는 go into이다. 예문에서는 discuss의 의미로 사용됐지만 go into a room처럼 들어간다는 기본적인 의미로도 사용이 가능하다.
|어휘| go on 나아가다, 계속하다 go with 동행하다, 교제하다, 어울리다, 조화하다 go into ~에 들어가다, ~을 자세히 조사하다, 검토하다
|정답| (d)

9

|해석| A : 새로 벌인 사업 때문에 매우 바쁘시군요.
B : 제가 이 모든 것을 시작했을 땐 생각보다 훨씬 더 일이 많았죠.

|해설| I got more than I bargained for는 '생각지도 못한 일이다' 라는 관용어구이다.

|어휘| your hands are full 정신없이 바쁘다

|정답| (b)

10

|해석| A : 시간이 어떻게 되죠?
B : 어머, 너무 늦었군요. 이제 가봐야겠어요.

|해설| '출발하다' 는 뜻을 갖는 take off를 파악하고 있는지를 묻고있다. off가 '분리' 라는 뜻이므로 땅에서 분리되면 '이륙하다' 이고, 자기가 있던 자리에서 분리되면 '출발하다' 는 의미이다.

|어휘| take off 출발하다 run over (차가 사람을) 치다 set on 공격하다, 선동하다 kick out 쫓아내다, 해고하다

|정답| (a)

11

|해석| A : 노트북 없이는 못 살 것 같아.
B : 맞아, 요즘은 필수품이 되었지.

|해설| A의 말에 B가 동의하면서 노트북이 요즈음 필수품이 되었다고 덧붙이는 것으로 보아 '~없이 때우다', '~없는 대로 해나가다' 라는 뜻의 (b) do without가 정답이다.

|어휘| must 필수품 look up to 존경하다 get down to (시간이 많이 걸리는 일을) 하기 시작하다, 착수하다 watch out for 조심하다

|정답| (b)

12

|해석| A : 운동하는 것이야말로 건강에 필수적인 요건이야.
B : 그럼 넌 어떤 운동을 규칙적으로 하니?

|해설| A가 건강에 대해 언급했을 때, so라고 받았으므로 A가 언급한 것에 대해 B가 반문하는 구조로 대화가 진행되고 있으므로 exercise를 대신할 수 있는 동사구를 선택하면 된다.

|어휘| run out 뛰어 나가다, (재고품, 보급 등이) 바닥나다, 끝나다, (기한이) 만기가 되다 step out 집을 나오다, 사직하다, 놀러 나가다 work out 운동하다, 훈련하다 regularly 규칙적으로, 정기적으로

|정답| (d)

13

|해석| A : 그녀는 자신의 제안에 대해 꽤 진지해 보였어.
B : 그래. 그녀는 우리를 도와주려는 진실된 의도를 가지고 있었던 게 분명해.

|해설| 이 대화는 제 3자의 언행에 대한 평가를 주고받고 있다. 제 3자의 의도가 진지해 보였다는 결론에 도달하고 있으므로 serious와 비슷한 의미를 가지는 단어가 필요하다. malicious, suspicious는 정반대의 의미이고, irrelevant 역시 부정의 의미를 갖고 있다.

|어휘| irrelevant 무관계한, 부적절한, 무의미한 malicious 악의 있는, 심술궂은, 고의의 suspicious 의심 많은, 수상쩍은 genuine 진심의, 참된, 진짜의

|정답| (d)

14

|해석| A : 네 새 차 어때?

B : 힘이 딸려, 800cc 엔진이거든.

|해설| 자동차의 성능에 관해서 질문하고 있다는 사실과 엔진의 힘에 의해 추진력이 좌우되는 것을 감안한다면 당연히 답은 power 임을 쉽게 찾을 수 있을 것이다. 다만 기계에 관한 질문일 경우에 내구성이 얼마나 되는가를 물어보는 경우에는 endurance가 아니라 durability가 자주 쓰인다는 사실도 참고로 알아두자.

|어휘| endurance 지구력, 내구성 finesse 술책, 솜씨, 기교

|정답| (a)

15

|해석| A : 바깥에 비가 억수같이 쏟아지고 있어.

B : 맞아. 이렇게 심하게 쏟아지는 비는 오랫동안 보지 못했었어.

|해설| 비가 마구 온다(raining like hell)는 말을 하고 있고, 맞다(You're right.)며 맞장구치고 있으므로 빈칸에는 비가 퍼붓는다는 pour가 가장 적당하다.

|어휘| pour 억수같이 퍼붓다 sprinkle 흩뿌리다, 끼얹다 drizzle 이슬비[가랑비]가 내리다 water ~에 물을 대다, 물을 뿌리다

|정답| (c)

16

|해석| A : 거기서 위험에 처한 남자아이를 구하다니 넌 정말 용감해.

B : 일어난 일을 무시할 수 없었을 뿐이야.

|해설| 위험에 처한 남자아이를 구한 행위를 치하한 상황이므로 courageous가 가장 적당한 답이 된다. 하지만 conspicuous에 대해 정확히 알아둘 필요가 있다. 이 단어는 주로 시각적으로 눈에 띈다는 의미에서 두드러지는 것이지, 행위에서 다른 사람의 모범이 된다는 의미는 아니다.

|어휘| courageous 용기있는, 담력 있는 conspicuous 확실히 보이는, 두드러진 congenial 취미가 같은, 같은 성질의 carnal 육체의, 육감적인

|정답| (b)

17

|해석| A : 끼어들고 싶진 않지만, 화장실이 어디죠?

B : 복도를 따라 쭉 가서 왼쪽으로 돌면 오른쪽이예요.

|해설| butt in은 '간섭하다, 참견하다'는 의미의 표현이다. cut in도 같은 의미로 사용된다.

|어휘| butt in 간섭하다, 참견하다, 끼어들다 interfere 방해하다, 훼방하다 interrupt 가로막다, 저지하다 intrude 억지로 밀어넣다, 침입하다, 참견하다

|정답| (a)

18

|해석| A : 기침이 심하네.

B : 그래. 폐질환이 있어.

|해설| inspection은 health inspection이나 luggage inspection의 경우에서 볼 수 있는

것처럼 '검사' 나 '점검' 하는 것을 나타낼 때 쓰인다. intervention의 경우 governmental intervention의 예에서 볼 수 있는 것처럼 '개입' 이나 '간섭' 하는 것을 나타낸다. 감기는 감염에 의해 발생되는 현상이라는 것을 알고 있다면 '감염' 이라는 뜻을 지닌 infection이 우리가 찾고 있는 답이 될 것이다.

|어휘| cough 기침, 기침 병 lung 폐, 허파 inspection 정밀검사, 점검 infection 공기 전염, 감염 intervention 중재, 간섭, 개입 inception 시초, 발단

|정답| (b)

19

|해석| A : 가구를 바꿨어, 전통적인 모습을 보이려고 신경 썼는데. 보기 어때?

B : 아주 멋있고, 고풍스러운데.

|해설| '전통적인(conservative)' 외양을 갖춘 가구에 대해 공감을 나타내고 있으므로 conservative의 동의어가 될 수 있는 단어를 선택하면 된다. established는 사전적인 의미에서 conservative의 속성이 될 수는 있으나, 가구의 속성을 지칭하는 말로는 사용되지 않는다. 또한 '전통적인' 이라는 의미 속에는 조상들로부터 내려오는 문화와 관습을 존중한다는 의미가 내포되어 있지만 ancestral은 '조상에 관한' 이라는 의미이므로 문맥에는 적합하지 않다. 그러므로 '고풍스러운' 이라는 의미의 '전통적인' 을 표현하기 위해서는 traditional이나 antique를 사용하는 것이 적당하다.

|어휘| conservative 전통적인, 보수적인 commercial 상업상의, 영리적인 established 확립된, 확정된 traditional 전통적인, 고풍의 ancestral 조상의, 조상전래의

|정답| (c)

20

|해석| A : 같은 방 친구가 내 침대에 장난감 고무 뱀을 놓아서 나를 놀려줬는데 복수를 해야겠어.

B : 둘 다 그만 좀 하시지.

|해설| get even with는 '복수하다' 는 의미의 관용어구이다. even은 형용사로 '공평한' 의 의미를 갖고 있다. '공평하게 한다' 는 것은 지난 날에 당한 것을 갚아준다는 것을 의미한다.

|어휘| get even with 복수하다 get away with ~을 가지고 도망치다, (못된 짓을) 벌받지 않고 해내다

|정답| (c)

21

|해석| A : 저 운동선수들은 확실히 대단한 선수들이야.

B : 맞아! 강을 수영해서 건너려면 대단한 정력이 필요하지.

|해설| 대화의 흐름을 파악하는 것이 요구되는 문제이다. "또한, B는 공감을 표현하면서 A의 견해를 뒷받침하는 사실을 지적하는 것이므로 우리가 생각할 것은 강을 수영해서 건너기 위한 엄청난 무엇이 필요한가를 생각하고 답을 고르면 된다.

|어휘| amazing 놀랄만한, 굉장한 tremendous 거대한, 대단한 stiffness 단단함, 딱딱함 sophistication 지적 교양[세련] tendon

힘줄, 건(腱)
|정답| (c)

22

|해석| A : 넌 정말 훌륭한 파티를 열 줄 아는구나.
B : 난 항상 분위기를 즐겁게 하는 사람이 되는 게 좋아요. 기분 좋거든요.
|해설| '파티를 열다'는 표현은 give/have/hold/throw a party를 사용한다.
|어휘| the life of party 파티의 활력소
throw a great party 훌륭한 파티를 마련하다
embark 착수하다, 종사하다, 탑승하다, 승선하다
|정답| (d)

23

|해석| A : 있잖아, 봉급이 올랐어!
B : 좋은 소식이구나! 이제야 네가 받을 만한 봉급을 받겠구나.
|해설| B가 salary(봉급)를 언급하고 있으므로 A의 말에서 명사로 사용된 raise는 '봉급인상'을 의미한다. B는 A가 봉급인상을 받을 만한 자격이 있음을 시사하고 있다.
|어휘| get the raise 봉급이 인상되다
sanction 재가하다, 인가하다 deserve ~할 만한 가치가 있는 descend 내려가다, 내리다
|정답| (a)

24

|해석| A : 교수 수입으로 얼마나 벌었나요?
B : 적어도 일년에 3만달러 정도 번 것 같아요.
|해설| 수입이 얼마나 되는가를 묻는 문제이다. '(돈을) 벌어들이다'라는 표현은 make/earn money를 쓴다.
|어휘| output 산출하다, 출력하다 earmark ~의 소유라고 인정하다 convert 전환하다, 개조하다
|정답| (c)

25

|해석| A : 쓸데없는 소리 그만 해! 거짓말 그만하라구!
B : 농담 아냐. 사실이야!
|해설| come off it은 구어체 표현으로 '거짓말을 그만 두다, 쓸데없는 말을 그만두다'는 의미를 갖고 있다. A가 Stop lying!이라는 말을 하고 있으므로 이와 의미가 비슷한 come off it이 온다. it은 특별한 의미를 갖는 단어가 아니라 관용적으로 같이 사용된다.
|어휘| come off it 거짓말을 그만 두다, 쓸데없는 말을 그만두다
|정답| (b)

26

|해석| 예산에 관한 당신의 질문에 대해 자세한 세부사항을 제게 알려주십시오.
|해설| inform someone of something은 '~에게 ~을 알리다'라는 의미이다. inform ~ of를 하나의 덩어리로 알아두어야 한다.
|어휘| consult 의견을 묻다, 상담하다, 조언을 구하다 inform ~에게 알리다, 통지하다
|정답| (c)

27

|해석| 제가 내일 아침에 공항에 데려다 줄게요.

|해설| take는 '데려다 주다'의 의미로 쓰인다. 빈칸에는 get이 와도 된다. pick이 오려면 up이 문장 안에 필요하다.

|어휘| send 보내다 take 데려가다 pick 고르다, 따다, 뜯다

|정답| (b)

28

|해석| 주문하시겠습니까?

|해설| place an order는 '주문하다' 의미로 쓰이는 관용적 표현이다. place가 쓰이는 기억할 표현에는 place the name(이름을 올리다), place bets(베팅하다), place the emphasis on(강조하다) 등이 있다.

|어휘| place an order 주문하다

|정답| (c)

29

|해석| 그녀를 설득하려고 시도했지만 효과가 없었다.

|해설| get nowhere는 '아무런 결과를 내지 못하다, 효과가 없다'라는 관용어구이다.

|어휘| get nowhere 효과가 없다, 성공하지 못하다

|정답| (c)

30

|해석| 캐리는 제니스에게 캠핑 여행갈 때 모기약을 가지고 오라고 부탁했다.

|해설| '함께 하다'는 의미로 go along과 take along이 있지만 go along은 사람들이 '동행하다'의 의미이며 문제에서 요구하는 것은 '수반하다'의 의미이므로 take along이 답이 된다.

|어휘| take along 휴대하다 mosquito spray 스프레이식 모기약 camping trip 캠핑 여행 take after 닮다 go along 동행하다, 해나가다

|정답| (a)

31

|해석| 그 상원의원의 연설은 논리정연하지 못했다.

|해설| 말이나 글의 논리가 일관될 때 coherent를 사용한다.

|어휘| constant 불변의, 일정한 corrupt 부패한 coherent 조리가 있는 consolidatory 굳게 하는, 결합하는

|정답| (c)

32

|해석| 판사는 사기 혐의를 기각하기를 거부하였다.

|해설| dismiss는 '해고하다, 해산시키다' 외에도 '기각하다'는 법률용어로 사용된다.

|어휘| fraud 사기 obliterate 지우다, 말살하다 eliminate 제거하다 dismiss 기각하다, 해고하다, 해산시키다

|정답| (d)

33

|해석| 스페인 음식 문화는 강력한 지방 요리법과 대표적인 요소 주위에서 발전했다.

|해설| 음식 문화는 요리법(cuisine)과 대표적인 요소(elements) 주위에서 발전했거나 사라졌다는 것이 문맥의 흐름상 적절하다.

|어휘| evolve 전개하다, 발전시키다 involve 포함하다, 수반하다 revolve 회전하다, 선회하다 resolve 결심하다, 분해하다

|정답| (a)

34

|해석| 거리가 밤새 내린 폭설로 미끄럽기 때문에 운전자들은 조심조심 앞으로 나아가야 한다.

|해설| 폭설이 와서 길이 미끄러우니까 운전자들이 조심해서 해야 할 것은 무엇일까? 빈칸에는 차를 몰고 '앞으로 나아가다' 의 뜻이 되는 어휘가 들어가야 한다.

|어휘| slippery 미끄러운, 반질반질한 precede 앞장서다, 우선하다

|정답| (b)

35

|해석| 데이비드의 쾌활한 성격은 보험 영업 사원이라는 그의 직업에 많은 도움이 된다.

|해설| languid(무기력한), torpid(둔한), apathetic(무감각한)은 salesperson으로의 자질로 보기엔 많이 어울리지 못하는 성격이다. 따라서 정답은 '활발한' 을 의미하는 vivacious가 된다.

|어휘| apathetic 무감각한, 냉담한 languid 노곤한, 무기력한, 맥없는 torpid 움직이지 못하는, 둔한, 무신경한 vivacious 생기있는, 활발한

|정답| (d)

36

|해석| 중학생 10명 중에 1명은 비만이라고 생각된다.

|해설| 중학생 10명 중에 1명은 비만으로 '판명되었다' 또는 '여겨진다' 는 단어가 필요하다. 여기서 주의할 것은 probe는 prove와는 달리 '엄밀히 조사하다' 는 의미이며 probe와 examine의 뒤에는 조사 대상이 와야 한다.

|어휘| overweight 체중 초과, 비만 probe 엄밀히 조사하다 resolve 분해하다, 분석하다

|정답| (c)

37

|해석| 내일 회의에 쓸 수 있게 대략 100부가 필요합니다.

|해설| '대략' 이라는 의미를 나타내는 표현에는 about이나 approximately를 주로 쓴다. '근사치' 라는 의미는 closely나 adjacent도 갖고 있지만 대충 어림잡아서 이야기한다는 표현과는 달리 거리상으로 가깝다는 의미의 근사치를 뜻한다.

|어휘| adjacent 이웃의, 인접한 approximately 대략, 대체로 closely 밀접하게, 친밀하게 somewhat 얼마간, 약간, 다소

|정답| (b)

38

|해석| 1천만 명으로 추정되는 환자 중에, 1백만 명 이상이 두드러진 심기와 행동 변화에 대해 치료를 필요로 한다.

|해설| medical care 또는 medical treatment는 의료 행위를 나타낸다. training은 의사로서 받은 훈련을 지칭하는 표현이므로 동사 require와 함께 쓰이지 못한다. coverage는 '보상범위' 를 의미하므로 문맥에 어울리지 않는다.

|어휘| medical treatment 치료, 치료법[약] the injured 부상자, 다친 사람들 coverage 적용 범위, 보상범위

|정답| (d)

39

|해석| 찰리 양복점은 100년이 넘게 맞춤 양복 재단에 종사한 것을 자랑한다.

|해설| 재단사로서 100년 경력을 자랑한다는 표현이다. 경력을 나타내는 말로는 주로 career나 experience를 사용한다.

|어휘| boast 자랑하다, 자랑하며 말하다
experience in ~에의 경험, 종사
custom tailoring 맞춤주문 maturity 성숙, 원숙
seasoning 조미료, 양념

|정답| (a)

40

|해석| 오늘의 일기예보는 하늘이 대부분 흐리고 오후에는 소나기가 올 확률이 약간 있다고 전한다.

|해설| 오후에 소나기(showers)가 올 가능성이 있다는 일기 예보이다. 일기 예보는 주어진 기상학적 현상들을 통해서 날씨의 '가능성' 을 예측하는 것이므로 chance가 쓰인다.

|어휘| weather forecast 일기예보 cloudy 흐린, 구름이 많은 shower 소나기 reluctance 싫음, 꺼림 nuance 뉘앙스, 음영, 미묘한 차이

|정답| (a)

41

|해석| 당신이 본 시험은 내일 채점될 것이며, 수요일까지는 성적을 받아보게 될 겁니다.

|해설| 시험 결과(성적)는 outcomes나 consequences로 표현하지 않고 results나 grade라고 표현한다.

|어휘| grade 성적을 매기다, 채점하다
outcome 결과, 성과 consequence 결과, 결말

|정답| (d)

42

|해석| 무더운 날에 차가운 음료수를 마시는 것만큼 상쾌한 것은 없다.

|해설| nothing is as A as B 구문은 'B만큼 A것은 없다' 라는 최상급을 나타낸다. 무더운 날에 시원한 음료가 해 줄 수 있는 역할을 생각하면, 이처럼 시원하고 기분을 상쾌하게 해주는 것은 없을 것이다. fragrant와 balmy는 향기를 통해서 기분을 상쾌하게 해주는 것이므로 이 문장에는 적합하지 않다.

|어휘| fragrant 향기로운, 향긋한 balmy 향기로운, 상쾌한 refreshing 가슴이 후련한, 산뜻한
exclusive 배타적인, 독점적인

|정답| (c)

43

|해석| Roget's International Thesaurus의 신판은 325,000개가 넘는 어휘를 수록하고 있다.

|해설| 사전이나 신문과 같은 경우에 '내용을 담고 있다'를 표현할 때에는 contain을 사용한다. connote는 단어에 숨겨진 뜻을 담고 있는 경우에 사용한다.

|어휘| edition 판 thesaurus 유의어 사전 conceal 숨기다, 감추다 constrain 강제하다, 강요하다, 구속하다 accommodate 숙박시키다 connote 암시하다, 의미하다

|정답| (c)

44

|해석| 미국에서는 국가의료보험의 부재가 대통령의 가장 큰 고민거리 중의 하나다.

|해설| 국가 규모의 의료보험이 없다는 것은 대통령에게 있어선 '고민거리' 중의 하나가 될 것이다. '관심사' 또는 '걱정거리'는 concern으로 표현한다.

benefits나 proceedings는 빈칸에 들어갈 수 없는 보기들이며, 없다는 사실이 대통령의 특권(privilege)이 될 수 없다는 사실은 쉽게 짐작할 수 있을 것이다.

|어휘| health insurance 의료보험 benefit 이익, 이득 privilege 특권, 특전 proceeding 진행, 행동

|정답| (b)

45

|해석| 헬리코박터 파이로리의 발견은 우연히 이루어졌다.

|해설| by accident(우연히)와 함께 어울리는 표현을 찾아야 한다. come around는 '배회하다', come to는 '회복하다'라는 의미이므로 문장에 어울리지 않고, come about는 는 '발생하다'라는 의미이므로 적합한 표현이 된다.

|어휘| discovery 발견, 발견물 come around 원기를 회복하다, 소생하다, 방향이 바뀌다, 의견을 바꾸다 come about 일어나다, 발생하다(happen) come back 돌아오다, 회복하다, 복귀하다 come to 의식을 회복하다, 정신이 들다, 합계 ~이 되다, 결국 ~이 되다

|정답| (b)

46

|해석| 의사는 남자아이의 부러진 다리를 치료해 주고 깁스를 해 주었다.

|해설| 형태는 동사와 같지만 문장 속에서 명사로 쓸 때 뜻이 바뀌는 단어들은 주의해서 기억해 둬야 한다. die가 명사로 쓰이면 '(화폐나 메달 등)을 주조하는 '틀' 이나 '주사위'의 뜻을 지니고 있으며, cast는 동사로는 '버리다, 던지다'의 의미를 지니고 있지만 명사로는 '깁스'의 뜻을 지니고 있다.

|어휘| mend 고치다, 나아가다 cast 깁스(붕대) mold 틀, 주형

|정답| (b)

47

|해석| 목사는 교회 제대에서 결혼식을 거행했다.

|해설| 구체적인 명칭을 알고 있는지를 묻는 문제이다. 일상적인 단어들은 아니지만 정확하게 익혀둘 필요가 있다.

|어휘| priest 성직자, 신부, 목사 pew 신도좌석 shrine 성골[성물]함 altar 제단, 제대, 성찬대

|정답| (d)

48

|해석| 지난달에 위스콘신 대학교는 최첨단 생화학연구소의 기공식을 가졌다.

|해설| 관용적인 표현을 묻는 문제이다. '기공식을 가지다'는 break ground로 나타낸다.

|어휘| break ground 기공[착수]하다, 땅을 갈다 state-of-the-art 최고기술 수준의, 최신식의 dirt 진흙, 쓰레기

|정답| (c)

49

|해석| NASA의 과학자들은 화성 표면에 생명체가 살고 있다는 증거를 발견했다고 주장한다.

|해설| 과학자들은 증거를 '발견하는' 사람들이지 '발명' 하거나 '구출' 해내는 사람들은 아니다.

|어휘| Mars 화성 rescue 구출하다, 구조하다

|정답| (d)

50

|해석| 진실을 약간이라도 왜곡하면, 그것은 여전히 거짓말이다.

|해설| bend는 '구부리다'의 의미에서 파생적인 의미로 '왜곡하다'의 의미로 사용될 수 있다. truth라는 단어만 보고 답을 고르면 tell을 답으로 선택할 수 있는데 주의해야 한다.

|어휘| truth 진실 bend 구부리다, 왜곡하다 share 함께 나누다, 공유하다

|정답| (a)

정답 및 해설 Actual Test 2

1. (d)	2. (a)	3. (b)	4. (d)	5. (d)
6. (a)	7. (d)	8. (c)	9. (b)	10. (c)
11. (a)	12. (c)	13. (d)	14. (c)	15. (c)
16. (d)	17. (a)	18. (c)	19. (c)	20. (b)
21. (c)	22. (b)	23. (c)	24. (a)	25. (d)
26. (b)	27. (d)	28. (a)	29. (b)	30. (b)
31. (c)	32. (b)	33. (a)	34. (d)	35. (d)
36. (d)	37. (a)	38. (d)	39. (c)	40. (b)
41. (c)	42. (d)	43. (a)	44. (c)	45. (c)
46. (b)	47. (a)	48. (b)	49. (d)	50. (c)

1

|해석| A : 어제 예약을 했는데요.
B : 죄송합니다만 기록이 없는데요.

|해설| 전화 예약에 대한 모든 문서기록은 record라고 한다. 예약 확인은 confirm을 사용하고, 호텔 방을 예약하여 다른 손님에게 주지 않는 것을 hold로 표현한다.

|어휘| evidence 증거 rain-check 교환권, 후일의 약속

|정답| (d)

2

|해석| A : 방금 짠 이 주스 정말 맛있다!
B : 칭찬 고마워. 오렌지도 내가 직접 딴 거야.

|해설| 음료와 관련된 용어들을 묻는 문제이다. homogenized는 젖소에서 짜낸 우유를 처리하는 방식을 설명할 때 사용한다. concentrated는 응축시키는 것이므로 yogurt나 오렌지 주스에 해당되는 표현으로 쓸 수 있지만, B가 자신이 오렌지를 직접 따서 만들었다는 말을 하고 있으므로, 자신이 집에서 직접 짜서(squeeze) 만든 주스임을 시사한다. 집에서 직접 짜서 만들었다면 신선도 역시 보장할 수 있을 것이다. 따라서 이 문제는 concentrated보다 fresh-squeezed가 나은 답이 된다.

|어휘| fresh-squeezed 새로 짠 concentrated 응축[농축]된 homogenized 균질의 sauted 기름에 살짝 튀긴

|정답| (a)

3

|해석| A : 다음주 언제 보기로 하죠.
B : 좀 더 구체적인 시간을 말해 줄 수는 없습니까?

|해설| A는 약속을 정하면서 next week라고 막연한 시간을 암시하자 B는 이에 대해 좀 더 구체적인 시간을 정해줄 것을 부탁하는 대화이다. vague는 막연한 시간을 의미하므로 답이 될 수 없고, alert는 긴장을 놓지 않다는 의미이다. 우리말로 같은 의미를 지녔지만 완전히 다른 상황에 쓰이고 있다는 사실을 주의하자.

|어휘| specific 명확한, 특정한 vague 막연한, 모호한, 애매한 alert 방심않는, 조심하는

|정답| (b)

4

|해석| A : 이봐, 데이빗. 오늘 오후에 시내까지 태워다 줄 수 있니?

B : 못할 것 없지. 2시에 데리러 올게.

|해설| 대화에서 show around는 '구경시켜주다' 라는 의미를 가지고 있어서 쉽게 선택할 수 있는 함정이다. B가 한 말은 '함께 돌아오기' 를 원하고 있으므로 이 지문에서 요구하는 표현은 'take + somebody + 장소' 의 구문으로 '~를 ~에 데려다 주다' 라는 의미임에 유의하도록 하자.

|어휘| take sb around ~를 데려다 주다 pick up 마중나가다

|정답| (d)

5

|해석| A : 이 횡령 사건은 기운을 쏙 빼네.

B : 그래서 그렇게 지쳐 보이는구나.

|해설| take it out of someone은 '~의 기력을 쇠진시키다' 는 관용적 표현이다.

|어휘| embezzlement 횡령, 착복 take against 반항하다, 반감을 갖다 take in 속이다, 흡수하다 take out 파괴하다, ~의 기능을 마비시키다

|정답| (d)

6

|해석| A : 새로운 법안은 투표수가 과반수를 얻었을 때부터 효력을 발휘했지.

B : 그러면 새로운 법안이 국민에게 어떤 영향을 미칠 지 말해주게.

|해설| 동사의 관용적인 표현에 대해 묻는 문제이다. come into effect는 '효력을 나타내다' 를 의미한다.

|어휘| legislation 법률, 입법 come into effect 효력을 나타내다 win a majority 과반수를 얻다, 절대 다수를 얻다 affect ~에 영향을 미치다, 작용하다

|정답| (a)

7

|해석| A : 생일 선물로 귀걸이 어때.

B : 글쎄, 아주 좋긴 하지만 난 귀를 안 뚫었는데.

|해설| hole은 땅이나 벽에 구멍을 내는 행위를 지칭할 때 사용하며, perforate는 종이에 구멍을 내는 경우에 사용한다. binder에 서류를 보관하기 위하여 펀치 같은 것으로 구멍을 내는 경우에 사용한다. taper는 양초와 같이 연소에 의해 작아지는 경우에 사용한다. pierce는 작은 구멍을 내는 경우에 사용하는 단어이며 귀걸이를 걸기 위해 귀에 구멍을 뚫는 것은 이 단어로 사용한다.

|어휘| hole 구멍을 파다 taper 점점 작아지다 perforate (송곳 등으로) 구멍을 내다, 뚫다 pierce (구멍을) 뚫다

|정답| (d)

8

|해석| A : 난 그 친구가 나한테 한 대로 되갚아줄 거야.

B : 네 기분이 어떤지 알지만, 그렇게 하는 건 옳은 일이 아니야.

|해설| 동사구의 쓰임을 구별하는 문제이다. give back은 샀던 물건이나 받은 돈을 되돌려주는 경우에 사용한다. bring back은 가져갔던 물건을 다시 가지고 오는 경우에, go back은 방향의 개념에서 다시 돌아가다라는 의미이다. pay back은 '빚을 갚다' 는 의미도 있지만, '앙갚음하다' 는 의미도 갖고 있다. 여기선 후자의 의미로 사용되었다. take back은 자신이 한 말을 철회하는 경우에 사용한다.

|어휘| take back 도로 찾다, 철회하다 bring back 되돌리다, 가지고 돌아오다 pay back 갚아주다 give back 반환하다, 응수하다

|정답| (c)

9

|해석| A : 나한테 싫어하는게 있니?

B : 물론 아니지. 왜 그래야 하지?

|해설| 관용적인 표현을 익히는 문제이다. have something against somebody는 '~ 이유로 ~를 싫어하다' 라는 의미이다.

|어휘| have against a person ~에게 적대감을 품다

|정답| (b)

10

|해석| A : 그 술집이 10대들을 고용했다고 문을 닫았다고 들었어.

B : 나도 들었어. 추가 통보를 받을 때까지는 술집 문을 닫아야 할 것 같아.

|해설| 10대들을 고용한 게 걸려서 잠시 문을 닫아야만 한다. '이 일이 있은 후에 이어질 통보가 올 때까지는' 이라는 의미가 그 뒤에 자연스럽게 이어질 수 있다. further와 farther를 구분할 필요가 있다. further는 '시간' 의 개념에서 정도의 의미를 나타내며, farther는 '거리' 개념에서 정도를 나타내므로 문제에서 요구하는 것은 시간의 개념을 함축하고 있는 추후 통보 (further notice)가 더 적합한 표현이 된다.

|어휘| shut down 문을 닫다 further notice 추가 통보[통지] advanced 진보한, 진보적인 overt 명백한, 공공연한

|정답| (c)

11

|해석| A : 그 노트북 사는데 얼마나 들었어?

B : 700달러밖에 안 들었어. 정말 헐값으로 산 것 같아.

|해설| only라는 단어를 눈여겨보자. 노트북 사는데 700달러밖에 내지 않았다고 했으므로, 적어도 도둑질(theft)은 하지 않았을 것이고, 거래에 성공했다는 의미를 나타내야 할 것이다. (흥정을 잘 해서) 물건을 잘 샀다는 말을 할 것이다. deal은 거래라는 의미를

나타내지만, 홍정은 대개의 경우 bargain이라는 단어를 사용한다.

|어휘| get a great bargain (물건을) 헐값으로 손에 넣다 theft 도둑질, 절도 budget 예산, 경비

|정답| (a)

12

|해석| A : 피터가 똑바로 하지 않으면 아버지하고나 살라고 보내야겠어요.

B : 저도 랄프가 속썩여서, 보따리 싸서 보낸 적이 있죠.

|해설| '똑바로 하다' 는 의미인 shape up의 의미를 제대로 알고 있어야 대화를 이해할 수 있다. 비슷한 내용인 find himself back at home with his father, I sent him packing을 통해서 not shape up과 비슷한 act up을 정답으로 고를 수 있다.

|어휘| shape up 똑바로 하다 act up 속썩이다, 말을 안 듣다 send one packing 보따리 싸게 하다, 내쫓다 mix up 뒤섞다, 혼동하다, 착각하다 catch up with 따라가다

|정답| (c)

13

|해석| A : 아침에 세차 좀 해 놓을 수 있겠니?

B : 당장 해 놓을게요. 저는 세차하는 것을 무척 좋아하거든요.

|해설| It's as good as done.은 '당장 해놓겠습니다, 다 된거나 다름없다' 라는 일상표현이다.

|어휘| It's as good as done. 당장 해놓겠습니다, 다 된거나 다름없다 as good as 거의 as good as gold (어린아이가) 아주 얌전하고(착하고)

|정답| (d)

14

|해석| A : 비가 올 것 같네요.

B : 오늘 밤에 강추위가 휩쓸 것 같네요.

|해설| cold front는 기상용어로 '한랭전선' 을 의미한다. front는 일기예보에서 '전선' 의 의미로 자주 등장한다.

|어휘| cold front 한랭전선 be supposed to ~하기로 되어 있는 air raid 공습

|정답| (c)

15

|해석| A : 너무 바빠서 점심을 걸렀어.

B : 나도 그래. 배고파 죽겠다.

|해설| 점심을 어떻게 한 것에 대해서 나도 마찬가지라며 배고파 죽겠다는 말을 하고 있으므로 빈칸에는 '식사를 거르다' 는 의미를 갖는 단어가 필요하다

|어휘| dash 돌진하다, 단숨에 하다 bypass 회피하다, 우회하다 skip (식사) 거르다, 뛰어넘다 seize 붙들다, 붙잡다

|정답| (c)

16

|해석| A : 왜 일행도 없이 이곳에 오셨나요?

B : 제 남편이 출장을 갔거든요.

|해설| 보기에 주어진 단어들은 모두 과거분사의 형태이므로 주어 you의 상태를 설명해 주는 보어 역할을 한다는 것을 파악해야만 한

다. 하지만, 문제를 해결하기 위해서는 한 가지 더 해결해야 할 것이 있다. 즉, B가 어떤 상태로 이 자리에 와 있는가를 알아내는 데에 필요한 단서를 찾아야 한다. 문제의 단서는 B의 말에서 가져올 수 있는데, 현재 B는 남편이 출장을 갔다는 답을 했으므로, A는 왜 "혼자서" 여기에 와 있는가를 묻는 것이다. 따라서 '동반자가 없는' 이라는 의미를 가진 단어 unaccompanied를 고를 수 있을 것이다.

|어휘| escorted 호위 받는, 바래다주는 chaperoned 보호자를 동반하는 unfrequented 사람이 가지 않는, 인적 드문 unaccompanied 동행이 없는, ~을 수반하지 않은

|정답| (d)

17

|해석| A : John이 우리와 함께 일할 의사가 있는지 모르겠어.

B : 그의 속마음을 떠보자. 내가 우리 셋이 먹을 점심을 약속해 놓을게.

|해설| psyche sb out은 '속을 떠보다' 는 숙어로 정신과 의사들이 환자의 상태를 진단해내는 데에서 유래한 표현이다.

|어휘| psyche sb out 속을 떠보다

|정답| (a)

18

|해석| A : 대단히 죄송합니다. 저의 잘못에 대해 모든 책임을 지겠습니다.

B : 이번은 사과를 받아들이겠네. 다시는 이런 일이 일어나지 않도록 하게.

|해설| 자신의 잘못을 인정하고 사과를 하고 있는 상황이므로 자신의 실책에 대해 '전적으로 책임을 지겠다' 는 의사를 표명하고 있는 것이므로 responsibility가 맞는 단어이다. denunciation은 '비난' 과 '탄핵' 을 지칭하는 표현인데, 정치적인 물의나 반정치적인 행위에 대한 비난을 나타낼 때 사용하는 단어이므로 이 상황에는 적합하지 않다.

|어휘| take full responsibility 전적으로 책임지다 denunciation 탄핵, 고발, 공공연한 비난 impudence 뻔뻔스러움

|정답| (c)

19

|해석| A : 만약 아빠께서 네가 차를 완전히 박살낸 사실을 아신다면 어떻게 하실까?

B : 노발대발하시겠지.

|해설| go through the roof는 '노발대발하다' 라는 의미의 관용어구이다.

|어휘| total (자동차 등) 박살내다 go through the roof 노발대발하다

|정답| (c)

20

|해석| A : 오늘 아침 해가 몇 시에 뜨는지 알고 있니?

B : 5시쯤일 거야.

|해설| '해가 떠오르다' 는 의미로 rise 또는 rise up이 사용될 수 있지만 대화에서는 out이 빈칸 다음에 나왔으므로 rise가 아니라 come out이 적합한 동사가 된다.

|어휘| come out 나오다, 피다

|정답| (b)

21

|해석| A : 들어와요. 앉아서 편히 쉬세요.
B : 고맙습니다. 하루종일 서서 일했어요.

|해설| take the load off는 '(짐을) 풀고 쉬다'는 의미의 관용어구이다. get the weight off one's feet도 비슷한 의미이다.

|어휘| take the load off (짐을) 풀고 쉬다
on one's feet 서 있는

|정답| (c)

22

|해석| A : 통풍이 되게 창문 열어 놓는 거 잊지 마.
B : 걱정 마. 잊지 않을 테니까.

|해설| 통풍이나 호흡과 관련된 의미를 지닌 단어는 ventilate와 exhale이지만, exhale은 사람이 숨을 내뱉는 것을 나타낼 때 쓰는 단어이며, 공기가 원활하게 소통되는가를 나타낼 때에는 ventilate를 사용한다. (c)는 purified였다면 정답이 되지만 purify는 타동사이므로 뒤에 목적어가 와야 하므로 정답이 되지 못한다.

|어휘| invigorate 기운나게 하다, 상쾌하게 하다 ventilate 통풍이 잘 되게 하다, 환기하다 purify 깨끗이 하다, 정화하다 exhale 숨을 내뿜다, 발산[방출]하다

|정답| (b)

23

|해석| A : 잭슨강은 엘름강과 만나나요?
B : 아니, 그렇지 않아. 잭슨강은 엘름강하고 평행선상에 있어.

|해설| 강이 서로 교차하는가 (intersect)라는 질문에 대해 No.라고 답을 했으므로 현재 묻고 있는 강들은 서로 나란히 뻗어 있다는 것을 알 수 있다. 이를 표현해주는 것은 보기에서 parallel 밖에는 없다. sideways는 차도를 따라서 진행되는 인도를 나타낼 때 주로 쓴다. upright는 직선 상태가 아니라 수직상태를 나타내는 것이므로 정답이 될 수 없다.

|어휘| intersect 교차하다, 엇갈리다
sideways 옆(쪽)으로 vertical 수직의 parallel 평행의, 같은 방향의 upright 똑바로 선, 직립의

|정답| (c)

24

|해석| A : 약상자에서 타이레놀 좀 가져다 줄래?
B : 왜? 어디 아프기라도 하니?

|해설| 귀중품이나 구급약과 같은 일상용품을 담아 놓는 조그만 상자는 (a) cabinet이다. shelf는 선반, wardrobe는 옷장이므로 대화에 적당하지 않다.

|어휘| come down with (병에) 걸리다
cabinet (귀중품 등을 넣는) 작은 상자

|정답| (a)

25

|해석| A : 저 여자는 정말 대단해요. 내가 볼 때마다 그녀는 나를 감탄하게 해.

B : 그녀는 아주 자신을 매력적으로 보이게 하는 재주가 있어요.

|해설| take one's breath away는 '누구를 움찔 놀라게 하다, (매력 때문에) 숨을 멎게 하다' 라는 의미의 관용어구이다. 영화 Top Gun의 주제곡이 Take My Breath Away라는 것도 기억해 두자.

|어휘| something else 기막힌, 대단한 take one's breath away 누구를 움찔 놀라게 하다, 감탄하게 하다 have a way about ~에 능하다

|정답| (d)

26

|해석| 다니엘은 대부분의 일상적인 일에는 서툴지만 아름다운 시를 지어내는 재주가 있었다.

|해설| Despite(~임에도 불구하고)가 나온 것으로 봐서, 빈칸에는 '능력이 있다' 와 반대되는 말이 와야 한다. 따라서 '서투른' 을 뜻하는 clumsy가 가장 잘 어울린다.

|어휘| chores 일상의 자질구레한 일 proficient 능숙한, 숙련된 average 평균의, 보통의 skillful 솜씨 좋은

|정답| (b)

27

|해석| 치열한 경쟁 때문에 많은 유능한 지원자들이 퇴짜를 맞아야만 했다.

|해설| had to의 표현에 유의해서 보면 치열한 경쟁 때문에 자격을 갖춘 사람들이라도 정원제한에 걸려서 불합격됐음을 알 수 있다. 그러므로, 합격 거부를 나타내는 rejected가 문제에서 요구되는 답이다. neglected는 철저한 심사를 거쳐 합격 판정 여부가 결정된다는 것을 감안하면 지원자들의 서류가 소홀하게 다루어져야만 했다는 의미를 전제하지 않는다.

|어휘| intense 강한, 격렬한 competition 경쟁, 경쟁 시험 qualified 자격 있는, 적격의 applicant 지원자, 후보자 exchange 교환하다, 갈다 neglect 경시하다, 무시하다 reject 퇴짜놓다, 거부하다

|정답| (d)

28

|해석| 골프 장비의 향상된 기술은 비거리와 정확성을 높였다.

|해설| lead to는 어떠한 결과를 초래하는 것을 표현할 때 사용한다. 진보된 기술은 개선된 품질을 보장할 수 있다. distance and accuracy를 피수식어로 취하면서 '증가하다' 라는 의미를 갖고 있어야 하므로 increased가 적합한 표현이 된다.

|어휘| advanced 진보한, 고등의, 진보적인 accuracy 정확성, 정밀도 incur (손실을) 입다, (분노 등을) 초래하다 enlarge 확장하다, 크게 하다 expand 넓히다, 팽창시키다

|정답| (a)

29

|해석| 대부분의 사람들은 체력단련 프로그램은 비싼 헬스클럽 및 비싼 장비를 포함하고 있어야 한다고 생각하지만, 사실은 그렇지 않다.

|해설| fitness program은 건강을 유지하기 위한 체력단련 프로그램을 뜻한다. consist는 of를 수반하여야만 '구성되다, 포함하다'는 의미를 나타내므로 정답이 되지 못한다.

|어휘| pricey 비싼 embrace 채택하다, 받아들이다 exclude 배제하다, 제외하다

|정답| (b)

30

|해석| 제시카 오늘 무슨 일 있어? 아무런 이유도 없이 나한테 신경질적으로 말하더라.

|해설| '이유도 없이'를 의미하는 for no reason과 어울리는 동사는 '화를 내다'와 비슷한 의미의 동사이다. snap at은 동물 등이 '무언가를 덥석 물다'는 snap의 뜻에서 파생하여 '달려들다, 바가지를 긁다'는 뜻이 된다.

|어휘| jerk 갑자기 움직이다[당기다, 밀치다, 찌르다] snap 바가지를 긁다; 달려들다 nip 꼬집다, 집다, (개 등이) 물다 yank 홱 잡아당기다

|정답| (b)

31

|해석| 최근의 한 연구에 따르면 흡연과 자연유산 간에는 상관관계가 크다고 한다.

|해설| between smoking and miscarriage로 봐서 '상관관계'라는 correlation이 문맥에 가장 적합하다.

|어휘| miscarriage 유산 affiliation 제휴 attornment 양도 correlation 상관관계 ordination 정리

|정답| (c)

32

|해석| 대부분의 여행사 직원들은 당신이 신혼여행을 계획할 때 자세한 여행스케줄을 제공해 줄 것이다.

|해설| 신혼 여행 계획을 어떻게 잡을 것인가를 묻는 문제이다. 여행에서의 이정표는 itinerary라는 사실을 기억하자!

|어휘| itinerary 여행 스케줄, 여정 resolution 결심, 결의 agenda 비망록, 의사 일정

|정답| (b)

33

|해석| 주식시장은 대폭발로 주를 시작했음에도 불구하고, 주춤하는 것으로 주를 마쳤다.

|해설| 양보의 개념을 지닌 접속사 although가 사용되었으므로 big bang으로 시작한 주식시장에 반대되는 개념을 찾으면 된다. whimper와 sob은 슬픈 감정을 나타내는 동사이지만, 주식 시장의 흐름이 주춤하는 비유적인 의미로는 whimper가 더 적합하다.

|어휘| start off 출발하다, 일을 시작하게 하다 whimper 훌쩍이는 소리, 낑낑거림 sob 흐느낌, 오열 jumble 혼잡, 난잡, 뒤범벅 candor 솔직, 담백, 허심 탄회

|정답| (a)

34

|해석| 대체로 동의하지만, 당신의 새로운 엔진은 새로 개정된 배기가스 방지법을 고려하지 않았더군요.

|해설| 빈칸 다음에 있는 into account는 take와 함께 사용되어 '~을 고려하다'의 의미를 지닌다.

|어휘| take into account ~을 고려하다[참작하다] policy 정책, 방침, 수단

|정답| (d)

35

|해석| 그 그림은 교수가 위작임을 증명하기 전까지는 진품으로 생각되었다.

|해설| '한 교수가 위작임을 증명하기 전까진, 그 그림이 진품인 것으로 여겨졌다'라고 해야 앞뒤가 맞는 말이 된다. 따라서 (d) forged가 정답이 된다.

|어휘| genuine 진짜의 masterpiece 명작, 명품 imposter 사기꾼, 사칭하는 사람 forged 위조된

|정답| (d)

36

|해석| 난 버스를 너무나 오래 기다려서 버스가 도착했을 때는 뼛속까지 얼었다.

|해설| to the bone은 all the way through(뼛속까지, 철저히)의 관용어구이다.

|어휘| frozen 언, 냉동한 to the bone 뼛속까지, 최대한으로, 철저히

|정답| (d)

37

|해석| 수상은 최근 쓰나미로 피해를 입은 지역을 방문했다.

|해설| 어떤 사태로 인해 '영향을 받은' 지역이나 물건에는 affected라는 표현을 쓰고, 사람이 대상인 경우에는 injured, sick 등을 쓴다.

|어휘| tsunami 지진해일, 쓰나미 affect 영향을 끼치다 enormous 거대한 injure 상처를 입히다

|정답| (a)

38

|해석| 가정폭력은 미국에서 12살부터 45살 사이 여성들에게 생기는 주된 상해의 원인이다.

|해설| 가정폭력이 여성들에게 생기는 상해의 '원인'이 된다는 말이므로 cause를 정답으로 고를 수 있다.

|어휘| outcome 결과, 성과 objective 목표, 목적

|정답| (d)

39

|해석| 조앤은 누군가가 댄스파티에 자신을 데리고 가주기를 바랐다.

|해설| 댄스파티에 자신이 자신 스스로를 데리고 나가는 것이 아니라 다른 사람에 의해 데이트 신청을 받고 나갈 수 있기를 바라는 마음을 표현하는 문장이다.

|어휘| prom (졸업)댄스파티 take in 섭취하다, 흡수하다, 숙박시키다, 방문하다, 속이다 take over 인계받다, 인수하다 take out 꺼내다, 끄집

어내다

|정답| (c)

40

|해석| Maverick 잡지는 이번 달 이후로는 더 이상 시중에 유포되지 않을 것이다.

|해설| newspaper, journal, magazine은 정기적으로 발행되어 유통되는 것으로, 이러한 행위를 통칭하여 circulation이라는 단어를 사용한다.

|어휘| be in circulation 유포되고 있다, 유통되고 있다 circumspect 신중한, 용의주도한 jail 감옥, 교도소, 구류

|정답| (b)

41

|해석| 이용할 수 있는 태아의 수를 늘리자는 의견이 제출되었다.

|해설| to increase the number of available embryos는 부정사의 형용사적 용법으로 빈칸에 들어갈 주어를 수식하고 있다. 이용할 수 있는 태아의 수를 늘리자는 '의견' 이라고 해야 의미가 통한다.

|어휘| embryo 8주까지의 태아 behavior 행동, 행실 process (만드는) 과정, 공정, 처리 motion 제의, 제안, 발의

|정답| (c)

42

|해석| 고고학자들은 방금 거의 완벽하게 보존된 500년 전의 페루 미라를 발견했다.

|해설| 고고학자(archaeologists)들에게 오랜 시간을 지났지만 손상되지 않고 보존된(preserved) 미라(mummy)를 발견하는 것은 연구에 소중한 자산이 될 것이다. 따라서 상황에 적합한 답은 preserved이다.

|어휘| archaeologist 고고학자 mummy 미라 artificial 인조의, 인공적인 faulty 결점이 있는, 불완전한 inorganic 무생물의, 무기성의 preserve 보전하다, 간직하다

|정답| (d)

43

|해석| 단단한 고객 기반은 부동산 중개인으로서 성공하는 데 필수적인 요소다.

|해설| solid base의 의미를 이해하고 있어야 상황을 제대로 이해할 수 있다. 부동산 중개인으로서 성공하는 데 있어 '견고한 고객층을 확보' 하는 것이 자신의 성공을 위한 '필수적인 요소'라는 사실을 쉽게 간파할 수 있다.

|어휘| solid 단단한, 견고한 essential 필수적인 primitive 원시의, 근본의 requisition 필요조건

|정답| (a)

44

|해석| 세계보건기구는 조류독감이 퍼지는 것을 막을 계획을 제시한다.

|해설| contain은 '담고 있다' 는 일반적인

의미 외에도 '억누르다' 라는 뜻이 있다.

|어휘| bird flu 조류독감 construct 건설하다 contain 억제하다; 담고 있다, 내포하다 involve 말려들게 하다; 포함하다; 수반하다

|정답| (c)

45

|해석| 마크는 밧줄을 잡아당겼고 꼬아진 끈은 풀리기 시작했다.

|해설| strands는 이미 꼬여 있는 실이므로 문제에서 요구하는 표현은 '풀다' 이다. comb이 엉킨 데를 풀다는 의미가 되려면 comb off가 되어야 한다. apart와 어울리는 단어는 come이다.

|어휘| pull at 끌다, 잡아끌다 strand (새끼의) 가닥, 외가닥으로 꼰 끈 come apart 낱낱이 흩어지다, 무너지다 comb 빗질하다

|정답| (c)

46

|해석| 컴퓨터 그래픽 아티스트들과 영화 제작자들은 시각적으로 뛰어난 영화 제작을 위해서 서로의 재능을 한 데 모아왔다.

|해설| 재능은 부여받은 것이므로 준비하는(prepare) 것이 아니며, 대체시킬 수 있는(replace) 것도 아니다. conspire는 서로 다른 영역에 있는 사람들이 음모를 꾸민다는 의미이다. 따라서 서로 다른 부류의 사람들이 더 좋은 영화를 만들기 위해 그 동안 '합작' 해 왔다는 combine이 적절하다.

|어휘| combine ~ to 결합하다, 연합하다 extraordinary 비상한, 비범한 contrive 고안하다, 설계하다, 연구하다 replace 대체하다, 갈다

|정답| (b)

47

|해석| 수요일이 휴일이기 때문에 우리는 회의를 화요일에 갖기로 일정을 재조정했다.

|해설| 수요일이 휴일이기 때문에 화요일로 회의를 앞당긴 것은 예정된 사실을 다시 조정하는 행위이므로 reschedule을 답으로 고를 수 있다. alleviate는 고통 등을 완화시키는 의미로 사용되며, reiterate는 반복해서 말하는 것을 의미한다.

|어휘| reschedule 예정을 다시 세우다 alleviate 덜다, 완화하다 reiterate 되풀이하다, 반복하여 말하다 suppress 억압[진압]하다

|정답| (a)

48

|해석| 그 연구원은 진화론에 반대하는 자신의 생각을 서면으로 제출했다.

|해설| '~한 생각이나 아이디어를 제시하다' 라는 표현으로 suggest, propose, offer 등의 일반적인 동사들이 사용될 수 있으나, paper를 통하여 공식적으로 제시하는 경우에는 put forth를 자주 사용한다.

|어휘| put forth 말을 꺼내다, 제안하다 counter 대항하다, 거스르다, 맞서다 evolution theory 진화론

|정답| (b)

49

|해석| 내 개인 비서는 결혼할 예정이어서 이번 달에 그만 둘 예정이다.

|해설| 주절과 종속절이 인과 관계로 연결되어 있으므로 비서가 이 달에 그만두어야 할 이유가 될 만한 동사를 찾으면 된다. travel은 get과 함께 수동의 의미를 나타낼 수 없다. 약혼보다는 결혼으로 인해 퇴사하는 경우가 더 나은 대답이 될 것이다.

|어휘| secretary 개인비서 engage 약혼시키다

|정답| (d)

50

|해석| 집 값이 올랐기 때문에 점점 더 많은 사람들이 수입의 상당량을 주거비로 지출할 수밖에 없다.

|해설| 보기에 주어진 단어들은 모두 '부분'을 나타내는 말이지만, 그 쓰임은 모두 다르다. section은 책이나 회사에서 나뉜 부분이나 부서를 지칭할 때, compartment는 기차 등에서 나뉘어진 부분(식당칸, 휴게실, 객실 등)을 지칭할 때 사용되며, partition은 건물 안에서 얇은 판으로 나뉘어 있는 부분을 지칭할 때 주로 사용된다. portion은 전체에서 얼마의 양을 뜻하는 부분을 나타낼 때 사용된다. 주어진 지문에서는 수입의 얼마를 나타내는 부분이므로 portion이 가장 적합한 표현이다.

|어휘| portion 부분, 일부 section 부분, 구획 partition 분할, 분배 compartment 구획, 칸막이

|정답| (c)

INDEX

V · O · C · A · B · U · L · A · R · Y

A

G

I

M

Q

R

T

U

Y